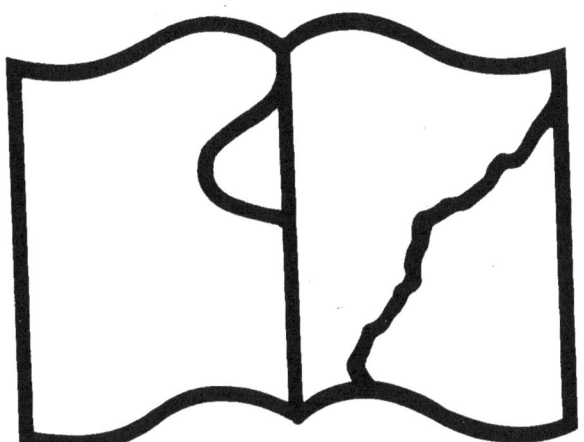

Texte détérioré — reliure défectueuse
NF Z 43-120-11

BIBLIOTHÈQUE DE BONS ROMANS ILLUSTRÉS

LE SIRE DE LUSTUPIN

PAR ERNEST CAPENDU

PRIX : — **1** FR. **20** CENTIMES
ÉTRANGER ET PAR POSTE. — **1** FR. **50** CENTIMES

PARIS
A. DEGORCE-CADOT, LIBRAIRE-ÉDITEUR, 9, RUE DE VERNEUIL

Le capitaine Mazères.

LE SIRE DE LUSTUPIN

ROMAN HISTORIQUE INÉDIT

Par ERNEST CAPENDU

La place de Grève.

I

Grâce à la charmante et infatigable hospitalité de M. le préfet de la Seine, notre prévôt de Paris du dix-neuvième siècle; grâce aux nombreuses invitations qui font de ses fêtes des réunions de l'élite de toutes les classes de l'industrie, des arts, des sciences, de la société intelligente enfin, beaucoup connaissent l'intérieur de ce beau palais de l'édilité parisienne que l'on nomme l'*Hôtel-de-Ville*, et tous ont admiré ces salons élégants et ces salles splendides, où les souvenirs historiques s'allient aux dorures et aux sculptures pour mieux charmer le contemplateur.

Mais quelle est celle de mes lectrices, ces soirs de grande fête, où les voitures font queue du palais du Louvre à celui de l'Hôtel-de-Ville, encombrant à la fois le quai et la rue de Rivoli, quelle est celle de mes lectrices qui, pelotonnée au fond de sa voiture, balancée mollement et soporifiquement par le pas des chevaux, se doute, en traversant cette grande place illuminée *à giorno*, qu'elle passe, pour aller danser, sur le terrain le plus imprégné de sang humain qui soit à Paris et même en France?

La place de la Révolution, en 93 et en 94, a été arrosée pendant deux ans : la place de Grève a été inondée pendant près de cinq siècles!

Et d'abord, sait-on quelle est l'origine de la place de Grève? C'est un cimetière.

Pendant la période romaine, on enterrait là les habitants des faubourgs Saint-Martin et Saint-Merri.

En 1612 et même en 1818, en faisant des fouilles assez profondes, on découvrit des tombeaux antiques, des squelettes et des médailles, dont quelques-unes portaient la date de 350 et 360, une seule celle de 138.

Quand Paris commença à quitter la cité pour s'asseoir sur les deux rives, il s'entoura de fortifications, et là où passe maintenant la rue de Rivoli, se croisant avec la rue Saint-Martin, là où étaient jadis les rues Jean-Pain-Mollet et Jean-de-l'Épine, s'ouvrait une porte nommée : l'*Archet de Saint-Merri*.

(Cette enceinte, la seconde qu'avait la capitale, avait été construite par ordre de Louis VI, — le *Gros*, — vers l'année 1119. Raoul de Presles, qui vivait vers Charles V, dit que de son temps on voyait encore les vestiges de cette porte de l'*Archet de Saint-Merri*.)

LE SIRE DE LUSTUPIN. 1.

Le mur des fortifications, en s'étendant à droite, longeait le petit village de Saint-Gervais, où il y avait une chapelle. Le long de ce mur, les habitants de Paris allaient jeter leurs immondices. — Gravois et immondices, entassés, formèrent bientôt un monticule, une butte, un *monceau*.

Puis, aux gravois qui roulaient et qui tombaient sur le sol venaient se joindre les graviers que les eaux de la Seine jetaient sur la rive. *Gravois et graviers*, couvrant absolument le terrain, les habitants lui donnèrent le nom de *Grève*.

Depuis quelques années, nous paraissons nous étonner des agrandissements et des embellissements de Paris, mais depuis que Paris est Paris, il s'est constamment agrandi et embelli, et la proportion est restée la même : elle est tout à fait en rapport de la civilisation.

Quand, sous Philippe-Auguste, en 1198, Paris vit reculer sa seconde enceinte et s'élever la troisième (à soixante-dix-neuf ans seulement d'intervalle), la ville fut plus que doublée. Alors on se mit à bâtir force maisons, et sur le *monceau Saint-Gervais* on établit la *rue du Monceau*.

La Grève était une sorte de grande plaine pierreuse, bordée au sud par la Seine, dont les inondations l'envahissaient chaque année; au nord, par une église, celle de *Saint-Jean-en-Grève* (1) ; à l'est, par les rues de la *Mortellerie* et de la *Tixeranderie*, qui se bâtissaient, et à l'ouest, par la belle église Saint-Jacques-la-Boucherie, ornée de sa haute tour.

Il y avait alors trois fort belles rues qui commençaient à se dessiner de ce côté : c'était la rue Jean-de-l'Épine, la rue de la Vannerie et celle de la Tannerie.

A cette époque, un homme, dont malheureusement le nom est perdu pour l'histoire, eut l'ingénieuse idée d'acheter les mauvais terrains de la Grève qui avoisinaient l'église Saint-Jean, et de faire construire une maison adossée au cloître.

Cette maison, bâtie dans un style original, avait un premier étage avançant fortement en saillie et reposant sur une rangée de colonnes gothiques, dont les arcades des piliers des halles et celles de la place Royale devaient être plus tard une médiocre imitation.

Tellement grande fut l'admiration des Parisiens pour cette construction étonnante, que tous vinrent la voir, et qu'ils la surnommèrent la *maison aux Piliers*.

Du peuple, l'admiration passa à la noblesse, et de la noblesse aux princes, tant et si bien, que la reine, veuve du roi Louis-le-Hutin, en eut folle envie.

Philippe de Valois acheta la *maison aux Piliers* pour la lui offrir, puis, comme le prince Guy, dauphin du Viennois, voulut à son tour avoir cette maison que chacun désirait, le roi la reprit à la reine et la donna au dauphin.

Le dauphin se lassa de la maison après une possession de quelques années, et la donna à son tour à Jean d'Auxerre, receveur de la gabelle.

Cette donation remonte à 1340.

A cette époque, la prévôté des marchands de la ville de Paris était entre les mains d'un homme dont le nom n'est pas demeuré assez populaire.

Étienne Marcel, le maître drapier, nommé prévôt des marchands de la bonne ville de Paris, en l'an de grâce 1347, sous la royauté de Jean, est l'un de ces types dont l'histoire de la bourgeoisie doit se montrer fière.

Il faudrait écrire de longues pages (et c'est probablement ce que je ferai un jour) pour mettre en lumière toute cette existence active, intelligente, éclatante de cet homme, le chef de l'illustre corporation des drapiers, qui, prévôt des marchands, membre des états-généraux de 1355, fut presque roi de Paris tandis que le roi Jean était prisonnier en Angleterre.

A cette époque féodale, Étienne Marcel osa lutter contre la noblesse, et il lutta tant et si bien, soutenu par la bourgeoisie de la bonne ville, que, faisant remontrance sur remontrance au dauphin Charles, formant des assemblées aux halles, une garde dans Paris, il en arriva, lui, bourgeois, à traiter de puissance à puissance avec les princes.

Jusqu'à Étienne Marcel, la *corporation des marchands* n'avait eu qu'une puissance toute secondaire. On la nommait simplement la *Confrérie de la marchandise* ou la *Hanse de Paris*. L'origine de cette *hanse* (association, — terme germanique) est assez curieuse.

Au moyen âge, les seigneurs, barons et châtelains, pillant et volant sur les routes, grandes et petites, le transport des marchandises était difficile. Or, les bourgeois de Paris ont toujours eu un faible pour le bon vin, et la grande question était de pouvoir amener les vins de la Bourgogne dans la bonne ville.

Après mûres réflexions, provoquées par une série de convois pillés, les marchands de vins résolurent de s'associer entre eux, et imitant les caravanes arabes, ils formèrent une caravane dûment armée, qui s'en alla en Bourgogne, et revint saine et sauve, escortant une belle quantité de tonnes et de tonneaux.

Seulement, au lieu de nommer le cortège une *caravane*, ils l'appelèrent une *hanse*.

Être *hansé* devint une nécessité pour faire le commerce, et Philippe-Auguste confirma, par ses lettres de 1204, ces corporations.

Telle est l'origine de la *Hanse*, qui fut elle-même la base de la *Confrérie des marchands jurés*.

Cette *confrérie* avait pour chef un homme nommé aux voix, que l'on avait d'abord appelé le *maître des échevins*, puis le *prévôt des marchands*.

La première maison où s'étaient tenues les assemblées de la *Hanse* était située à la *vallée de Misère* (quai de la Mégisserie), près le grand Châtelet, et se nommait la *maison de la Marchandise*.

La *Confrérie des jurés* transféra le lieu de ses séances près l'église Saint-Leufroi (près du Châtelet), et ce lieu reçut le nom significatif de *Parlouer aux bourgeois*. — Plus tard, on alla près de l'enclos des Jacobins.

Quand Étienne Marcel fut nommé *prévôt des marchands*, il trouva le lieu d'assemblée mesquin, et il acheta bravement la *maison aux Piliers*, sur la place de Grève.

Ce fut le 7 juillet 1357 que la prévôté des marchands s'installa dans sa nouvelle demeure.

Étienne Marcel la fit nommer la *maison de Ville*, et il appela l'organisation de la prévôté et des échevins le *corps municipal* de Paris.

Ce fut Étienne qui, le premier, fit installer des guérites sur les remparts pour abriter les sentinelles.

Ce fut lui qui inventa le système des grosses chaînes barrant les extrémités des rues le soir.

Ce fut lui, enfin, qui eut, certes, la première idée de la *garde nationale* pour veiller à la sûreté de la ville, car ce fut lui qui donna à ces compagnies de bourgeois des signes de ralliement et de reconnaissance, tels qu'un chapeau mi-parti vert et rouge et une agrafe d'argent émaillée de vermeil et d'azur, avec cette inscription : *A bonne fin!*

La nuit du 31 juillet 1358, Étienne Marcel, — qui avait eu le tort d'être le chef de l'organisation de la Jacquerie — fut massacré par Jehan Maillart, à la *Bastide Saint-Antoine*.

« Marcel, — dit Henri Martin, — reste la plus grande figure du quatorzième siècle. Les grands coups qu'il avait portés à la monarchie féodale laisseront de profondes traces... »

Si j'ai parlé aussi longuement d'Étienne Marcel, c'est que ce fut lui qui fut réellement le fondateur de la municipalité parisienne et le fondateur de l'Hôtel-de-Ville.

Vingt-quatre ans plus tard, en 1382, ce fut l'arsenal de la *maison de Ville* qui fournit aux Parisiens révoltés ces maillets de plomb qui leur valurent le terrible et sinistre surnom de *Maillotins*.

Aussi Charles VI, furieux, abolit-il du coup la prévôté des marchands, l'échevinage, le greffe de la prévôté, sa juridiction, et il donna au prévôt de Paris la *maison de Ville*. Il abolit aussi les *maîtrises*.

La bourgeoisie de Paris demeura ainsi vingt-neuf ans désor-

---

(1) Église qui fut démolie sous la Révolution, dont le terrain fut annexé à celui des bâtiments de l'Hôtel-de-Ville, et sur lequel on construisit la *salle Saint-Jean* actuelle.

ganisée, puis, le 20 janvier 1411, le roi rétablit dans leurs fonctions, juridictions et prérogatives, le prévôt des marchands et les échevins.

Les troubles qui se passèrent dans cette maison de Ville et sur la place de Grève, durant le quinzième siècle, sont tellement attachés à l'histoire de la France qu'il est impossible de les raconter en détails.

Armagnacs et Bourguignons s'égorgèrent et se supplicièrent sur la Grève avec une réciprocité impitoyable. Puis ce fut le tour des *Cabochiens*.

Dire ce qu'il y avait d'exécutions alors serait impossible. La diversité des supplices était effrayante.

La Grève ne suffisait pas. On avait encore le pilori des Halles, la croix du Trahoir, le marché aux Pourceaux et le gibet de Montfaucon.

On brûlait, on enterrait vif, on pendait, on découpait... La Grève avait le privilège des *brûlements*, des *tranchements*, des *écartellements* et des *tenaillements*, dit Sauval.

On avait élevé au centre de la place, en face la *maison de Ville*, une croix de pierre au pied de laquelle devaient prier ceux qui allaient mourir, et les places occupées successivement par le gibet, le bûcher, les roues, l'échafaud, étaient reconnaissables sur le sol.

Au commencement du seizième siècle, l'importance de la prévôté, — croissant en raison de l'importance commerciale, — la *maison de Ville* était devenue trop petite, et on fit l'acquisition de plusieurs bâtiments voisins pour en augmenter l'importance.

La *maison de Ville*, ayant pour point central l'ancienne *maison aux Piliers*, devait occuper alors tout le côté de la place de Grève, et s'adosser au cimetière de la *place au Bonhomme* et au marché Saint-Jean, dont le mur continuait celui du cimetière (1).

Au mois de décembre 1514, — c'est-à-dire dans les derniers jours du règne de Louis XII, — les nouvelles annexions à la *Maison-de-Ville* n'étaient pas encore terminées, et les travaux et les démolitions, — étant en beau train d'activité, — donnaient à la place de Grève un aspect assez étrange.

Bordée par la berge qui descendait, en pente, jusqu'aux eaux jaunâtres de la Seine, — rétrécie à gauche par le pâté des maisons des rues du Mouton, Jean-de-l'Épine, de la Vannerie et de la Tannerie, la place avait, à droite, entourée d'un autre bloque de maisons, la *Maison aux piliers*, avec ses ailes en constructions, ce qui l'encombrait de charpentes, de pierres, de tous les engins de la maçonnerie.

Et cependant, telle qu'elle était, la place de Grève était plus que jamais le rendez-vous du peuple, de la bourgeoisie, de la noblesse — surtout les jours où se dressait l'échafaud, ce qui arrivait souvent.

Mais si d'ordinaire la place était pleine, le matin du 20 décembre 1514, elle était littéralement encombrée. C'est que ce jour-là devait avoir lieu, en Grève, une exécution qui préoccupait toute la ville.

Au centre de la place se dressait un bûcher énorme, surmonté d'une grande poutre de bois, placée debout avec deux gros anneaux de fer, un à la base, l'autre au sommet.

A quelques pas du bûcher, dont le dessous était rempli de paille mouillée, on voyait un échafaud carré dont la plate-

(1) Vers le milieu du règne de François ., cet embellisseur par excellence, la *maison de Ville* agrandie parut encore mesquine. On résolut de construire un édifice plus beau, et le 15 juillet 1553, Pierre de Viole, prévôt des marchands, posa la première pierre de l'Hôtel-de-Ville.

Les travaux allèrent lentement : le plan ne convenait pas. En 1549, un architecte italien, Dominique Boccardo, fut chargé, par Henri II, de transformer ces plans.

Les travaux reprirent, mais ils se ralentirent bientôt, si bien qu'en 1559, au moment où le jeune roi François II monta sur le trône, l'Hôtel-de-Ville était loin d'être achevé. Il n'y avait de construit que le pavillon central, surmonté de sa campanille, et le bâtiment tout entier ne fut terminé que sous Henri IV, en 1605, par les soins du prévôt François Miron, et sous la conduite d'André du Cerceau.

forme était élevée de six marches. Sur le devant de cette plate-forme se dressait une planche large d'un pied, épaisse de six pouces et garnie de pattes de fer en haut, en bas, et à la partie centrale.

Deux longues barres de fer, attachées au sommet de la planche, la rattachaient à droite et à gauche de la plate-forme et lui constituaient une grande force de résistance.

Devant la planche, et solidement soudé à elle par des crampons, était un escabeau de chêne massif.

Cet escabeau était garni sur le devant d'une lourde chaîne pendante.

Une autre chaîne, pendant également, et de même grosseur, était attachée au poteau de bois, un peu au-dessus de l'escabeau.

Enfin, au centre de la planche étaient percés deux trous, et entre les deux trous était attachée une grosse vis de fer avec un système de tourniquet pour la faire mouvoir.

Tout autour de cet échafaud, et du bûcher, il y avait un espace vide de vingt pieds au moins. C'est qu'une barrière vivante d'archers de la prévôté de Paris se dressait là et maintenait les flots de la foule.

Cette foule qui envahissait la place, qui encombrait la berge, qui affluait incessamment par les rues voisines, était véritablement immense.

Puis, à ces flots mouvants de curieux, se joignaient encore tous les habitants des maisons qui bordaient la Grève. Des salles du rez-de-chaussée aux combles, à la toiture, portes, fenêtres, balcons, lucarnes, étaient littéralement envahis, bouchés, obstrués par des milliers de têtes.

Le bourdonnement qui s'élevait de cette terre humide et fangeuse, (car la place de Grève n'était pas encore pavée), ressemblait au mugissement terrible de la tempête.

Puis, c'étaient des cris, des chansons, des hurlements, des vociférations inqualifiables.

Hommes, femmes, enfants, garçons et filles, vieillards et jeunes gens se pressaient, attendant avec impatience le moment fatal, le moment du spectacle, c'est-à-dire celui où le cortège allait déboucher sur la place.

Mais là où l'animation était plus grande, l'agitation plus vive, où les clameurs étaient plus bruyantes, c'était dans cette partie de la place, comprise entre les rues de la Vannerie et de la Tannerie, précisément en face du pavillon de la maison de Ville, et par conséquent au premier rang pour contempler le bûcher et l'échafaud.

Il y avait là une douzaine d'hommes vêtus en ouvriers du temps, les uns avec des surcots de futaine, d'autres avec des vestes de camelot et des pourpoints en drap, ceux-ci avec des chausses de laine et des grands bas de couleurs différentes. Et puis des femmes, vieilles et jeunes, laides et jolies, avec des jupes de serge, des *cottes hardies* de futaine et des bonnets carrés ou ronds.

— Il va venir ! il va venir ! — criait l'un.
— Voilà l'heure qui va sonner, Thomas !
— Il est tantôt midi au cadran de Saint-Jean.
— Ah ! regarde donc, Simone-la-Longue! Voilà là-bas Evroin Laligne, l'avaleur de nefs du port aux foins ! Eh ! viens par ici, mon compère ! Tu nous donneras des nouvelles
— Viens donc !

Evroin, le batelier, perça la foule pour venir rejoindre ses amis.

— Tu viens voir brûler le bandit ?
— Eh oui ! je veux savoir si le diable viendra à son secours.
— Oh ! oh ! — dit une grosse voix. — Si le diable venait, M. de Paris lui ferait son affaire.
— Le bourreau ? ah oui ! mais il n'y gâgnerait pas grand chose, car on dit que le diable n'est pas habillé, et M. de Paris a droit sur la justicié à tout ce qui est au-dessus de la ceinture
— Il a bien droit à autre chose, Thomas !
— A quoi donc, Gilles ?
— D'abord tu sais bien qu'aux halles il a un droit sur les poissons et puis sur les gâteaux de la veille de l'Épiphanie,

— Tiens! c'est vrai! Doit-il manger, ce jour-là! Je voudrais bien qu'il m'invite!

— Laisse donc, Thomas! Il t'invitera peut-être plus tôt que tu ne voudras.

— Ce jour-là, Simone-la-Longue, nous ferons festin ensemble!

— Et puis! — reprit Gilles, — il a droit encore sur les lépreux, sur le passage du petit pont, sur les balais et sur le foin.

— Et, quand ses droits sont payés, les valets de M. de Paris font une croix à la craie sur le dos du payeur.

— Et tu oublies une chose, — Gilles?

— Quoi donc, — Evroin?

— C'est qu'il a le droit de prendre, dans Paris, tous les pourceaux qui vont sans maître, excepté ceux des moines de Saint-Antoine, et quand on veut ravoir sa bête il faut lui donner cinq sous d'argent!

— C'est pourtant vrai.

— Aussi c'est une belle place!

— Mais il ne manque pas de travail! — dit Thomas en riant.

— C'est vrai! L'autre jour il en a pendu quatre à la place Maubert.

— Et six au pilori de Saint-Germain des Prés.

— Et la femme qu'il a brûlée.

— Et les trois qu'il a trempés dans l'huile bouillante.

— Trois de la bande des *Mauvais-Garçons*!

— C'est égal! plus il pend, brûle, étrangle ou fait bouillir, et plus il est riche! — dit Simone avec admiration.

— Et puis, — ajouta Thomas, faire cuire, pendre, étrangler et rôtir des sujets du roi Guyot! — c'est pain bénit!

— Viens! — éloignons-nous, — Cocqueville! — dit une voix brève. Ces gens me font mal à entendre parler.

— Chut! — très-cher! — Pas si haut!

Et deux jeunes gens qui étaient arrivés depuis quelques instants par la rue de la Tannerie, et qui s'étaient trouvés mêlés au groupe des causeurs, se reculèrent en se rapprochant des maisons.

II

Le cortège

Ces deux jeunes gens, âgés tous deux de vingt-cinq à trente ans, portaient l'élégant costume des gentilshommes de l'époque.

L'un avait un pourpoint de velours violet clair, à basquines avec un col plat et monté à l'italienne, des hauts-de-chausses bouffants de velours gris foncé, rattachés par des aiguillettes brodées d'argent, des chausses collantes et des souliers de velours noir brodés d'argent avec des crevés gris.

Un manteau long sans manches de velours noir, tout garni de peau de renard, et une toque de velours noir également noir avec une plume violette complétaient le costume.

Ainsi vêtu, le jeune gentilhomme était fort agréable à contempler, car il avait une belle tête à l'expression énergique, de beaux yeux noirs, des cheveux frisés et de fines moustaches noires.

Il était grand, bien fait, de tournure élégante et c'était ce qu'on nommait alors un cavalier de haute mine.

Son compagnon à peu près de même taille, mais plus maigre et beaucoup plus anguleux dans ses mouvements, était blond ardent de cheveux et roux de moustaches. Il avait avec cela les yeux gris, et le nez et le menton pointus.

Son costume coupé à la dernière mode comme celui de son compagnon, était de nuances infiniment plus vives. Il avait un manteau vert, un pourpoint gris, et des hauts-de-chausses et une toque amarantes.

Les deux jeunes gens portaient naturellement l'épée et la dague.

Tous deux étaient arrivés sur la place de Grève, obéissant aux flots de la foule qui descendait par les rues adjacentes. C'était le premier qui avait manifesté son dégoût pour les paroles qu'il venait d'entendre, et c'était le second qui lui avait fait « chut! »

Ils s'étaient reculés, se rapprochant de la rue de la Vannerie.

— Je ne sais pourquoi je n'ai pas fermé la bouche de ce drôle avec le pommeau de ma dague! — reprit le premier des deux jeunes gentilshommes, avec un geste de très-vive impatience et en lançant un regard menaçant sur le groupe des causeurs.

— Chut! — vicomte — Maintiens-toi, mon ami! — dit l'autre.

— Tu peux entendre cela, toi, Cocqueville?

— Il le faut bien!

— Et ne rien dire!

— Que voudrais-tu que je dise?

— Quoi! — parce que ce malheureux est condamné, faut-il donc entendre désirer qu'on le livre au bourreau!

— Mais...

— Et voilà les idées qu'on répand dans le peuple!

— Chut! chut! — Tais-toi! — dit Cocqueville en regardant autour de lui avec un sentiment de crainte. Si tu ne peux te maintenir, quittons la Grève...

— Non! — je veux rester!

— Mais pourquoi sommes-nous venus?

— Pour rendre un dernier hommage à ce malheureux homme qui va mourir et qui m'a sauvé la vie!

— Mon cher Maillé, je t'en supplie! — Ne parle pas ainsi! Si on t'entendait...

— Eh que m'importe!

— Si ce n'est pas pour nous, que ce soit pour le prince! Tu sais combien Son Altesse nous a recommandé l'extrême prudence! Oublie les querelles religieuses et songe à l'autre motif pour lequel nous sommes venus... Songe à cette adorable demoiselle de Lespars, que...

— Catherine! — interrompit M. de Maillé. — Oh! je ne la verrai pas!

— Pourquoi?

— Crois-tu qu'elle puisse se mettre aux fenêtres pour assister au supplice de cet homme! — Non! non! Catherine doit se cacher et pleurer!

Et désignant la seconde maison, ayant façade sur la place, après la rue de la Vannerie, il lança un regard rapide sur les fenêtres.

— Catherine y est-elle? — dit-il.

— Non! — répondit Cocqueville. — Il est vrai qu'elle n'y est pas.

— Tu vois bien!

— Alors, cher ami, puisque tu ne verras pas mademoiselle de Lespars, quittons la place de Grève.

— Non! — je veux veiller sur elle, en cas de trouble!

— Oh! mais! il y a beaucoup de monde chez son père! vois donc! A cette fenêtre là, il y a d'abord M. de Lespars... puis voici M. de Chiray et le marquis de Châteauneuf, et la jolie madame de la Brosse, avec sa belle-sœur, madame de Vieilville, et le colonel Tocquenet et M. de Saucy! Et mesdames de Parizot, des Diguières, de Belberg!... Peste, quelle jolie réunion de curieux! C'est malheureux que nous ne soyons pas là, Maillé! Je suis certain que ces dames seraient enchantées de nous voir et qu'elles se pâmeraient d'aise, si nous faisions subitement notre entrée dans le salon.

— Je ne connais pas M. de Lespars, dit Maillé, et il n'a jamais témoigné le désir de me connaître.

— Oui! je le sais.

— Il ne m'a même jamais vu, et il y a entre Catherine et moi, une barrière qui fait mon malheur!

— Hum! — fit Cocqueville. — Il y a encore autre chose!

Et son regard se porta sur un personnage qui venait de se placer près de celui qu'il avait désigné sous le nom de M. de Lespars, occupant avec lui la fenêtre du centre du premier étage de la maison. Celui-là vêtu de velours noir avait la mine sérieuse, le teint blême et les cheveux gris. C'était un homme de cinquante ans à peu près.

Les yeux du vicomte de Maillé suivirent la direction du regard de Cocqueville, et des flots d'étincelles jaillirent de leurs prunelles dilatées :

— Oh ! le baron de Céranon ! — dit-il avec un accent de rage.

— L'ami intime du président Duprat — le secrétaire de la princesse Louise de Savoie — la mère du Dauphin !

— Je donnerais dix ans de ma vie pour que cet homme-là fut avec moi au Pré aux Clercs, — reprit le vicomte.

— Pourquoi ?

— Parce que je le tuerais !

— Vive Dieu ! mon gentilhomme ! vous avez bien dit cela ! — dit une voix sonore.

De Maillé se retourna vivement, un homme était derrière lui. Cet homme, vêtu fort simplement d'un pourpoint et de hauts-de-chausses de drap brun, avec un manteau gris et des bottes de daim, et un chapeau de feutre noir sans plume sur la tête, avait plutôt l'air d'un soldat gentilhomme que d'un gentilhomme soldat.

C'était évidemment un homme de race, mais il y avait dans ses manières, dans sa tournure, dans son ensemble quelque chose de libre, de franchement dégagé qui ne sentait pas l'homme de cour.

Il était brun de peau et de cheveux, et il avait la barbe inculte et épaisse.

Au reste, rien en lui n'indiquait la richesse, car le costume était non-seulement simple mais encore fané et usé. Cependant en saluant avec un sourire M. de Maillé, il posa si superbement sa main sur la garde de fer de son épée, que le vicomte rendit gracieusement le salut.

— J'ai entendu ce que vous disiez, reprit l'inconnu, et j'aime qu'un jeune homme parle ainsi ! Malheureusement pour vous Céranon ne se battra pas !

Maillé le regarda :

— Vous connaissez M. de Céranon ? — demanda-t-il.

— Je l'ai connu autrefois dans ma jeunesse, mais il y a longtemps que je ne l'ai vu. Cependant je suis sûr qu'il ne doit pas être changé !

Cocqueville se pencha vers son ami :

— Voilà ce que c'est que de parler trop haut ! — lui glissa-t-il à l'oreille.

De Maillé fit un geste d'impatience.

— Eh ! que m'importe ! — dit-il.

En ce moment, l'impatience de la foule qui attendait devint plus vive, et des cris, des vociférations retentirent sur la place. Le groupe surtout dont venait de se séparer Maillé et Cocqueville redoublait de cris :

— Il ne viendra pas ! vociférait Thomas.

— L'heure est sonnée !

— Il est midi !

— Si ! il viendra. Pourquoi aurait-on dressé l'échafaud et élevé le bûcher pour qu'il ne vienne pas !

— C'est vrai ! Il faut attendre ! — Eh ! Gilles ! chante-nous une chanson pour passer le temps !

— Oui ! oui ! — cria-t-on. — Une chanson !

— Celle des moines !

Gilles, sans plus se faire prier, entonna à pleine voix le vieux refrain du temps que l'on devait à Guillaume Coquillart :

Mesdames sans aucuns vacarmes,
Vont en voyage bien matin.
En la chambre de quelques carmes,
Pour apprendre à parler latin !
Frère Béniste et Damp Fremin
Les attendaient en lieu celé.
Avec vin blanc, jambon salé
Pour festoyer ces pèlerines.
Au lieu de dire leurs matines !...

Et ceux qui entouraient Gilles se prirent par la main et se mirent à danser en rond en répétant le couplet.

— Ah ! — cria Thomas, — on devrait faire chanter et danser tous ces bandits avant de les brûler. Ceux qui chantent la nuit au Pré-aux-Clercs, ils chanteraient dans le jour en pleine Grève !

— Oui ! oui ! — cria-t-on. — Qu'ils chantent !

— Tu as raison, Thomas ! — vociféra Évroin. — On n'en saurait trop faire à tous ces suppôts de l'enfer !

Des cris se firent entendre du côté de la rue du Mouton, et un mouvement se produisit dans la foule :

— Ah ! voici le cortége ! — cria-t-on.

— Voilà le condamné !

— Monte sur la borne, Simone !

— Baisse-toi donc Thomas ! Tu m'empêches de voir !

Effectivement des sons de trompette et des chants religieux retentirent : le cortége lugubre débouchait par la rue du Mouton. Il s'avançait lentement, processionnellement, précédé par un corps nombreux des soldats de la prévôté.

— Voilà les moines de Saint-Gervais ! — cria une femme.

— Et les confrères de la Passion !

— Tiens ! c'est ces confrères-là qui étaient en tête l'autrefois, quand on a coupé la langue à Taurin Gravelle et à Nicolas Clinet, avant de les brûler.

— Et c'était bien fait, Évroin Laligne, car tous ces bandits sont des affiliés de l'enfer et des fils de païens !

— Oui ! ils font leur sabbat la nuit ! — dit une voix.

— Je les ai entendus chanter au Pré-aux-Clercs ! — dit une autre voix.

— Ils immolent des enfants ! — cria Simone.

— Ils faut les brûler.

— Les tenailler !

— Les torturer !

Et cent voix vociférèrent à la fois ce cri terrible :

— A mort ! à mort !

Le cortége avançait toujours. Les moines chantaient les psaumes de la pénitence. Deux longues files d'archers maintenaient la foule. Au milieu d'eux chevauchait le lieutenant-criminel suivi de ses gardes. Trois juges du Châtelet en grandes robes le suivaient à pied.

Après les juges venaient les huissiers et les greffiers du Châtelet, puis une troupe d'archers, puis des moines chantant des psaumes, puis un homme tête nu, pieds nus et recouvert d'une chemise de serge blanche.

Cet homme était de haute taille. Il paraissait âgé de quarante ans à peine, il avait les cheveux et la barbe de nuance châtain clair. Sa tête était fort belle, et il y avait sur sa physionomie une expression de grandeur, de résignation et de fierté qui lui donnait l'aspect d'un martyr.

Il avait, attachée autour du cou, une grande corde dont un valet du bourreau tenait l'extrémité.

III

Le condamné

Au moment où le condamné apparut sur la place, il n'y eut qu'un cri parmi la foule, — cri de menace et de réprobation.

— A mort ! à mort ! — hurlait-on.

— C'est odieux ! — reprit de Maillé. — Cet homme est innocent !

— Mais tais-toi ! — dit Cocqueville.

— Quel est son crime ? On l'a sacrifié au mariage du roi avec Marie d'Angleterre. Accuser cet homme d'être un agent de l'archiduc Charles, c'est absurde !

— Mais, — cher ami, — on ne l'accuse pas seulement de cela. — On l'accuse encore d'autre chose, — c'est un sorcier !

Aux cris de mort poussés autour de lui, le condamné ne tressaillit même pas. Il continua à s'avancer du même pas lent et grave, — le visage calme, — les mains jointes, — l'œil fixé sur le ciel qu'il semblait prendre à témoin de sa résignation.

Les nuages étaient gris, — le temps était sombre, et le froid, — rendu plus vif par la bise du nord-est, soufflant par rafale.

Le cortége continuait sa marche, et déjà les moines se rangeaient autour des échafauds.

De Maillé et Cocqueville étaient montés sur une grosse pierre pour mieux voir le lugubre défilé.

— Oh! — disait le vicomte en froissant la poignée de sa dague, — comme il a du courage.
— Oui! oui! il en a! — dit Cocqueville.
— Pauvre martyr de la haine! Et dire que cet homme va mourir là, — tout à l'heure, — devant nous.
— Et dire, — ajouta une voix rude, — qu'il ne faudrait qu'une poignée d'hommes solides de cœur et de mains, pour arracher une victime aux griffes des ennemis du peuple!— Un vieillard aux cheveux blancs qui va être brûlé, parce qu'on l'accuse de sortilége.

De Maillé se retourna comme il s'était déjà retourné une fois. L'homme qui était derrière lui était celui qui lui avait déjà précédemment parlé.

— Qu'est-ce qu'il dit? — demanda Cocqueville avec un mouvement de crainte.
— Je dis, — reprit l'homme en faisant un pas en avant, — je dis qu'il se passe de singulières choses en France, depuis que notre bon roi Louis XII, — *le père du peuple*,, — a épousé la princesse d'Angleterre.
— Comment? — dit de Maillé.
— Vous me regardez, mon jeune seigneur, comme si vous ne saviez rien?
— Que voulez-vous que je sache?
— Ce qui est, ventre-mahon!

Et s'approchant encore des deux jeunes gens :
— Çà, — dit-il, — où en sont les choses? Le roi Louis XII n'a-t-il pas épousé, il y a huit mois, la princesse Marie, — la sœur de Henri VIII? Ce mariage, — conseillé par le duc de Bourbon...
— Ne dites rien de Son Altesse! — dit vivement de Maillé, — avec un geste impérieux.
— Rien qui ne soit à dire, — je le sais, — comme je sais aussi que vous êtes gentilhomme du prince. Alors vous ne serez pas dans les bonnes grâces de la princesse Louise de Savoie! Et c'est malheureux! Car vous voyez où cela mène d'être mal avec madame Louise, la mère du dauphin François.

Et du geste, l'homme désigna le condamné qui arrivait alors au pied de l'échafaud.

— Celui-là, — ajouta-t-il, — est cependant un de vos amis, et son seul crime est de n'avoir pas voulu confier ses secrets à madame Louise de Savoie!
— Mort de ma vie! — dit de Maillé en étreignant la poignée de son épée.
— Contiens-toi! — dit tout bas Cocqueville.
— Ah! — poursuivit le causeur en souriant avec une expression railleuse, — comme madame Louise serait encore heureuse si celui qui monte là, — sur l'estrapade, — était le duc Charles... Voilà ce que c'est que d'aimer les gens qui ne vous aiment pas! ventre-mahon! Si Bourbon avait écouté la princesse Louise, il n'en serait point ainsi aujourd'hui, et ce pauvre homme que voilà, ne serait pas rôti comme une botte de paille, après avoir été étranglé comme un canard.
— Cet homme est peu rassurant à entendre! — dit Cocqueville à voix basse.
— Le connais-tu? — demanda Maillé.
— Non! — Et toi?
— Pas davantage.
— Et tout cela, — reprit l'homme qui parlait toujours à voix haute, — c'est surtout parce que la princesse a peur que depuis le troisième mariage du roi il ne naisse un dauphin. Alors son fils François ne serait plus que comte d'Angoulême, sans être héritier présomptif de la couronne de France. Et c'est le duc de Bourbon qui a fait faire ce mariage. Ventre-mahon, mes jeunes seigneurs, que nous chanterait l'aimable et belle Françoise de Foix, la magnifique comtesse de Chateaubriant, si cette chose arrivait? Elle qui espère que la princesse Claude périra pour lui céder la place...
— Mais cet homme nous fera pendre si nous l'écoutons! — dit Cocqueville.
— Après tout, — poursuivit le causeur, — les choses s'arrangeront. Sa Majesté est malade, et on dit qu'elle ne vivra pas longtemps! Si la reine Marie n'est pas enceinte, tout ira au gré de madame Louise! C'est pour cela, — mon jeune seigneur, — que vous feriez mieux d'être bien avec la princesse, qui sera la mère du roi, que mal comme vous l'êtes. — Et puis, — vous voilà encore au mieux avec le sorcier qu'on va brûler cejourd'hui du 20 décembre 1514.

Maillé ne répondit pas.

— C'est qu'il paraît que c'est un grand sorcier que celui-là! Il en sait si long que madame Louise ne devrait pas le rôtir, ainsi qu'il va l'être.

Et comme Maillé et Cocqueville gardaient le même silence l'homme se mit à rire.

— Ventre-Mahon! — dit-il. — Vous ne voulez pas me répondre? — Soit! — ne me répondez pas! — ne vous compromettez pas! Le seigneur Duprat, — le président au parlement, — a des oreilles aussi fines que peu longues. — Eh! eh! vous avez raison, — ventre-mahon! — Soyez prudent! ne parlez pas!... Seulement...

Il se pencha vers de Maillé.

— Si vous aimez réellement mademoiselle Catherine, — dit-il à voix basse, — vous feriez mieux d'être bien avec madame Louise qui ne vous déteste pas encore!...
— Hein? — fit de Maillé en se retournant.

L'homme posa un doigt sur ses lèvres.

En ce moment les vociférations, les hurlements du peuple, — auxquels se joignaient les chants des moines, — faisaient un vacarme assourdissant.

Tout à coup, cependant, il y eut un silence, un frémissement parmi les spectateurs et tous les regards se fixèrent à la fois sur un même point, l'échafaud avoisinant le bûcher.

C'est que sur cet échafaud venait d'apparaître un personnage de haute stature, vêtu de rouge avec une ceinture noire.

— Monsieur de Paris!

Ce nom courut de bouche en bouche : c'était celui du bourreau. Quatre hommes costumés de gris et de noir, avec une ceinture rouge, se tenaient debout sur les marches inférieures de l'échafaud. C'étaient les aides du bourreau.

Le patient arrivait alors en face de l'échafaud... La foule contemplait avec une curiosité féroce... L'instant était suprême...

Les apprêts du supplice se faisaient...

— Meurs, pauvre innocent! — reprit la voix sonore du voisin de Maillé. — Tu marqueras un échelon de plus dans l'échelle des crimes de madame Louise!

Un homme qui, jusqu'alors, s'était tenu le dos appuyé contre la maison formant le coin de la rue de la Vannerie, fit un pas en avant.

Cet homme, âgé d'environ trente-cinq ans, avait le véritable aspect d'un homme de guerre et la distinction d'un gentilhomme de haute naissance.

Un riche costume tout de velours noir, pourpoint, chausses et manteau, avec des boutons et des agrafes d'argent, rehaussait encore la bonne mine de celui qui le portait. Un ceinturon de cuir d'Espagne parfumé soutenait une riche épée à la poignée d'or.

Une grande toque noire, ombragée de plumes noires, recouvrait la tête et, descendant sur le front, dissimulait les traits du visage.

Cet homme étendit le bras et posa la main sur l'épaule de celui qui paraissait s'intéresser si fort au condamné :

— Monsieur, — lui dit-il avec le ton de la plus exquise politesse, — serait-ce indiscret de solliciter l'honneur de connaître votre nom?

L'homme pauvrement vêtu regarda attentivement le riche costume de son interlocuteur :

— Il n'y a ni indiscrétion à me demander mon nom, — répondit-il, — ni honneur à le connaître. C'est celui d'un inconnu.
— D'un inconnu?
— Oui.
— D'un Français cependant?
— Certes!
— Vous êtes gentilhomme?
— Autant que j'en ai l'air.

— Alors, — vous êtes gentilhomme, — et de vieille race encore !
— Croyez-vous?
— J'en jurerais !
— Très-bien ! — Je me résigne à être ce que je parais.
— Il faut vous résigner encore à une autre chose.
— Laquelle?
— Celle de me décliner vos nom, — prénoms et qualités.
— Pourquoi?
— Vous le saurez.
— Mais...
— Ce nom?
— Vous y tenez?
— Oui !... quel est-il?
— Le sire de Lustupin.
— Eh bien ! messire de Lustupin, je crois que c'est une bonne fortune pour moi de vous avoir rencontré.
— Trop d'indulgence, monsieur !
— Vous habitez Paris?
— Je crois que oui.
— Comment ! vous croyez?
— Oui.
— Vous n'êtes pas sûr?
— Non.
— Mais... où habitez-vous?
— En ce moment sur la place de Grève.
— Très-bien ! Mais ce soir, où habiterez-vous?
— Je n'en sais rien.
— Comment? Vous êtes donc sur le point de partir?
— Au contraire.
— Ah !... vous arrivez?
— Oui, monsieur. Je suis à Paris depuis le lever du jour.
— Et vous venez?
— De faire un voyage...
— Et vous n'avez pas de logement ici?
— Je n'en ai pas.
— Vous avez une famille, des amis?
— Ni l'une, — ni les autres.
— Quoi ! vous êtes seul?
— Oui.
— Vous n'avez aucun lien de parenté à Paris?
— Absolument aucun.
— Voulez-vous un gîte?

Lustupin regarda son interlocuteur.

— Avant de répondre, — dit-il, — je solliciterai à mon tour l'honneur de connaître votre nom.

— Ce nom, vous le connaîtrez ce soir. Venez à cinq heures à l'hôtel qui fait le coin de la rue Trousse-Vache, et demandez à parler au capitaine Mazères.

Puis, avant que Lustupin ne pût répondre, l'homme vêtu de velours noir lui adressa un geste de discrétion et, s'enfonçant dans les rangs pressés de la foule, il disparut rapidement.

Lustupin le suivit un moment des yeux :

— Est-ce un ami ou un ennemi de madame Louise? — se dit-il en se croisant les bras sur la poitrine et en fronçant les sourcils.

Le vacarme qui éclatait sur la place redoublait de violence. Le condamné montait sur l'échafaud.

Les aides du bourreau se saisirent de lui et le firent asseoir sur l'escabeau, puis ils l'attachèrent solidement...

Le condamné n'avait rien perdu de son intrépide courage ni de sa froide impassibilité.

En ce moment un cri retentit au loin, — ce cri fut accompagné d'un son de trompe.

La foule des curieux entassée du côté de la rue du Moulin, s'écarta et un cavalier, — portant sur sa poitrine les couleurs du Roi, — apparut se précipitant au galop vers la place.

— Vive le Roi ! — cria-t-il.
— Vive le Roi ! — répondit la foule.

Le cavalier brandissait dans l'air un papier qu'il tenait à la main.

IV

Catherine.

Les sciences et les arts, les arts surtout, allaient faire un grand pas durant la première moitié du seizième siècle, de ce siècle de la Renaissance, qui demeurera brillant parmi les plus brillants. Mais parmi les arts, un de ceux qui, des premiers, firent le plus de progrès, fut celui de la construction.

Sous Louis XII, les maisons récemment construites étaient loin de ressembler à celles des siècles précédents; et encore maintenant, on admire à Bruxelles, à Bruges, à Gand, à Rouen, à Strasbourg, de ces maisons bourgeoises qui peuvent passer pour des modèles du genre, et qui sont de cette époque.

Telle était celle qui s'élevait sur la place de Grève, entre la rue de la Vannerie et celle de la Tannerie, et que Cocqueville avait dit appartenir à un M. de Lespars.

Toit aigu, avec un faîte en plomb découpé, surmonté d'épis en fer; un pignon sculpté, un avant-solier et deux étages de belles fenêtres ornées, avec un rez-de-chaussée percé d'une belle porte en chêne, toute hérissée de fers ciselés, formaient un ensemble des plus coquets.

A cette époque où (il faut le reconnaître) le confortable manquait absolument, l'intérieur des maisons ne répondait pas précisément à l'extérieur. Il y avait luxe et opulence, mais plus d'apparat que de commodité.

Dans les pièces, de vastes cheminées sculptées, mais des portes mal closes, des dalles larges et froides pour plancher, de longs corridors trop aérés, et des fenêtres, garnies de châssis de plomb, encadrant des petits vitrages qui tamisaient le jour et donnaient toujours un aspect triste et sombre que ne combattaient ni les grands meubles de chêne, ni les escabeaux, ni les *pliants*, ni les tapisseries énormes qui ornaient les murailles.

Dans la maison de M. de Lespars, les grandes salles étaient belles, mais elles avaient toutes ces nombreux inconvénients. Une seule pièce, plus petite, était aménagée avec plus de goût pour les besoins intérieurs.

C'était une sorte de petit oratoire-salon, avec des vitraux de couleur, un prie-Dieu en ébène, de belles glaces de Venise, des tentures aux murailles et de petits sièges en tapisserie à fond clair ! Ce petit oratoire était la pièce favorite de mademoiselle Catherine, la fille du conseiller de Lespars, fille unique et enfant adoré.

Le conseiller était veuf depuis plusieurs années et il avait reporté sur sa fille toute la tendresse qu'il avait eue pour sa femme.

Catherine était jolie, bien jolie même. — Elle était de taille moyenne, mignonne, gracieuse, souple et élégante dans son ensemble et dans ses allures. — Sa tête était ronde, son front pur, ses yeux bruns, sa bouche petite et souriante, ses dents admirables, ses cheveux splendides, châtain-brun et ondulant naturellement.

Sans être grasse, Catherine était *rondelette*, — comme disait sa nourrice, — la bonne Barba qui ne l'avait jamais quittée.

Ce jour-là, Catherine avait une robe à corsage plat et busqué, lacé par devant, — avec des manches à *la bombarde* (très-bouffantes) et une jupe à plis avec *mancherons* d'écarlate, et une ceinture *houppée* (c'est-à-dire garnie d'un nœud bouffant). Cette robe était de fin satin bleu et la jupe, assez courte, laissait voir des petits patins de velours noirs.

Elle avait les cheveux arrangés en *Passe-Fillon* — relevés sur les tempes et très-frisés sur le dessus de la tête :

Le chapperon fait en poupée,
Les cheveux en *Passe-Fillon*
Et l'œil gai en émerillon
Souple et droite comme une gaule,
En effet, sainct François de Paule
Et le plus sainct italien

Eust ôté prins en son lien,
S'a la voir se fust amusé.
. . . .

C'est Clément Marot qui écrivait cela, en cette année de 1514, dans son *Dialogue de deux amoureux*, et le portrait qu'il faisait de sa *belle amoureuse* était trait pour trait celui de mademoiselle de Lespars.

La coiffure en *Passe-Fillon* avait été inventée par une Lyonnaise de ce nom, — femme d'un marchand auquel, — d'après la *Chronique de Troyes*, — Louis XII avait donné un office de conseiller à la Chambre des comptes pour le récompenser d'avoir *femme si belle et si galante,* — ajoute le chroniqueur.

En 1514, la coiffure était toujours de mode, et Catherine la portait, ce qui lui allait à merveille.

Catherine était dans son petit salon-oratoire, agenouillée sur son prie-Dieu, les mains jointes et la tête à demi baissée sur les mains.

Il était cinq heures et demie du soir. On était en décembre, il faisait nuit noire au dehors. — Deux cierges de cire, brûlant dans deux chandeliers dorés, éclairaient la pièce.

Un léger bruit se fit entendre, une porte s'ouvrit et une femme de quarante ans, simplement vêtue, entra doucement. Catherine redressa la tête.

— Ah! c'est toi, Barba! — dit-elle.
— Oui, — mademoiselle, — dit la vieille gouvernante en s'avançant.
— Quelle heure est-il?
— Six heures bientôt.
— Oh! comme il est tard!
— Mais non!
— Et as-tu des nouvelles?
— Aucune, ma chère demoiselle, aucune, — répondit Barba; — mais il ne faut pas vous tourmenter ainsi!
— C'est que la nuit est bien noire.
— M. le conseiller ne tardera pas à rentrer. D'ailleurs il n'est pas seul.
— C'est vrai, mais j'ai peur!

En disant ce mot Catherine frissonna. Barba s'approcha d'elle, lui prit les mains et la contraignit à s'asseoir doucement sur un siège voisin de la fenêtre.

— Pauvre chère enfant! — dit Barba en la baisant sur le front. — Vous n'êtes pas encore remise des émotions de la journée.
— Oh! — dit Catherine en joignant les mains, — j'entends encore ces cris!
— Mais puisqu'il n'est pas mort!
— N'importe! Je les entends toujours! Oh!... quels cris!... quels horribles cris!
— Le fait est qu'ils s'en donnaient!
— Oh! — fit Catherine.

Et elle se boucha les oreilles avec un geste de terreur.

— Il est vrai de dire, — reprit Barba, — que pour un jeune cœur sensible comme le vôtre, cette maison est bien mal située. Ces fenêtres qui donnent sur la place de Grève vous contraignent à assister à de tristes spectacles.
— Oh! ne me parle pas de cela, Barba! — dit Catherine.
— Je te répète que j'entends encore les cris de cette foule qui allait assister au supplice de ces malheureux. Oh! j'ai eu beau me cacher dans la pièce la plus reculée de la maison, il me semblait assister à cette scène horrible! Les gémissements arrachés par le supplice, perçaient l'épaisseur des murailles et parvenaient jusqu'à moi... J'ai vu la lueur des flammes du bûcher se refléter sur les glaces!...
— Mais puisque l'homme n'a pas été brûlé! — dit Barba.
— Il n'a été qu'un peu étranglé...
— Barba! peux-tu dire cela!
— Je dis ce qui est. Vous savez bien ce qui s'est passé. — Quand le condamné est arrivé au pied de l'échafaud, — un courrier du roi est venu avec ordre de lui faire grâce s'il parlait. — Il a refusé, — alors on a commencé l'étranglement...
— C'est affreux!
— Alors un autre courrier est arrivé avec un autre ordre de lui faire grâce s'il ne parlait pas, — mais il paraît que l'ordre disait de le mettre sur le bûcher, — sans l'avertir de la grâce accordée, — d'allumer le bûcher et de le pousser à parler. — Que s'il ne parlait pas, — on ne devait lui faire grâce qu'à la dernière extrémité et quand la flamme le caresserait... c'est ce qui est arrivé...
— Oui.
— Vous avez entendu raconter cela à M. le conseiller par M. de Céranon.
— Oui.
— Alors vous savez qu'il n'a pas parlé et que grâce lui a été faite au dernier et suprême moment.
— Je l'ai su après.
— Vous voyez bien, — ma chère demoiselle, — qu'il n'y avait pas à vous désoler autant.
— Oh! — j'ai bien souffert!
— Pauvre chère enfant!
— Je m'étais agenouillée et tout le temps qu'a duré le supplice, j'ai prié.
— Embrassez-moi, — Catherine! — Je vous aime bien! — Quand je pense que vous avez eu peur, — je me reproche de ne pas avoir été près de vous, — mais je suis curieuse, — je le confesse, — et dame! — je voulais voir... et j'ai vu!
— Oh! — je te pardonne! — dit Catherine.

En ce moment on entendit un grand bruit venant de la place de Grève. Catherine joignit les mains et son visage devint pâle :

— Mon Dieu! qu'est-ce encore? — dit-elle.
— Rien! ce n'est rien! — dit vivement Barba. — C'est le peuple qui vient, à la lueur des torches, visiter le lieu du supplice et qui ramasse des morceaux de bois carbonisés du bûcher. Ils se disputent les beaux charbons parce qu'ils disent que, — comme le condamné était un sorcier, — les charbons qui l'ont épargné doivent avoir un charme.

Catherine fit le signe de la croix.

— Que Dieu ait pitié d'eux! — dit-elle.

Puis changeant de ton :

— Et mon père ne revient pas! — ajouta-t-elle. — Il est tard.
— Il va rentrer pour souper! — dit Barba. — D'ailleurs, je vous le répète, M. le conseiller n'est pas seul. Il a deux valets avec lui. Et puis il a reconduit M. de Céranon jusqu'à l'hôtel du président Duprat.
— M. de Céranon! — répéta tristement Catherine.

Un profond soupir s'exhala de ses lèvres. — Barba la contempla longuement, et lui prenant les mains avec un geste de tendresse maternelle :

— Oui! — dit-elle. — M. de Céranon qui vous aime et qui bientôt sera votre mari.
— Mon mari! — s'écria Catherine.

Et se levant vivement, — elle repoussa Barba et cacha son visage dans ses mains.

— Ah! mon Dieu! — dit Barba. — J'avais donc deviné juste! vous ne l'aimez pas!

Et courant à Catherine :

— Catherine! — dit-elle très-émue et en prenant mademoiselle de Lespars dans ses bras. — Catherine! vous que j'ai nourrie, vous que j'ai élevée, vous qui êtes presque ma fille... je ne veux pas que vous soyez malheureuse. Dites! dites! vous ne l'aimez pas ce M. de Céranon?

En ce moment encore des cris retentirent au dehors, mais ces cris s'élevèrent plus bruyants et plus tumultueux.

— Encore! — dit Catherine.
— Ce n'est rien! Répondez-moi, — dit Barba.
— Mais les cris augmentent...
— Ce n'est rien!...
— Si! si! il y a quelque chose!

A travers les vitres coloriées de la fenêtre, on voyait circuler rapidement la lumière des torches sur la place.

— Barba! je te dis qu'il se passe quelque chose d'extraordinaire! — s'écria Catherine. — Si c'était mon père...
— Mais non!...
— Oh! j'ai peur!
— Ne craignez rien! Je vais appeler Jean, il ira aux nouvelles.

Et ouvrant la porte :

Louise de Savoie donnait la main à un homme de haute taille.

— Jean! Jean! — appela-t-elle.

Le bruit extérieur prenait des proportions inquiétantes. Le valet appelé accourut.

— Qu'y a-t-il? — demanda Catherine.

— Oh! ce n'est rien, mademoiselle, — répondit le valet, — ce sont des clercs, — des gais compagnons, — des enfants de la Bazoche, — qui ont dressé un autel tout drôle sur la place même où était le bûcher, — et ils s'amusent à faire payer une amende aux passants pour leur vendre de la cendre en leur disant que c'est de la cendre *charmée*.

— Mais pourquoi ces cris?

— C'est que, parmi les passants, il s'en trouve deux qui refusent; comme ils ne veulent pas payer et s'agenouiller, on les y force en les bâtonnant fort.

— Oh! — fit Catherine.

— Oh! l'autel est bien drôle! — ajouta Jean. — Je suis certain que si mademoiselle regardait, cela l'amuserait beaucoup!

Et Jean fit un pas vers la fenêtre.

— Mais ces cris sont affreux! — dit Catherine très-émue — ils redoublent de violence!

— Oh! — s'écria Jean, — c'est qu'ils ne veulent pas!...

On entendit un coup d'arquebuse:

— Grand Dieu! — s'écria Catherine en se précipitant vers la fenêtre qu'elle ouvrit.

— A mort! à mort! — criait-on du dehors.

Le centre de la place, en face de la maison, était envahi par une foule compacte.

Sur un terrain encore noirci, se dressait une sorte de potence surmontée d'une lanterne, et devant laquelle était un autel grossier, recouvert d'une nappe blanche et surmontée d'un grand vase.

Quatre jeunes gens, — quatre bazochiens, — étaient près de cet autel. — Ils étaient vêtus en moines.

A quelques pas, deux hommes, l'épée nue à la main, étaient entourés d'une populace furieuse qui les menaçait en hurlant. Des piques, des hallebardes, des arquebuses dressaient leurs pointes menaçantes.

Des torches secouées dans l'air, par des mains nombreuses, éclairaient de leur lueur rouge cet affreux spectacle.

— Oh! — dit Catherine, — ils vont les massacrer tous deux!...

Les deux hommes tournaient le dos à la maison de M. de Lespars.

Les cris, les menaces, les rugissements se mêlaient au cliquetis des fers. L'un des deux hommes fut renversé et on lui brisa son épée:

— Qu'on les pende! — vociféraient les plus furieux.

— Sus! sus! — criait-on.

Le danger était effrayant. Il était évident que cette populace ivre de sang, habituée à le répandre si facilement à cette époque de guerres civiles incessantes, allait massacrer facilement les deux jeunes gens.

Le Sire de Lustupin. 2.

Tout à coup celui qui était encore debout, bondit en arrière : d'un double coup de dague et d'épée il venait de renverser deux ennemis et de se faire jour. Deux autres hommes étendus à ses pieds indiquaient déjà son héroïque défense.

En reculant, il s'était retourné et sa face se trouvait alors placée en pleine lumière, car une femme échevelée brandissait une torche à deux pas de lui...

Catherine poussa un cri terrible et elle faillit tomber en arrière... Barba se précipita pour la soutenir, mais la jeune fille s'était redressée par suite d'un effort puissant et se penchant au-dessus de la place, elle se maintint les doigts cramponnés au balcon de pierre.

— Mon Dieu ! prenez ma vie mais sauvez la sienne ! — dit-elle d'une voix rauque.

— Que dites-vous ? — s'écria Barba.

L'homme à l'épée venait de tuer encore un ennemi, mais la foule furieuse se rua sur lui et il disparut sous le flot humain...

V
Le blessé.

La scène prenait des proportions horribles !

— A mort ! — à mort ! — hurlait-on.

Et dix mains étreignirent le malheureux homme dont l'épée, qui n'était plus qu'un tronçon, s'efforçait encore de le défendre.

Mais par un effort suprême il se dégagea, renversant ceux qui l'entouraient et ramassant une pique, il fit face aux ennemis.

— A mort ! à mort ! — répétait-on.

— Eh bien, tuez-moi donc, bandits ! — cria l'homme d'une voix frémissante.

Tous reculèrent devant cette audace magnifique. Il y avait un vide devant lui... mais ce moment d'hésitation de la foule fut court... Quelques-uns s'élancèrent...

Des cris furieux déchirèrent les airs... vingt lames nues brillèrent menaçantes...

Tous les bras étaient levés...

C'en était fait du malheureux...

Encore une seconde et il disparaissait sous les flots de cette foule qui se ruait sur lui.

— Tue ! tue ! — hurlait-on.

Deux cris retentirent dominant le tumulte et deux hommes tombèrent tout à coup :

— Tiens bon ! — cria une voix sonore. — Tue ! tue ! les Bazochiens !

Et deux autres hommes tombèrent encore.

Il y eut un mouvement dans la foule. Puis des cris de rage retentirent se joignant à des hurlements de douleur... Les cinq ou six torches qui éclairaient la place, tombèrent à la fois et s'éteignirent dans la boue liquide du sol.

Tout cela s'était accompli en un clin d'œil. La place, quelques secondes plus tôt éclairée, était alors plongée dans une obscurité complète.

Catherine et Barba, appuyées sur la balustrade de pierre, voyaient grouiller une masse confuse, mais elles ne pouvaient rien distinguer nettement. Les cris, les hurlements, les vociférations éclataient plus étourdissants et plus précipités.

Il y avait là une bataille, mais qui se battait ? Comment se battait-on ? Qu'étaient devenus les deux hommes qui étaient la cause de ce tumulte ?

Catherine pâle, tremblante, éplorée, muette de terreur et d'émotion paraissait transformée en statue... Barba fut effrayée de cet état effectivement effrayant... Elle allait s'occuper de Catherine quand un changement dans la scène du dehors attira de nouveau son attention.

Des pas précipités retentissaient, et de longues files de coureurs se détachaient dans l'épaisseur des ténèbres, tandis que les vociférations, le bruissement du fer, le choc des pierres lancées, le bruit des bâtons cassés indiquaient un redoublement d'acharnement.

Cependant il était certain qu'il y avait des fuyards et des poursuivants...

Tout à coup on heurta à la porte de la maison de M. de Lespars :

— Ouvrez ! ouvrez ! — dit une voix.

— N'ouvrez pas ! — cria Barba.

— Il s'agit de secourir un blessé ! — reprit la voix. — Ouvrez donc !

— Ouvrez ! — dit vivement Catherine.

— N'ouvrez pas ! — cria encore Barba.

— Ouvrez ! je le veux ! — dit Catherine avec une énergie tellement en dehors de ses habitudes de commandement, que le valet la regarda avec des grands yeux : puis il se précipita au dehors.

— Qu'allez-vous faire ? — dit Barba avec une expression de douloureuse inquiétude.

— Secourir ceux qui souffrent ! — répondit Catherine.

Barba regarda la jeune fille et elle recula stupéfaite.

Catherine n'était plus la même. En quelques secondes elle avait subi une double transformation.

Tout à l'heure elle paraissait éperdue, pantelante, affolée de douleur et de crainte, prête à s'évanouir et à tomber... Maintenant elle paraissait calme, contenue et parfaitement maîtresse d'elle-même...

Le bruit au dehors avait considérablement diminué. Le centre de la place de Grève était désert... Les fuyards s'étaient engagés dans toutes les rues avoisinantes...

— A-t-on ouvert ? — demanda Catherine en passant dans la salle voisine ?

Barba la suivit.

— Mademoiselle ! — s'écria Jean en rentrant précipitamment, — c'est un gentilhomme blessé et évanoui que deux hommes soutiennent.

— Un gentilhomme blessé ?

— Oui, mademoiselle.

— Quels sont les deux hommes qui sont avec lui ?

— Je ne sais...

— Où sont-ils ?

— Dans la salle du rez-de-chaussée...

— Viens, Barba ! viens vite !

Et Catherine descendit précipitamment les degrés de l'escalier.

— Mon Dieu ! — se disait Barba en la suivant, — qu'a-t-elle donc ? — Que se passe-t-il en elle ? Qui a-t-elle vu sur la place ?

Trois hommes étaient dans la salle basse.

L'un était étendu sur un siège.

Celui-là, dont les vêtements étaient déchirés, dont le visage était livide et qui perdait son sang par une blessure faite à l'épaule gauche, était le vicomte de Maillé qui avait assisté à l'exécution du condamné. Profondément évanoui, il demeurait sans mouvement.

A quelques pas du blessé, assis sur une chaise, était M. de Cocqueville, les vêtements en lambeaux, les traits bouleversés et paraissant, lui aussi, quoique n'ayant aucune blessure apparente, tout prêt à tomber en syncope. Il avait les jambes écartées, les bras ballants et la tête penchée.

Le troisième personnage, dont le pourpoint était plein de sang, mais qui semblait jouir de toutes ses facultés morales et physiques, s'empressait auprès du vicomte et s'efforçait d'arrêter le sang qui coulait de sa blessure.

Catherine avait fait quelques pas dans la salle. Elle s'arrêta soudain, la lumière de la lampe de fer, que tenait Jean, tombait en plein sur le visage du vicomte.

Catherine posa les deux mains sur son cœur :

— Oh ! — murmura-t-elle, — c'est lui !

Puis courant au blessé :

— Mon Dieu ! — s'écria-t-elle d'une voix vibrante. — Est-ce qu'il est mort ?

L'homme qui pansait la blessure se retourna à demi :

— Non ! non ! — dit-il, — rassurez-vous, mademoiselle. Ce n'est rien ! Une écorchure qui dans quelques jours aura disparu. Voulez-vous me faire donner seulement un peu de linge et de l'eau fraîche, et me faire faire un peu de charpie.

— Mais il ne bouge pas ! — s'écria Catherine qui semblait ne pouvoir se contenir qu'à grand'peine, — Seigneur mon Dieu !

— Vous me trompez !...
— Monsieur est évanoui... Ce n'est pas la gravité de sa blessure qui cause cet évanouissement, rassurez-vous — c'est la pression sur sa poitrine de cette masse d'assassins qui se ruaient sur lui...
— Mon Dieu ! mon Dieu ! — disait Catherine sans paraître comprendre.
— De l'eau, des bandes de linge et de la charpie ! — répéta l'homme.
— Vite ! de l'eau, Jean ! — cria Barba.

Et courant à un meuble qu'elle ouvrit, elle y prit précipitamment une pièce de toile qu'elle se mit à déchirer en bandes.

Catherine s'était approchée du blessé : elle joignit les mains en poussant un cri :
— Ah ! — dit-elle. — Il ouvre les yeux !

De Maillé, effectivement, venait d'incliner légèrement la tête à gauche... Ses paupières s'entrouvrirent doucement et son regard vague parcourut la salle.

Tout à coup ce regard tomba sur Catherine. Alors la prunelle s'anima, la paupière se souleva et le sang remonta aux joues. Le vicomte fit un effort : il se dressa, se pencha sur le côté et saisissant la main de Catherine, il la porta à ses lèvres...
— Ah ! — dit-il ! — Je me sens vivre !

Catherine étouffa un cri et se recula vivement.
— Qu'est-ce donc ? — dit Barba en s'avançant.
— Rien ! — répondit Catherine.

Cette petite scène s'était accomplie rapidement et n'avait pas eu un seul témoin.

Cocqueville, — gisant sur sa chaise, — n'avait pas même levé les yeux.

L'homme qui soignait le vicomte s'était retourné pour aller prendre les bandes que déchirait Barba, et debout, près du blessé, Catherine, involontairement, l'avait absolument masqué aux regards de Barba, qui, seule, eût pu voir.

Jean rentrait apportant de l'eau. L'homme, aidé de Barba, s'occupa aussitôt à panser la blessure de de Maillé.
— Là ! — dit-il en s'occupant de son œuvre. — J'avais bien dit que ce n'était rien !
— Oh ! — dit le vicomte. — Sans vous, les misérables nous assassinaient.
— C'est donc monsieur qui est venu à votre secours ? — demanda Barba.
— Oui...
— J'ai fait ce que tout le monde aurait fait ! — dit l'homme en attachant une bande avec une habileté de chirurgien.

De Maillé s'était retourné, et il regardait fixement celui qui lui prodiguait ses soins :
— Mais, — dit-il, — je vous ai vu déjà !
— Oui ! — dit l'homme.
— Où donc ?... je ne me souviens plus...
— Oh ! il n'y a pas longtemps cependant, c'était ce tantôt.
— Oui ! sur la place de Grève, pendant l'exécution.
— C'est cela même !

De Maillé lui tendit la main :
— Votre nom ? — dit-il.
— Lustupin ! — répondit l'homme en serrant dans ses doigts la main du vicomte.
— Gentilhomme ?
— Naturellement ! — répondit Lustupin en frappant sur le pommeau de son épée.
— Ah ! — fit une voix dolente. — Il me semble que je commence à revenir à moi.

On se retourna. — C'était Cocqueville qui venait de parler.
— Vous êtes blessé ? — demanda Barba en s'approchant avec intérêt.
— Je dois l'être ! — répondit Cocqueville d'une voix dolente.
— Où cela êtes-vous blessé ?
— Je ne sais pas, mais je me sens meurtri par tout le corps.
— Ce n'est rien ! — dit Lustupin. — Vous n'avez pas reçu le moindre horion, vous. Vous êtes tombé tout de suite à plat ventre. C'est votre compagnon qui a subi le choc et soutenu l'attaque, et en homme sachant se défendre.
— Mais, — dit Catherine, — que s'est-il donc passé ?
— Oh ! c'est bien simple, — dit de Maillé en souriant doucement et en faisant un effort pour se maintenir sur son séant. — Nous venions de quitter l'hôtel de monseigneur de Bourbon...
— Du prince de Bourbon ! — dit vivement Barba.
— Oui.
— Vous êtes connu du prince ?
— J'ai l'honneur d'être attaché à la maison de Son Altesse — répondit de Maillé en s'inclinant.
— Oh ! mon Dieu ! — murmura Barba avec un sentiment de crainte. — Si notre cher maître allait rentrer.

Et elle courut parler bas à Jean qui sortit quelques instants après.
— Nous venions donc de quitter monseigneur, — reprit de Maillé, — et nous nous promenions, Cocqueville et moi, lorsqu'en traversant cette place nous fûmes accostés par une foule de peuple. On voulait nous conduire devant cet autel bâti sur l'endroit même où le malheureux condamné devait être brûlé et nous contraindre à prier pour madame Louise et à prendre une poignée de la cendre du bûcher, moyennant rétribution.
— Oh ! — fit Catherine.
— Nous refusâmes...
— Les lâches nous entourèrent et s'efforcèrent de nous entraîner. — Je mis l'épée à la main et je me défendis... Nous allions être écrasés lorsque monsieur vint à notre aide.
— Moi ! — dit Lustupin. — Je passais avec quelques amis. En vous voyant attaqué je conclus que vous deviez avoir besoin de mon aide...

De Maillé s'inclina :
— C'est vrai ! — dit-il.

Barba se détourna en faisant le signe de la croix.
— Et, — continua Lustupin, — je n'aime pas à voir une troupe d'hommes nombreuse massacrer deux hommes seuls. En vous voyant sur le point de succomber, je sentis le sang me monter à la tête.
— Éteignez les torches, — dis-je à ceux qui m'accompagnaient, — et ne venez à mon aide que quand j'aurai attaqué.

Ma ruse a réussi, — le peuple a cru que nous étions nombreux et il a fui...
— Et nous avons trouvé ici secours et protection, — dit de Maillé en regardant Catherine.
— Vous ne souffrez plus ? — demanda la jeune fille.
— Non, — plus maintenant.

Le regard du vicomte était plus expressif que ses paroles. Catherine détourna la tête en rougissant.

Lustupin surprit le regard et le mouvement, il sourit :
— Ah ! ah ! — fit-il avec un accent d'approbation et de contentement.

Et s'approchant de Cocqueville :
— Et vous, monsieur, — dit-il, — êtes-vous remis ?

Le jeune homme s'était levé lentement et il se tâtait les membres avec une grande précaution. — Quand il eut achevé, il parut satisfait de l'examen.
— Cela va mieux ! — dit-il.
— Alors, puisque vous êtes guéri, vous allez prendre un bras de votre ami, je prendrai l'autre, et à nous deux nous pourrons le ramener chez lui.
— Oui ! — dit Cocqueville, — qui, encore sous l'impression de l'événement, paraissait ne pas avoir l'ouïe bien claire, ni la faculté de répondre bien nette.

Lustupin était revenu vers de Maillé :
— Pouvez-vous marcher ? — demanda-t-il.
— Je l'espère ! — répondit le vicomte.

Et il fit un effort pour se lever : il y parvint et il se tint debout en s'appuyant sur le dossier de sa chaise.

Catherine, très-émue, s'était avancée vers lui.
— Mademoiselle, — dit de Maillé en s'inclinant aussi respectueusement que le lui permettait sa blessure, — made-

moiselle, je vous supplie d'agréer l'expression de ma reconnaissance.

— Monsieur, — balbutia Catherine en rendant le salut.

— Allons, — dit le sire de Lustupin en passant brusquement devant eux.

Ce mouvement isola les deux jeunes gens, en les rapprochant.

— Catherine ! — dit à voix basse de Maillé, — je bénis cette blessure qui m'a rapproché de vous... Catherine ! je vous aime... et je l'ai compris... là... tout à l'heure... vous m'aimez !

— Aymeric ! — murmura Catherine.

Elle se détourna en posant la main gauche sur son cœur.

— A vos ordres, monsieur, — dit Lustupin.

M. de Maillé s'appuya sur le bras robuste du sire de Lustupin et sur le bras tremblotant de Cocqueville, qui, bien évidemment, n'avait pas encore repris, — ce que l'on nomme, — son équilibre.

Tous trois saluèrent, puis ils quittèrent la salle. Barba et Jean les accompagnèrent.

Ils traversèrent une autre pièce et ils gagnèrent le vestibule.

— Vous sentez-vous assez fort pour marcher ? — demanda Barba en voyant les efforts que faisait de Maillé pour se soutenir.

— Oui ! — répondit le vicomte.

— Oh ! — dit le sire de Lustupin. — Vous ne marcherez pas longtemps, j'ai des amis là qui vont vous porter, et qui se chargeront de recevoir ceux qui voudraient tenter de vous assaillir.

Jean ouvrait la porte... Mais il se recula vivement en la refermant.

— Qu'est-ce donc ? — demanda Barba.

— Des hommes... là... dans l'ombre ! — répondit le valet.

— Ce sont mes amis ! — dit Lustupin. — N'aie pas peur, tu peux ouvrir.

Et comme Jean hésitait, il avança la main et ouvrit lui-même la porte. Des ombres se détachaient dans l'épaisseur des ténèbres.

— Ici, Gilles-le-Toqué ! — dit Lustupin d'une voix rude. — Ici, Thomas Pied-de-Bœuf !

Deux hommes s'avancèrent : ils étaient couverts de haillons ensanglantés. — Leur aspect était tellement hideux que Barba frissonna et fit un pas en arrière.

— Avez-vous préparé quelque chose pour porter monsieur ? — demanda Lustupin.

— Voilà ! — dit Gilles-le-Toqué.

Il attira à lui une planche recouverte de paille et posée sur deux énormes bâtons formant brancard. Son compagnon prit l'autre bout des deux bâtons.

— Asseyez-vous là ! — dit Lustupin au blessé.

Puis voyant que le vicomte regardait avec une sorte de dégoût les deux porteurs :

— Ne craignez rien, — poursuivit Lustupin, — ils ont aussi bon cœur que mauvaise mine, ce qui n'est pas peu dire. D'ailleurs ce sont eux qui vous ont arraché des mains des assassins.

M. de Maillé, qui se soutenait avec peine, s'assit sur le brancard.

— Là ! — dit Lustupin. — Maintenant, en route.

Et se retournant vers Barba :

— Encore une fois, merci ! — ajouta-t-il.

Les porteurs étaient sur la place : Cocqueville, qui semblait à demi hébété, marcha machinalement, suivant les deux hommes. — Lustupin tira à lui la porte de la maison et la referma.

Barba et Jean étaient demeurés dans le vestibule.

— Ah ! mon Dieu ! — dit Barba. — Qu'est-ce que c'est que ces hommes-là ?

— Ils ont l'air de véritables argousins ! — dit Jean d'un air tout déconfit.

— Et ce cavalier, qui les appelle ses amis !..

— Hum ! mère Barba, ça ne me fait pas l'effet d'être catholique, tout cela !

— As-tu bien fermé la porte, Jean ?

— Oh ! oui, je mets les gros verrous. Quand M. le baron rentrera, je les tirerai !

— Ouch !... — fit Barba en frissonnant. — Les vilaines figures !...

VI

Barba.

Catherine était demeurée seule dans la salle basse. Elle avait écouté avec une anxiété de l'âme qui se reflétait sur sa physionomie, les pas des trois hommes traversant l'autre salle basse et se dirigeant vers le vestibule.

— Ah ! — dit-elle en étendant les bras. — Dieu est bon, de m'avoir permis de le secourir !... Et lui !... comme il luttait !... comme il se défendait !... comme il est brave !...

Elle s'arrêta en frémissant : ses traits se contractèrent... ses regards se voilèrent...

— S'il avait été tué ! — murmura-t-elle, — si on l'avait rapporté agonisant... s'il était mort... là... devant mes yeux... Oh !...

Elle s'arrêta dans l'élan de sa douleur.

— Mais non, — reprit-elle, — Dieu l'a préservé !... Ah ! cet homme qui l'a sauvé, au péril de sa vie, aura droit à ma reconnaissance éternelle !... Aymeric ! comme ses yeux se sont fixés sur moi quand il est revenu à lui...

Catherine demeura pensive...

— Comme il m'aime ! — dit-elle.

La jeune fille avait les mains jointes, les bras tombant, les yeux levés vers le ciel. Elle rêvait... Le bruit de la porte de la maison se refermant lui arracha un soupir.

— Ah ! — dit-elle. — Il est parti...

Puis, avec une expression de douleur et de regret :

— Pourquoi faut-il donc que les questions politiques nous séparent ? — ajouta-t-elle. — N'y a-t-il donc pas qu'un roi en France, et ce roi n'est-il pas pour tous ? Qu'importe la manière de le servir, pourvu qu'on le serve bien !

Barba rentrait avec Jean.

— Rangez tout cela ! — dit vivement la gouvernante. — Lavez ces taches de sang. Remettez ces sièges en place... Qu'aucune trace ne reste.

Et se tournant vers Catherine :

— Remontons, chère enfant ! — ajouta-t-elle.

Catherine obéit. Quelques instants après, toutes deux étaient dans le petit oratoire-salon.

Barba fit asseoir Catherine sur un grand fauteuil, et se plaçant près d'elle, en la tenant dans ses bras, comme une mère qui câline sa fille :

— Ce ne sera rien que cette blessure, — dit-elle. — Ce jeune gentilhomme guérira vite.

— Tu crois ? — demanda Catherine en rougissant encore.

— J'en suis certaine. — Mais maintenant, autre chose... Il a été soigné, il est parti, il guérira vite... tout est dit pour lui... Occupons-nous de nous...

— De nous ? — répéta Catherine en regardant Barba avec étonnement.

— Oui, — de nous. Ecoutez, Catherine, — si vous m'en croyez, lorsque M. le baron va rentrer, nous ne lui dirons rien...

— Comment ?

— Oui. — M. le baron de Lespars, votre digne père, est un fervent serviteur du roi : il n'aime pas le duc de Bourbon, — il a les bourboniens en horreur... D'un autre côté, il aime le président Duprat qui, — il faut le reconnaître, — est bien bon pour lui. — Or, le président Duprat a pour ennemis tous ceux de la maison de Bourbon... Donc, M. le baron a deux motifs pour ne pas aimer ce jeune homme qui sort d'ici... un gentilhomme du duc... Lui dire que nous l'avons recueilli ce soir... ici... dans sa maison... ce serait, bien sûrement, lui faire de la peine.

En parlant, Barba avait détaché chacun de ses membres de phrase, les soulignant par l'expression, pour ainsi dire.

Quand elle eut achevé, elle pressa tendrement Catherine

contre elle... La jeune fille ne répondit pas... Barba se pencha vers elle :
— Vous ne me comprenez pas, Catherine ? — dit-elle d'une voix douce et avec un accent insinuant.
Catherine lui étreignit les mains :
— Si ! — dit-elle. — Je te comprends.
— Et... vous dites ?
— Je dis... que puisque Dieu m'a pris ma mère, — il ne pouvait placer auprès de moi, que toi — ma bonne Barba — pour la remplacer !
— Catherine ! — dit Barba avec des larmes dans la voix.
— Oh ! — ma sainte mère doit te bénir de là-haut.
Et Catherine, se jetant dans les bras de Barba, l'embrassa avec effusion.
— Oui ! oui ! — dit-elle, — tu as raison ! — Ne dis rien à mon père ! — Rien ce soir... mais demain, moi, je lui parlerai...
— Que lui direz-vous ?
— Que je le supplie de me garder près de lui.
— Vous ne lui direz pas autre chose ?
— Non !
— Et... à moi ?
Catherine regarda Barba :
— Cette nuit, — dit-elle, — quand mon père sera retiré dans sa chambre, nous veillerons, Barba, et tu sauras tout !
Catherine s'était levée :
— Monsieur le baron peut rentrer, — dit Barba, — je vais donner des ordres à Jean.
— Que lui diras-tu ?
— Qu'à cause des querelles politiques, il ne dise rien qui puisse faire supposer à M. de Lespars que nous avons recueilli des serviteurs blessés du duc.
— Jean n'abusera pas de cette demi-confidence ?
— Jean vous aime, mademoiselle, Jean vous est dévoué et si j'ajoute que la moindre indiscrétion pourrait vous faire de la peine, il se ferait hacher menu comme chair à pâté, plutôt que de proférer une parole.
— Oh ! — dit Catherine, — vous m'aimez tous deux, je le sais bien !
Barba passa son bras autour de la taille de Catherine, et se baissant pour la regarder en dessous :
— Et... lui, — dit-elle avec un signe de tête, — l'aimez-vous ?
— Lui ! — dit Catherine en rougissant, et en posant sa main sur son cœur, comme pour en contenir les battements.
— Oui, — reprit Barba, — lui... ce beau gentilhomme blessé... l'aimez-vous ?
— Oui ! — murmura Catherine, en enfouissant sa tête dans le fichu de toile qui recouvrait les épaules de Barba.
— Et... lui ? — Vous aime-t-il ?
— Lui ! — dit Catherine en se redressant, — lui ! — Oh ! oui ! il m'aime !
Il y avait tout un élan de conviction sincère, de foi profonde dans l'intonation dont la belle jeune fille prononça cette réponse.
Barba baisa Catherine sur le front :
— Je donnerais tout ce qui me reste à vivre, — dit-elle, — pour vous voir heureuse. — Mais patience ! le bonheur viendra ! Maintenant que je sais tout... je tâcherai de faire tout !... Mais il est sept heures bientôt, Catherine... Calmez-vous, remettez-vous afin qu'à son retour, M. le baron ne se doute de rien...
Et adressant un dernier geste à la jeune fille, Barba quitta l'oratoire-salon.
Catherine, demeurée seule, resta un long moment immobile et pensive. Parfois de gros soupirs agitaient sa poitrine.
— Oh ! oui ! — dit-elle, — il m'aime ! — Mais jamais je ne serai à lui !...
Elle joignit les mains, puis elle s'approcha de son prie-Dieu et se laissant tomber à genoux, les coudes posés sur l'appui de velours, la tête appuyée sur les mains :
— Oh ! ma sainte mère ! — dit-elle. — Toi, qui de là-haut veille sur moi... implore le bon Dieu pour qu'il ait pitié de mes angoisses !...

VII
Service d'amie.

Barba était redescendue dans la salle basse. Elle regarda attentivement. On ne voyait aucune trace de la scène qui venait d'avoir lieu quelques instants plus tôt.
Jean était debout dans un angle, laissant la gouvernante passer son inspection.
— Bien ! — dit-elle.
Jean sourit avec une expression de contentement.
Il y avait un grand feu dans la cheminée, feu que justifiait parfaitement le froid rigoureux qu'il faisait au dehors. Cette année, de 1514, fut pénible : l'hiver s'annonçait fort rude à passer, et ce soir-là, du 20 décembre, la lune, qui venait de se lever brillante, faisait dire aux bonnes femmes : « Cette nuit, il va geler à pierre fendre ! »
Barba s'approcha de la cheminée, et désignant de la main un escabeau placé dans l'âtre :
— Viens te chauffer ! — dit-elle à Jean.
Le valet obéit avec empressement. Quand ils furent installés tous deux devant le foyer :
— Jean, — reprit Barba, — tu connais ton maître aussi bien que moi, tu sais qu'il se tourmente et s'inquiète facilement...
— Oh ! oui, — dit Jean en levant à la fois les épaules, les yeux, les bras et les mains.
— Tu sais encore qu'il est bon serviteur du roi, et qu'il déteste les ennemis de Sa Majesté ?
— Si je le sais ! — je crois bien, et la preuve c'est que je chantais l'autrefois la chanson que tout le monde chante, vous savez :

Je désire que l'on m'envoye,
Afin de retrancher la voye,
A tant de Bourbons barbus,
Frère Pierre de Cornibus...

— Tais-toi donc ! — interrompit Barba.
— Oui, — reprit Jean en cessant de chanter. — Eh bien ! comme je chantais, M. le baron s'est mis dans une colère !... oh ! mais là ! dans une colère ! ! ! Il disait que si on m'entendait, je le ferais pendre !...
— Tu n'aimes pas le mettre en colère ?
— Oh ! non !
— Alors, tu comprends, quand il saura que ce soir, en son absence, nous avons reçu et soigné un gentilhomme de M. de Bourbon...
— Ah ! miséricorde ! Il en dira !
— Et long !
— Mais c'est la faute de mademoiselle.
— Crois-tu qu'il criera plus après mademoiselle qu'après toi ?
— Oh ! non ! Et puis, il lui parlera, à mademoiselle sa fille... tandis qu'à moi....
Et Jean fit un geste énergique, comme s'il eût tenu un bâton.
— Écoute ! — reprit Barba, — comme je désire que tu n'aies pas maille à partir avec M. le baron, j'ai supplié tout à l'heure mademoiselle de ne pas dire à son père ce qui a eu lieu.
— Ah bah !
— Elle ne voulait pas, mais j'ai insisté...
— Ah ! la bonne idée !
— Et enfin, quand je lui ai dit que monsieur s'en prendrait surtout à toi, elle a consenti.
— Quel bonheur ! Elle a promis de se taire ?
— Oui ! Elle ne dira rien ! Monsieur ne saura pas que des gentilshommes du duc sont entrés ce soir dans sa maison.
— Ah ! que je suis donc content ! — dit Jean en battant des mains.
— Mais tu comprends ! S'il ne le sait pas ce soir en rentrant, il faut qu'il ne le sache jamais !

— Naturellement.
— Donc, tu n'en parleras à personne? Ni à tes amis, ni à tes camarades?
— A âme qui vive!
— Enfin, si tu commettais une indiscrétion, tout retomberait sur mademoiselle, et si son père se fâchait, elle serait malheureuse!
— Malheureuse! elle! — dit Jean en se levant, — elle qui est bonne comme le bon pain du bon Dieu! Oh! soyez tranquille, mère Barba! Si mademoiselle est jamais malheureuse, ce ne sera pas par ma faute. Moi, dire un mot qui pourrait l'attrister!... Mais je me coudrais plutôt les lèvres avec de la ficelle! Ah!!!
Ce qu'il y avait dans ce *ah!!!* Barba le comprit, car elle sourit.
— Tu es un bon garçon, Jean! — dit-elle. — Et mademoiselle a bien raison de te regarder comme un bon serviteur, et d'avoir confiance en toi!
Jean se donna, pour toute réponse, un grand coup de poing dans la poitrine.
Barba se rapprocha doucement de lui.
— Eh bien! mon cher Jean, — dit-elle du ton le plus aimable, — puisque tu es si gentil et si bien disposé, il faut que j'en profite pour te rendre un service...
Jean ouvrit de grands yeux.
— Un service, à moi? — dit-il.
— Oui. Un grand même.
— Quel service?
— Tu connais bien Rodrigue?
— Celui qui était ici tantôt?
— Oui?
— Je crois bien que je le connais! Je le vois tous les jours.
— N'êtes-vous pas amis ensemble?
— Comme deux doigts de la main.
— Et... il te parle souvent de son maître?
— De messire de Céranon? Oh! oui! Il en parle souvent... bien souvent.
— Et qu'est-ce qu'il en dit?
— Toutes sortes de choses...
— Il l'aime?
— Oh! oui!... c'est-à-dire...
Jean s'était arrêté en changeant de ton.
— C'est-à-dire... quoi? — demanda Barba.
— C'est-à-dire... que... — reprit Jean. — Dame! ça dépend des moments.
— Il y a des moments où il n'aime pas son maître?
— Oui... quand son maître est fâché et qu'il le rudoie, par exemple...
— Alors, il en dit du mal?
— Oh! il dit un tas de choses bien drôles...
— Lesquelles!
— Ah!... je ne sais plus!
Et, effectivement, Jean ne devait pas savoir. On pouvait deviner qu'il disait vrai au ton naïf avec lequel il s'exprimait.
— Oui — dit Barba en riant, — puisqu'il dit des choses drôles, je voudrais bien l'entendre, moi! Dis donc, Jean, la première fois que Rodrigue sera de mauvaise humeur après son maître, viens donc me prévenir.
— Oui! oui! — dit Jean. — Je vous le promets; j'irai vous chercher.
— Mais tu ne lui diras rien... tu ne le préviendras pas! qu'il ne puisse se douter...
— Oh! naturellement. Sans cela ce ne serait plus aussi drôle!
— Mais... s'il ne se trouve pas toujours bien avec son maître... pourquoi reste-t-il à son service?
— Ah! — dit Jean, — c'est qu'il a de beaux gages et qu'il est fier de sa place.
— C'est vrai! Messire de Céranon est le secrétaire, l'intime ami du président Duprat, et très-bien avec madame de Chateaubriand. Il est leur confident et leur conseil; il a une grande influence sur lui et sur elle! Ah! Rodrigue doit être heureux de servir un tel maître. — Je suis certaine qu'il doit tirer bien des profits de sa place...

— Oui! — oui! — oui!... dit Jean avec un clignement d'yeux affirmatif.
— Cela prouve qu'il est adroit.
— Oui.
— Et que toi, tu es bête!
— Comment?
— Combien gagnes-tu, ici?
— Soixante livres par an, mais je suis bien nourri, mais j'ai du vin une fois par semaine, et M. le conseiller me donne par-ci, par-là, des vieilles nippes.
— Et si mademoiselle se marie, crois-tu que monsieur garde trois valets?
— Oh non! — dit Jean avec un soupir. — Je le sais! il en renverra un.
— Et comme tu es le dernier...
— Ce sera moi.
— Alors, tu seras sur le pavé?...
— Hélas! Mais heureusement que mademoiselle est encore mademoiselle...
— Le sera-t-elle longtemps?...
Jean prit un air confidentiel :
— Est-ce que c'est vrai qu'elle doit épouser messire de Céranon? — demanda-t-il.
— M. le conseiller le laisse dire! — répondit Barba.
— Et ce serait dans longtemps?
— Dans deux ou trois mois.
— Ah! mon Dieu!
— Tu ne vois donc pas ce que tu peux faire?
— Non!
— Comment! tu ne comprends pas! Tu es l'ami de Rodrigue, qui a la confiance de son maître. Dis-lui de te faire entrer au service de M. de Céranon. Quand mademoiselle sera mariée tu ne l'auras pas quittée...
— Mais c'est que c'est vrai! — s'écria Jean tout joyeux. — Ah! que vous avez donc des bonnes idées, mère Barba!
— Ça te convient?
— Mais très-bien! C'est-à-dire que si cela avait lieu, j'en danserais sur la tête!
— Eh bien! il faut que cela ait lieu!
— Et quand?
— Tout de suite!
— Jour du ciel! expliquez-moi cela!
— Obtiens de Rodrigue qu'il te fasse entrer immédiatement au service de M. de Céranon, et je te promets, moi, d'obtenir, avec l'aide de mademoiselle, la permission de monsieur.
— Alors, j'entrerais au service de messire de Céranon?
— Demain, si cela se pouvait. Songes-tu, Jean? songes-tu à ce que tu peux devenir. Tu verras sans cesse la cour, tu porteras les couleurs du roi! Au lieu de soixante livres de gages, tu en auras cent au moins, et que de profits j'entrevois!...
— Ah! — dit Jean, — je suis tout ébloui! C'était donc là le service que vous vouliez me rendre, mère Barba?
— Oui!
— Dieu! que vous êtes bonne!
— De sorte que tu parleras à Rodrigue?...
— Dès demain...
— Tu ne lui diras pas que c'est moi qui t'ai donné conseil!
— Oh non!
— Cependant, si une indiscrétion t'échappait à cet égard, tu dirais la vérité. Je te rends service, à toi, mais je rends service à moi-même. Mademoiselle, une fois mariée, pourrait bien oublier sa pauvre Barba, et comme tu serais là, toi, près d'elle, et que tu m'aimes bien, tu réveillerais ses souvenirs.
— C'est juste! — dit Jean avec admiration. — Mon Dieu! mon Dieu! que vous êtes donc maligne!
— Alors, agis vite; moi, je préviendrai mademoiselle!
— C'est dit!
— Ah! — dit Barba en écoutant, — j'entends des pas sur la place... On vient de ce côté... ce doit être M. le conseiller avec Lejeune et Lenoir.
Jean écouta : effectivement on entendait marcher le long de la maison... Le bruit des pas cessa, il y eut un silence...
— C'est monsieur! — dit Barba. — Prends la lanterne et va vite!...

Le marteau de fer retentit lourdement sur la porte garnie de têtes de clous énormes.

Jean se précipita, la lanterne à la main, pour aller ouvrir. Cependant, par mesure de précaution, il regarda par le judas.

— C'est monsieur le conseiller ! — dit-il respectueusement en faisant glisser les verrous dans leurs gâches.

Barba était demeurée seule :

— Ah ! — dit-elle, — nous verrons bien si ma belle Catherine est malheureuse !... M. de Céranon est malin... mais ce que veut femme, Dieu l'octroye !

VIII

Un nouvel ami.

Des rives de Garonne aux rives du *Lignon*,
France, par ordre exprès que l'édit *articule*,
Tu construis des falots d'un ouvrage *mignon*
Où l'avide fermier peut bien ferrer sa *mule*.

Partout, dans les cités, j'en excepte *Avignon*,
Où ne domine pas la royale *férule*,
Des verres lumineux perchés en rang d'*oignon*
Te remplacent le jour quand sa clarté *recule*.

Tout est exécuté sans bruit, sans *lanturlu* ;
O le charmant spectacle ! En a-t-on jamais *lu*
Un plus beau dans Cyrus, Pharamond, ou *Cassandre ?*

On dirait que, rangés en tilleuls, en *cyprès*,
Les astres ont chez toi, France, voulu, *descendre*
Pour venir contempler tes beautés de plus *près*.

Ce sonnet, en *bouts-rimés*, composé en 1667 par La Mouu avait pour but de célébrer l'innovation de l'éclairage public organisé au moyen de *lanternes*. Mais ce sonnet tant applaudi au dix-septième siècle, n'eût pas été de mise au seizième.

La première ordonnance sur l'éclairage est de 1504. Elle prescrivait aux bourgeois de Paris, de placer après neuf heures du soir une lanterne allumée au premier étage de leurs maisons.

La seconde date de 1508, et ordonne de suspendre au coin des rues et au milieu, dans le cas où la rue serait longue, un falot allumé depuis dix heures du soir jusqu'à quatre heures du matin.

L'ordonnance de 1504 avait été exécutée durant six mois, celle de 1508 le fut moins longtemps encore, de sorte qu'en 1514, — à moins que la lune ne brillât, — Paris était plongé dans une obscurité complète.

Ce soir-là du 20 décembre, heureusement, la lune s'était levée après la tombée du brouillard, et illuminait les rues de sa lumière argentée, que ne prescrivait pourtant aucun édit du Parlement.

Alors que le sire de Lustupin, faisant emporter sur un brancard M. de Maillé, avait traversé la place de Grève, la lune s'était levée radieuse.

— Ah ! ah ! — dit Lustupin, en jetant autour de lui un regard investigateur, — si on veut nous rejoindre, on nous verra de loin. — Qu'en pensez-vous, cher monsieur, dont je ne sais pas le nom ?

— C'est vrai ! — dit Cocqueville d'une voix dolente, — vous ignorez qui je suis.

— Mais je le saurai.

— Facilement, je suis très-connu !

— Ah! ah! vous êtes si connu que cela, et pour quelles causes ?

— Pour mes aventures...

— Guerrières ?

— Oui... mais surtout galantes.

— Ah ! vous êtes un galantin, monsieur de...

— Cocqueville... Aime-Gonin-Etienne-Annibal d'Antonnelle baron de Cocqueville, — par son père, et d'Harmant-Delargonges par sa mère !

Cocqueville débita cela tout d'une haleine, et comme un enfant récitant une leçon sans changer de ton.

Le sire de Lustupin s'inclina un peu ironiquement, mais avec des allures de grande politesse.

— Ah ! c'est à monsieur le baron Annibal de Cocqueville, par son père, que j'ai l'honneur de parler. Je m'en félicite hautement, monsieur.

— Oui, — dit tranquillement Annibal, — vous avez raison. C'est flatteur pour vous, car d'ordinaire je ne parle à personne.

— En vérité ?

— Je cause avec M. le vicomte de Maillé, mon ami, que voilà, je réponds à Sa Majesté le roi, quand Sa Majesté m'adresse la parole, je réponds même au duc de Bourbon et au prince Dauphin, mais c'est tout... En dehors de cela, je ne parle qu'aux dames et encore faut-il qu'elles soient jeunes, jolies et de belle et haute naissance...

— Sangdieu ! — monsieur le baron ! — C'est donc cela que vous n'avez pas ouvert la bouche durant le temps que nous sommes restés dans la maison dont nous sortons. Je me sens tout enflé de l'honneur que vous me faites. Mais, moi qui ne vous vais pas à la cheville, et qui ai la manie de parler à tout le monde, je vais, avec votre permission, donner quelques ordres à ces braves gens qui nous escortent, pour qu'ils veillent à votre sûreté.

Ce que le sire de Lustupin nommait les *braves gens*, était une demi-douzaine de gaillards à la face patibulaire, revêtus ou plutôt non vêtus de haillons et de loques, armés de bâtons, de dagues nues et de hachettes.

Ces braves gens, qui marchaient pieds nus avec l'aisance de coureurs en ayant l'habitude, avaient plutôt l'air d'emmener de vive force les deux gentilshommes, que de les escorter pour les protéger.

Lustupin leur parla rapidement. Aussitôt deux prirent la tête, — à leur suite s'avancèrent les deux hommes portant le vicomte.

Deux autres se mirent à droite et à gauche du brancard, puis Lustupin vint, — côte-à-côte avec Cocqueville : et deux gaillards, — à la mine la plus féroce, fermèrent la marche.

— Je crois, — dit Lustupin, — que nous pouvons ainsi passer partout.

— A propos, — dit Cocqueville, — puisque je vous ai dit mon nom, dites-moi donc le vôtre.

— J'ai eu l'honneur de me nommer à votre ami, mais vous ne m'avez pas entendu. Je n'en ai malheureusement pas aussi long que vous à dire, — je me nomme le sire de Lustupin...

— C'est tout ?

— Oui.

— Pas de titre ?

— Non !

— Mais... du sang ?

— Autant qu'on peut en désirer.

— Présenté à la Cour ?

— Pas précisément.

— Gentilhomme au service de...

— Moi-même !

— Ah ! ah ! — fit Cocqueville.

— Maintenant que vous me connaissez, je vous prie de faire état de moi comme d'un dévoué.

Et sans attendre que Cocqueville lui répondit, Lustupin fit un pas en avant :

— Comment vous sentez-vous, monsieur ? — demanda-t-il à de Maillé ! — Comment allez-vous ?

— De mieux en mieux, — répondit Aymeric, — l'air me fait du bien. Et maintenant que j'ai plus de force, cher monsieur, donnez-moi encore votre main que je la serre. C'est celle d'un ami reconnaissant que je vous tends...

— C'est celle d'un homme heureux de vous avoir rencontré que je vous offre !

— C'est une amitié sincère que nous échangeons !

— Mettez-moi à l'épreuve et je vous répondrai !...

Lustupin et ceux qui l'accompagnaient avaient traversé la place de Grève, — s'engageant dans la rue du Mouton, ils atteignirent l'angle de la rue de la Poterie et de celle de la Vannerie.

— Vous demeurez, je crois, rue de la Féronnerie, près du cimetière des Innocents ? — demanda le sire de Lustupin.

— Oui ! — répondit Maillé.

Les hommes continuèrent leur marche. Quelques instants après, ils entraient dans la rue de la Féronnerie et ils s'arrêtaient devant une maison d'assez belle apparence, avoisinant la rue des Bourdonnaies.

— C'est là ! — dit le vicomte.

Les porteurs le déposèrent doucement à terre. Cocqueville avait frappé, — Lustupin se retourna vers les huit hommes qui occupaient le centre de la rue :

— Allez ! — dit-il.

— Là bas? — demanda Giles-le-Toqué.

— Oui.

Les hommes se dispersèrent à droite et à gauche, et disparurent en un clin d'œil.

La porte était ouverte :

— Je vais vous aider à monter, si vous le permettez ! — dit Lustupin à M. de Maillé.

Il prit le bras droit du vicomte, Cocqueville prit le bras gauche et, s'engageant sous la porte, ils montèrent tous trois l'escalier jusqu'au palier du second étage. Un valet qui était venu les éclairer, les introduisit dans un appartement d'assez belle apparence.

— Merci, — dit Maillé à Cocqueville ; — maintenant je n'ai plus besoin de toi, tu peux aller te reposer car tu dois avoir besoin de repos.

— Oui, — dit Cocqueville, — décidément je suis brisé, et demain cependant il faut que je sois en belle santé.

Et le baron se caressa coquettement la moustache. Puis il adressa un salut à Lustupin et à Maillé et il quitta la chambre. Le valet le précéda pour l'éclairer.

Lustupin et le vicomte demeurèrent seuls. Lustupin se rapprocha vivement :

— Ce tantôt, — dit-il à voix basse, — et tandis que vous assistiez à l'exécution en Grève, vous avez plusieurs fois prononcé le nom du baron de Céranon.

— Oui, — dit le vicomte.

— Il s'agissait de M. de Céranon, l'ami intime du président Antoine Duprat, — le confident de la mère du dauphin ?

— Précisément.

— Vous paraissiez ne pas éprouver une vive sympathie pour cet homme?

Le Maillé regarda fixement son interlocuteur.

— Effectivement, — dit-il, — cet homme m'est antipathique.

Le sire de Lustupin se rapprocha encore :

— Vous aimez tous deux la même femme ? — dit-il.

Le vicomte ne répondit pas.

— Et cette femme... c'est celle que nous venons de voir et chez laquelle je vous avais transporté...

— Comment savez-vous cela? — demanda vivement le vicomte.

— Je sais cela et bien autre chose encore, — répondit Lustupin. — Si je n'avais rien su pourquoi vous aurais-je plutôt transporté, vous blessé, dans la maison du baron de Lespars que dans une autre.

— Vous l'avez donc fait avec intention ?

— Oui.

— Dans quel but ?

— Dans le but que vous réussissiez dans vos amours, et que celle que vous aimez soit bientôt votre femme.

Puis comme le vicomte le regardait avec une sorte de stupéfaction :

— Ne cherchez pas à savoir davantage ce soir, — ajouta Lustupin, — seulement rappelez-vous que vous avez en moi un ami dévoué... Maintenant, voici votre valet qui remonte... Pas un mot... et rapportez-vous en à moi pour que nous nous revoyions...

Et Lustupin, — saluant avec un geste amical, — quitta la pièce au moment où le valet rentrait près de son maître.

IX

Le cabaret des Trois Poissons.

Onze heures du soir venaient de sonner à l'horloge de Saint-Eustache. La nuit était de plus en plus claire et le froid de plus en plus vif.

Tout devait dormir dans Paris à cette heure avancée, car le couvre-feu était sonné depuis longtemps ; aussi ne voyait-on aucune lumière briller aux fenêtres ni aucun rayon lumineux filtrer au-dessous des portes.

Et cependant, en dépit des ordonnances du prévôt, en dépit des veilleurs, en dépit du guet, chaque nuit il y avait bon nombre de gens faisant infraction à la loi du couvre-feu.

Cette nuit-là, entr'autres, si des exempts de la prévôté s'étaient aventurés dans le bout de la *Grande-Rue-Montmartre*, — celui aboutissant en face la Halle aux blés, — ils eussent pu, en s'arrêtant à la porte d'une maison basse, se dressant près de la rue du Séjour, et en prêtant une oreille attentive, constater que les habitants de ladite maison étaient bien et dûment éveillés à cette heure indue.

Le rez-de-chaussée de cette maison était occupé par un cabaret et, dans le jour, les passants s'arrêtaient volontiers devant cette maison non-seulement pour entrer, mais encore pour admirer l'enseigne.

Cette enseigne se composait de trois poissons, représentés dans une situation assez singulière.

Le premier poisson était debout sur sa queue, il portait la tête haute, les nageoires raidies et il avait l'air d'un grand matamore.

En face de lui, il y avait un poisson plus petit, plus délicat, à l'aspect féminin, qui courbait la tête d'un air soumis en se tenant également debout sur sa queue.

Puis, derrière ce poisson, un troisième, gros, gras, rond — la queue repliée sous lui — à plat ventre et se cachant derrière le second poisson.

On affirmait que l'enseigne avait pour origine l'histoire scandaleuse d'une marchande de marée surprise récemment par son mari.

Au-dessous de l'enseigne, il y avait écrit en grosses lettres :

AUX TROIS POISSONS.

Au moment où onze heures du soir venaient de sonner, un homme, marchant rapidement le long des murailles, avait descendu la rue de la Boucherie-de-Beauvais, et, — passant devant l'église Saint-Eustache, — il avait remonté la Grande-Rue-Montmartre.

Il s'arrêta devant la maison du *cabaret des Trois-Poissons*, et il frappa un coup sec à la porte, puis un second coup et un troisième à intervalles inégaux.

La porte s'entr'ouvrit, l'homme entra et la porte se referma. — Celui qui venait d'entrer était alors dans une salle basse, plongée dans une obscurité profonde. — On entendait des cris, des chants, des éclats joyeux, des chocs de verres et de bouteilles.

L'homme, — connaissant parfaitement les êtres, — traversa la salle d'un pas ferme, et alla ouvrir une autre porte placée au fond.

Un filet de lumière jaillit.

Dans une grande salle éclairée par des quinquets accrochés le long des murailles, était une foule nombreuse d'hommes, de femmes, d'enfants allant, venant, dansant, chantant, buvant, causant avec un ensemble produisant un abominable concert.

On eût dit une *cour des Miracles* au petit pied.

En voyant entrer l'homme, des hourras joyeux éclatèrent de toute part.

— Vive Lustupin ! — criait-on.

— Salut, mes enfants, et merci du souhait ! — répondit Lustupin en s'avançant.

Puis, s'asseyant devant une table :

Au même moment, l'ombre d'un second personnage se dressa dans le brouillard (page 22.)

— Çà, — dit-il, — j'ai faim !

On s'empressa de le servir en plaçant devant lui des viandes froides, du pain, un verre et un cruchon de vin.

— Vous me ferez vos rapports tandis que je souperai ! — reprit Lustupin, — mais avant, la revue générale !

Le sire de Lustupin ôta son chapeau, passa la main dans ses cheveux noirs avec un geste superbe, et se renversant en arrière, sur le dossier de son siège, en lançant autour de lui un regard profondément scrutateur :

— Quelqu'un a-t-il failli au serment ? — demanda-t-il.

Un profond silence lui répondit.

— Quelqu'un a-t-il failli au serment ? — demanda-t-il pour la seconde fois.

Même silence.

Il répéta une troisième fois la même interrogation d'une voix plus solennelle, et comme le silence était toujours aussi grand, aussi profond :

— Bien ! — dit-il. — Aucun de vous n'a manqué à son serment : je suis content !

Et, se levant, il salua la foule.

— Hourra ! — cria-t-on.

Lustupin reprit sa place :

— Simon Coquille ! — dit-il d'une voix sonore, — approche et fais ton rapport !

Un homme plus mal vêtu encore que les autres s'approcha de la table. — Toute la foule des assistants formait cercle.

Simon Coquille salua et se redressa :

— Va ! — dit Lustupin. — J'écoute !...

LE SIRE DE LUSTUPIN. 3.

X

La Baillée des Roses.

Le conseiller de Lespars, — le père de la jolie Catherine, — était un homme de cinquante ans. Il y avait quinze ans qu'il était veuf.

D'une famille noble, — fils d'un des *Quatre-Vingt* (1) du Parlement de Paris, — M. de Lespars avait été de bonne heure désigné pour faire partie de la magistrature. — A vingt-cinq ans, — en 1489, — il succéda à son père dans la charge de *conseiller au Parlement de Paris.*

Ce fut alors qu'il épousa mademoiselle Des Rieux, fille d'un ancien *maître des requêtes*, — mais orpheline depuis plusieurs années.

Doué de bonnes qualités, doux, aimant, studieux, sensible,

(1) On nommait les *Quatre-Vingt* les conseillers, tant clercs que laïques, faisant partie du Parlement. Ils étaient effectivement *quatre-vingt*. — Jusqu'à la fin du règne de Louis XVI, le Parlement se composa de cent personnes : douze pairs de France, huit maîtres des requêtes, et quatre-vingt conseillers, et il était divisé en trois chambres : 1° La Chambre des requêtes ; 2° Chambre des enquêtes ; 3° la Grand'chambre.

attentif, M. de Lespars avait deux défauts qui anéantissaient souvent les dons de sa nature. Il était timide et inquiet.

Sa timidité était de celles qui, se renfermant dans le silence, s'abritant derrière l'inaction, font sans cesse hésiter et empêchent toujours d'arriver à temps.

Quant à son inquiétude, c'était pis encore : c'était une cause de tracas de toutes les minutes, — une cause de tribulations morales de tous les instants.

Lespars se persuadait qu'on cherchait à lui nuire, — qu'on lui voulait du mal, — qu'on ne l'aimait pas, — qu'en arrière on médisait sur son compte.

Il voyait sans cesse des maux suspendus au-dessus de sa tête, et quand il envisageait l'avenir, il frémissait, — il pâlissait, — il gémissait, — sans savoir précisément pourquoi, mais par suite d'une habitude prise.

Tant que M. de Lespars vécut, les défauts du fils furent atténués par les qualités du père.

En se mariant à mademoiselle Des Rieux, M. de Lespars avait fait une alliance excellente.

Mademoiselle Des Rieux n'était pas riche, mais elle était douée de toutes les qualités manquant à son mari : énergie puissante, clarté dans les vues et persévérance; elle était ce qu'on nomme — une femme supérieure.

Devenu chef de la famille à la mort de son père, M. de Lespars se laissa heureusement diriger par sa femme, qui avait pris sur lui un empire absolu.

Ainsi, le conseiller était calme et tranquille, et il se persuadait que ce calme et cette tranquillité ne provenaient que de son énergie morale, car, comme la plupart des hommes, loin de reconnaître ses défauts, Lespars prenait chacun d'eux pour une qualité.

Quelques années après son mariage, il eut une fille, — Catherine. — Une maladie de l'enfant coûta la vie à la mère, par excès de soins donnés.

Veuf, M. de Lespars pleura amèrement sa femme, — puis il reporta sur sa fille toute la tendresse que renfermait son cœur.

Se trouvant seul aux prises avec la vie, — lui qui jamais n'avait lutté, — Lespars fut bientôt en proie à un redoublement de doutes, — de chagrins, — de déceptions, qui quadruplèrent ses sentiments de timidité et d'inquiétude.

Un procès qu'il perdit, — lui fit supposer que tout le Parlement lui voulait du mal.

Les années s'écoulèrent, — sa fille grandit, et son inquiétude ne se calma pas. — Cette pensée qu'il avait des ennemis dans le Parlement, se transforma en conviction.

Catherine, — devenue jeune fille, — avait fini par comprendre l'état de faiblesse du caractère de son père.

A cette époque, on était aux dernières années du règne de Louis XII. A la suite de son procès perdu, — et doutant de lui-même à force de douter des autres, — M. de Lespars avait engagé une grande partie de ses biens.

Toute sa fortune ne consistait plus que dans sa charge et dans le revenu d'un petit domaine en Lorraine, que son père avait tenu de la générosité du duc René, — le père du premier duc de Guise.

Ses inquiétudes perpétuelles, en l'empêchant de rétablir ses affaires, l'avaient empêché aussi de marier sa fille. Dans le choix d'un gendre, il voyait pour Catherine et pour lui toutes les chances de déception et de chagrin.

Catherine, qui n'aimait personne, ne s'efforçait pas de faire revenir son père à d'autres sentiments.

Et cependant elle était si jolie, si charmante, si spirituelle, si adorable enfin, qu'elle fut vite adorée. Les adorateurs pleuvaient autour d'elle comme la grêle en mars.

Sur ces entrefaites, — la princesse Louise de Savoie, — la mère de François d'Angoulême, — le dauphin de France, — vint à Paris pour la célébration du mariage de son fils avec la princesse Claude de France, — la fille de Louis XII.

Le prince de Lorraine l'accompagnait.

Depuis une année, le revenu de la petite terre de Lorraine n'était pas payé. Lespars avait donc des réclamations à adresser au duc. Il voulut se faire présenter.

Mais la chose était difficile.

Le président Duprat était au mieux avec le duc de Lorraine. Un ami conseilla à M. de Lespars de s'adresser au président.

M. de Lespars et le président, faisant partie du même corps, c'était pour le conseiller un titre de recommandation. Duprat promit à Lespars de s'occuper de ses réclamations relatives aux revenus du domaine, et il l'adressa à un gentilhomme attaché au service de la princesse Louise. — le baron de Céranon.

Lespars alla voir Céranon, qui le reçut à merveille, et qui alla même chez le conseiller avec une familiarité du meilleur augure.

Lespars le fêta avec un empressement flatteur.

Céranon tint parole. Il fit droit aux demandes de Lespars, et plus encore, il le fit gratifier par le duc de Lorraine d'un revenu d'une autre terre, montant à trois mille livres.

A partir de ce moment, Céranon fut un Dieu pour M. de Lespars. Le conseiller ne voyait que pour lui et par lui, son nom était sans cesse dans sa bouche, — Céranon rendit ses visites plus fréquentes.

Catherine avait accueilli avec grâce cet homme qu'avait recherché son père. Lors de la donation, elle le remercia avec effusion, plus pour M. de Lespars encore que pour elle.

Ce jour là, il y avait fête chez le conseiller. Dans la soirée, de Lespars, prenant Céranon par le bras, lui renouvela encore toute l'expression de sa reconnaissance :

— Comment, — lui dit-il, — vous témoigner jamais ce qui se passe dans mon cœur? Et dire que je ne puis rien pour vous qui avez fait tant pour moi!

Céranon regarda fixement le conseiller :

— Peut-être! — dit-il.

— Comment? — s'écria le baron.

Céranon lui prit la main, la serra amicalement dans les siennes et laissant un soupir s'échapper de sa poitrine:

— Vous pouvez plus encore pour moi, — dit-il, — que je n'ai pu pour vous.

Et son regard quittant le conseiller se porta sur Catherine— qui passait près d'eux.

— Oh! — fit M. de Lespars avec émotion.

Céranon avait repris l'air froid et le ton sérieux qui lui étaient habituels :

— Nous causerons plus tard! — dit-il.

Ce soir-là, le conseiller de Lespars se montra d'une gaîté telle, que Catherine elle-même en fut étonnée.

Le lendemain, M. de Céranon fit prier M. de Lespars de passer à l'hôtel de Lorraine. Le conseiller se rendit précipitamment à l'invitation, et il demeura deux heures dans le cabinet de l'ami du prince.

Quand le conseiller rentra au logis, il embrassa sa fille qui ne se doutait de rien, et il fut aussi gai le reste de la journée qu'il l'avait été la veille. Lui, qui jadis toujours soucieux, inquiet, intimidé, voyait les choses en noir, n'était plus reconnaissable.

— Qu'a donc monsieur? — disait Barba. — On dirait qu'une mouche l'a piqué!

— Je ne sais ce qu'a mon père, — répondait Catherine, — mais il a l'air si heureux que je me sens tout inquiète...

— C'est vrai! — M. le conseiller qui est si sensible, et si impressionnable. Si cette gaîté-là n'avait pas une bonne cause, dans quel état serait-il, mon Dieu?

— Espérons, Barba, qu'elle en a une bonne!

— Ainsi soit-il! ma bonne demoiselle!

Et Barba fit le signe de la croix.

Quelques jours après, M. de Lespars, entrant un matin dans la chambre de sa fille, lui dit de préparer ses plus belles et ses plus élégantes toilettes.

Catherine regarda son père avec une expression de profond étonnement.

— Mes toilettes! — dit-elle.

— Oui! oui! oui! — répondit le conseiller en se frottant les mains. — Je te dis tes toilettes et les plus magnifiques que tu aies. Et s'il te manque quelque chose je te donnerai ce qu'il faudra. Tu iras faire tes achats aujourd'hui même avec Barba.

— Mais, pourquoi ces toilettes?

— Pour te faire belle!
— Et à quel propos?
— Je t'emmène à une grande fête!
— A une fête? — Quelle fête, mon père?
— A la grande séance du Parlement d'après-demain, où il y a la *Baillée des Roses!*
— La *Baillée des Roses!* — dit vivement Catherine avec un accent joyeux. — Oh! quel bonheur! Et nous avons des places?
— Oui, mon ami Céranon m'a fait avoir deux entrées dans les tribunes d'honneur! Tu seras au premier rang! Tu verras toute la cour et tous les seigneurs. Sa Majesté n'y sera pas, c'est vrai, mais il y aura monseigneur le Dauphin, et Jacques de Beaune, seigneur de Semblançai, — le *général super-intendant des finances* et le président Duprat en grand costume...
— Mais vous, mon père, ne serez-vous donc pas avec les conseillers de la Chambre des Enquêtes?
— Si fait, ma fille.
— Alors, je serai donc toute seule?
— Que non pas. Tu iras à la fête avec madame Des Diguières.
— Avec Blanche?
— Oui! c'est convenu! je l'ai vue ce matin. Comme il faut que je parte, moi, de bonne heure et en grand costume, pour prendre ma place au Parlement, madame Des Diguières viendra te prendre ici avec sa suite et vous irez toutes deux ensemble.
— Oh! très-bien!
— Tu vois que j'ai pensé à tout!
— Oui, mon père!
— Et tu es contente?
— Enchantée!
— Surtout regarde bien cet excellent baron de Céranon! — dit le conseiller avec un clignement d'yeux expressif que Catherine ne parut pas remarquer.

La jeune fille s'occupa activement de sa toilette avec Barba.

La *Baillée des roses* était une véritable fête, et une fête rare. C'était une des plus vieilles coutumes du Parlement de Paris.

Lorsqu'un pair de France laïque avait un procès à ce tribunal et que son rôle était appelé, il devait présenter des *roses* aux magistrats réunis (1).

Les *pairs de France*, seuls, avaient le droit de donner ces roses aux membres du Parlement. C'était un double honneur, et pour ceux qui recevaient et pour celui qui donnait.

S'il y avait plusieurs pairs qui plaidassent, celui dont la pairie avait la plus ancienne avait droit de présenter des *roses* le premier.

La distribution ordonnée, et même ordonnancée depuis longtemps, se faisait ainsi:

Pour la *grand'chambre*:

Aux présidents six bouquets et six chapeaux de roses (les chapeaux étaient des espèces de guirlandes-couronnes.)

Aux conseillers deux bouquets et deux chapeaux.

Pour la *Chambre des Requêtes* et pour la *Chambre des Enquêtes*:

Aux présidents deux bouquets et deux chapeaux;

Aux conseillers un bouquet et un chapeau.

De plus, l'avocat plaidant avait droit aussi à un bouquet, à un chapeau et à deux guirlandes qui *devaient l'enguirlander et le roser de la hanche à la nuque.*

Le parlement avait pour ces cérémonies un fournisseur spécial, attitré et titré que l'on nommait le *maître rosier de la cour.*

(1) Le duc d'Alençon, fils de Henri II, se soumit à cet hommage comme pair de France. — Henri IV (alors Henri de Navarre,) s'y soumit également en 1586, ce qui amena même entre lui et son oncle le cardinal de Bourbon, avec lequel il plaidait, une question très-grave de préséance. Il y a un manuscrit à la bibliothèque impériale, numéro $\frac{2824}{3}$ qui explique toute cette affaire de la *Baillée des roses* de Henri de Navarre.

Ce *maître rosier*, pour être en mesure de faire face à ses affaires, cultivait force roses et il avait acheté pour se livrer à cette culture, un grand terrain près les bois de Bagneux et ceux du Plessis-Piquet.

Les employés du maître rosier se construisirent des chaumières, et bientôt, sur le terrain des roses, s'éleva un petit village que l'on nomma simplement, tout d'abord, *Fontenay* et ensuite *Fontenay-aux-Roses.*

On comprend que chaque *Baillée des roses* était une fête, et comme il s'agissait de fleurs, les dames les plus élégantes de la cour se disputaient l'honneur d'y assister.

Autre usage qui rendait plus charmante cette réunion de belles dames au milieu de ces hommes revêtus de robes rouges doublées, pour les uns, de menu-vair, pour les autres d'hermine, c'est que les toilettes des assistantes devaient être également toutes garnies de fleurs à nuances pâles ou foncées, mais pas éclatantes.

On comprend tout le charme de ces oppositions de costume dans cette grande salle si richement ornée, que depuis cinq ans on la nommait la *Chambre dorée.*

Le jour venu, Catherine, qui avait vu partir son père en belle robe rouge, avec sa toque rouge garnie de menu-vair et monté sur sa mule richement ornée, qu'accompagnaient, à pied, les deux valets, Catherine avait passé plusieurs heures avec Barba, assise devant sa grande glace de Venise.

La robe de la jeune fille était de soie blanche toute garnie, au corsage fendu et aux mancherons, relevés de satin violet avec de beaux passements d'argent et toutes sortes d'affiquets de fin or et de gros fanons d'orfévrerie mignardement travaillés.

Et au corsage, dans la fente, un gros bouquet de violettes embaumées et des enguirlandements de même fleur autour des manches.

Catherine, suivant la mode qui commençait à prendre, avait les cheveux relevés sur les tempes, avec un toquet de satin blanc sur la tête, tout entouré de couronnes de violette.

On était en décembre, et la violette était à peu près la seule fleur que l'on pût se procurer. D'ailleurs, elle allait divinement à Catherine, et lui donnait un aspect virginal qu'eût envié Raphaël pour sa Madone aux fleurs.

Barba regardait celle qu'elle nommait sa fille, avec une expression de joie sincère et même de fierté.

— Jésus, mon Dieu! que vous êtes belle! — dit-elle en levant les mains.

Catherine sourit doucement. Elle se regarda involontairement dans la glace, et, il faut l'avouer, elle fut de l'avis de Barba, ce qui était bien pardonnable.

— La belle comtesse de Chateaubriand serait jalouse de vous si elle vous voyait.

— Oh! — dit Catherine, — elle est si belle!

— Et vous donc!

— Tu le trouves, parce que tu m'aimes.

— Sainte Barbe, ma patronne! je veux bien être pendue à la grande potence de la croix du Trahoir, si tous les gentilshommes qui vous verront passer ne gardent votre image dans leur cœur.

Effectivement, jamais Catherine n'avait été aussi jolie que ce jour, dans cette toilette, et il fallait que cela fût, car madame Blanche Des Diguières le dit quand elle vint la chercher, et madame Des Diguières était trop femme pour faire un pareil compliment, si ce compliment ne lui était arraché par une admiration sincère...

Catherine partit... Elle souriait; jamais elle ne s'était sentie aussi heureuse... Son cœur battait bien dans sa poitrine...

Elle ne se doutait pas cependant, en quittant la maison de son père, que ce jour-là devait marquer dans son existence.

XI

Le parlement.

Jadis, on appelait *Mal,* — *Mallum,* — *Champ de Mars* ou *Champ de Mai,* une assemblée où les Francs se rendaient en armes, et y siégeaient comme juges et comme arbitres des affaires publiques.

Ils y offraient des présents à leur roi ou à leurs chefs de guerre, et ils jugeaient avec lui les affaires portées à son tribunal et décidaient les questions de paix, — de guerre, — etc.

Le *Mallum* se tenait d'ordinaire deux fois par an.

Grégoire de Tours parle de cette assemblée en 584.

Dans la suite, ce *Mallum* fut composé exclusivement de grands vassaux, — de prélats et de hauts dignitaires.

Il reçut le nom de *Parlement*.

Il était ainsi sous Philippe-Auguste et sous saint Louis, et il s'assemblait deux fois par an, — à la Toussaint — et à la Pentecôte.

Philippe-le-Bel fut le premier qui donna au Parlement une constitution régulière, et son ordonnance de 1302 distingue trois fonctions : — *politiques*, — *financières*, — *judiciaires*.

Les premières furent réservées au *Grand Conseil* ou *Conseil Étroit* ou *Chambre des Requêtes*.

Les secondes à la *Chambre des Enquêtes* ou *Chambre des Comptes*.

Les troisièmes à la *Grand'Chambre* ou *Chambre des Plaidoiries*.

Peu à peu, la complication des procès, — la science de plus en plus spéciale du droit, — le langage technique des avocats éloignèrent les seigneurs féodaux du Parlement.

Une ordonnance de Philippe-le-Long en bannit les prélats.

Les jurisconsultes devinrent de plus en plus puissants et finirent par siéger seuls au Parlement.

Ils recevaient des gages et *deux manteaux* par an.

Dès le milieu du quatorzième siècle, le *Parlement* devint tellement puissant, qu'une ordonnance de 1363 dit formellement que le *Parlement représente la majesté des rois*.

Tant que la permanence du Parlement ne fut pas établie, — le roi donna des commissions temporaires aux jurisconsultes qui devaient siéger à chaque session, mais, — en 1401, — devenu *permanent*, — le Parlement s'attribua l'élection de ses membres.

Sous Charles VI, — les membres du Parlement obtinrent l'exemption d'impôts.

L'ordonnance de *Montils-les-Tours*, — 1453, — reforma le *Parlement de Paris*, et y ajouta une nouvelle Chambre, — la Chambre criminelle *de la Tournelle*, — ainsi nommée parce que les membres qui la composaient étaient fournis à *tour de rôle* par les autres Chambres.

En 1467, — l'inamovibilité fut accordée définitivement aux membres du Parlement.

En 1512, — un nouvel édit, rendant vénale une charge du Parlement, avait fait de chacune de ces charges une véritable propriété, — un patrimoine de famille, — ce qui avait donné au Parlement une importance plus grande.

En 1514, le Parlement était donc une puissance.

A cette époque déjà, les *pairs de France* avaient le privilège de ne pouvoir être jugés que par le *Parlement de Paris*, où venaient siéger les pairs, et qui prenait le titre alors de *Cour des Pairs*.

Il fallait au moins la présence de *douze pairs* pour juger un *pair de France*. Autrement la cour était réputée *non suffisamment garnie*.

Toutes les Chambres du Parlement, — sans exception, — se réunissaient pour le jugement des *pairs*.

C'est ce qui devait avoir lieu le jour où Catherine devait aller à la séance.

Les deux pairs du royaume qui plaidaient l'un contre l'autre, étaient M. le duc Charles de Bourbon, comte de Montpensier et de La Marche-Dauphin d'Auvergne, — l'héritier unique de toute la famille des Bourbons, et M. François de Clèves, duc de Nevers.

On comprend quelle importance avait ce procès et quelle affluence de curieux devait encombrer les chambres et même les couloirs et les escaliers du palais.

La cause du procès ne signifiait rien en elle-même. L'effet était tout.

L'ouverture de ce procès était donc la *Baillée des Roses*. Tout d'abord cette question des roses avait amené un différend et une contestation entre les partis.

D'après la coutume qui était devenue loi, et que j'ai citée plus haut, « s'il y avait plusieurs pairs qui plaidassent, celui dont la pairie était la plus ancienne avait droit de présenter les roses le premier. »

Or, la pairie du duc de Nevers remontait en 1495, et celle du prince de Bourbon ne datait que de 1506. Le duc de Nevers avait droit comme *pair*, mais le duc de Bourbon était prince du sang. Comme tel, le Parlement de Paris, après un débat de trois semaines consécutives, l'avait autorisé à passer le premier pour la *Baillée des Roses*.

Les amis du prince de Bourbon avaient regardé ce premier succès comme un triomphe. Aussi, s'étaient-ils promis de faire un jour de fête de cette séance de la *Baillée*.

Mais si le duc de Bourbon était puissant, le duc de Nevers ne l'était pas moins. Ami de la princesse Louise de Savoie, il avait fait savoir à l'avance que la princesse assisterait à la séance du Parlement.

Assistants et assistantes formaient donc deux camps opposés.

Naturellement, les places que M. de Céranon avait envoyées à M. de Lespars étaient dans les tribunes des amis du duc de Nevers.

En arrivant dans la *Chambre dorée* du palais de Justice, que l'on nommait encore le *Palais de la Cité*, Catherine et Blanche s'étaient vues au centre d'un flot de dames élégantes, toutes femmes de haut rang et de haut lieu. Elles n'étaient pas déplacées, car leurs familles, à toutes deux, étaient anciennes.

Madame Des Desguières surtout, femme que sa beauté, son élégance et son esprit avaient mise à la mode, et que Brantôme a classée parmi les *grandes* et *honnestes dames*, madame Des Diguières se vit accueillie avec empressement. Elle présenta Catherine, dont l'éclatante beauté et le charme entraînant firent sensation.

Le duc de Nevers, le général des finances, Jacques de Semblançay, occupaient le côté de droite ; le prince de Bourbon, le côté gauche.

A côté du prince étaient rangés de jeunes et brillants cavaliers, dont les noms avaient acquis déjà célébrité sur le champ de bataille.

Il y avait là Lautrec et de Biez, et d'Andelot, puis le baron de Castelnau, le marquis de Chateauneuf, le comte de Chiray, le baron du Mesnil, tous élégants seigneurs, brillants chevaliers, et bien en cour.

En prenant place, Catherine, éblouie et rougissante, car elle sentait les regards peser sur elle, chercha des yeux son père. Elle aperçut parmi les conseillers ses collègues.

Puis, parmi les assistants, elle reconnut M. de Céranon qui lui envoya le plus gracieux salut.

— Ah ! dit en riant madame Des Diguières, — voilà M. de Céranon qui vous regarde. Allons, chère belle, ne détournez pas la tête. Ne suis-je pas votre amie ?

— Oh ! si, chère Blanche ! répondit Catherine. — Je vous aime de tout mon cœur.

— Alors, faites-moi votre confidence !

— Quelle confidence ?

— Ne jouez pas l'étonnement. Vous comprenez bien que je ne suis pas la seule qui se soit aperçue de ce qui est...

— Mais quoi donc ? — demanda Catherine en ouvrant de grands yeux.

Blanche se pencha vers elle :

— A quand la noce ? — demanda-t-elle.

— Quelle noce ? — dit Catherine.

— Mon Dieu ! — la vôtre !

— Ma noce... à moi ?

— Eh oui ! — Quand épousez-vous M. de Céranon ?

— Moi ? — dit vivement Catherine. — Mais je ne dois pas épouser M. de Céranon.

— Vous l'avez refusé ?

— Moi ? Je n'ai pas eu cette peine.

— Il ne vous a pas encore demandé ?

— Non !.. — Et je ne sais ce que vous voulez dire.

Blanche sourit.

— Si vous ne le savez pas encore, vous le saurez bientôt,

— dit-elle. — M. de Céranon est fort épris de vos charmes c'est facile à voir, et s'il ne vous a pas demandé votre main, il la demandera.

— M. de Céranon ! — répéta Catherine avec un frémissement d'épaules.

Blanche regarda son amie :

— Ah ! — dit-elle, — vous ne l'aimez pas !

— Moi ! — dit Catherine.

— Je l'ai compris à votre intonation... mais si vous ne l'aimez pas, qui donc s'aimez-vous ?

— Personne ! — dit Catherine.

— Personne ! — s'écria madame Des Diguières. — Que me contez-vous là ?

— La vérité !...

En ce moment, des sons de trompette retentirent.

Il y eut une rumeur dans la salle.

— Madame Louise ! — dirent toutes les voix.

Tous se levèrent.

Le son des trompettes retentit plus rapproché.

Des pages entrèrent, — richement vêtus et portant sur leur poitrine les armes de Savoie et de France richement brodées.

A la suite des pages apparurent des écuyers, — puis des seigneurs.

Il y eut un vide.

Alors s'avança une femme de haute taille, — richement vêtue, — fort belle encore et à la démarche lente et majestueuse.

Cette femme, qui pouvait avoir de trente-cinq à quarante ans, était la veuve de Charles d'Orléans, comte d'Angoulême, cousin germain du roi Louis XII, — et la mère de François d'Angoulême qui, — en 1500, — avait été déclaré héritier présomptif de la couronne de France.

Louise de Savoie donnait la main à un homme de haute taille, — grand, — sec, — maigre, — portant sur son armure les insignes de maréchal de France.

Blanche Des Diguières se pencha vers Catherine.

— Regardez donc M. de La Palice ! — dit-elle en désignant le maréchal, — quel grand air il a !

— Oh ! — répondit Catherine, — j'aime mieux M. de Bayard.

— Le voyez-vous donc ?

— Mais oui ! — Là-bas, — à la suite du cortège de madame Louise...

La princesse arrivait à la place qui lui avait été réservée.

Elle s'installa sur le fauteuil de velours et, du geste, elle invita le président Duprat à venir à elle.

XII

L'inconnu.

— Vraiment, — avait dit encore madame Des Diguières en riant, — vous n'aimez pas le baron de Céranon ?

En ce moment la cérémonie de la *Baillée des Roses* commençait, on apportait dans d'immenses corbeilles les fleurs que le prince de Bourbon devait distribuer.

Catherine parut ne prêter aucune attention à cette cérémonie. Elle était préoccupée : les paroles de madame Des Diguières venaient encore de porter le trouble dans son âme et dans son cœur.

Elle avait vu plusieurs fois, souvent même, Céranon chez son père, mais jamais elle n'avait eu la pensée que l'ami du président Duprat pût jeter sur elle un regard amoureux.

En réfléchissant, elle laissait errer ses regards... Tout à coup ses yeux rencontrèrent ceux de Céranon fixés sur elle. Catherine subit le choc de ce regard et elle pâlit... Elle venait de comprendre que madame Des Diguières avait dit vrai...

Elle détourna la tête en baissant les yeux. Dans ce mouvement des prunelles, le rayon visuel passa sur la ligne entière des conseillers et, machinalement, il s'arrêta sur le groupe qui entourait le prince de Bourbon.

Cette fois encore le regard de Catherine en rencontra un autre. C'était celui d'un jeune et beau cavalier, aux allures élégantes, à la mine fière et franche. Le regard de Catherine s'arrêta, pour ainsi dire pris dans la flamme qui jaillissait de ces prunelles ardentes fixées sur elle.

Ce qu'il y avait dans ce regard, d'admiration, d'adoration, de tendresse de cœur, en une seconde, Catherine le comprit involontairement.

De pâle qu'elle était, elle devint rouge. Elle voulut fuir ce rayonnement magnétique et elle fut obligée de faire un effort... Mais son regard ne se détourna pas pour aller courir sur d'autres points de la salle, ses paupières s'abaissèrent lentement et le voilèrent.

Catherine demeura ainsi, durant quelques instants, immobile, muette — et comme sous une impression qu'elle ne pouvait pas vaincre.

Elle releva légèrement la paupière. A travers la barrière des cils formant nuage, elle aperçut encore ce regard toujours ardemment et passionnément rivé sur elle.

Catherine sentit son cœur battre violemment...

La cérémonie avançait, elle n'avait rien vu, rien entendu, rien compris...

Le procès s'entamait, l'avocat commençait à plaider... Catherine sentait toujours ce regard qui ne la quittait pas...

— Mais qu'avez-vous donc, ma chère ? — lui demanda madame Des Diguières.

Catherine tressaillit.

— Rien ! — dit-elle.

— Vous pensez à Céranon ?

— Oh ! non !

Blanche rit aux éclats.

— Voilà un : *oh non !* — dit-elle, — que le cher baron n'éprouverait pas grand plaisir à entendre.

La séance dura quatre heures. Lorsqu'elle fut levée sur l'ordre du chancelier qui la présidait, Catherine eût été incapable de raconter ce qui s'était passé.

La sortie se fit lentement. Seigneurs et belles dames ne se pressaient nullement de quitter la *Chambre dorée.*

Catherine et Blanche, entourées de mesdames de La Brosse et de Belberg, et accompagnées par MM. de Sancy, de Tocquenet et de Chivry, étaient pressées dans les rangs serrés de la foule.

Tout à coup Catherine étouffa un léger cri en se retournant.

— Qu'avez-vous ? — lui demandèrent les dames.

— Rien ! — dit-elle.

— Mais vous avez crié ! — dit Tocquenet en se rapprochant de Catherine.

— J'ai eu peur...

— Pourquoi ?

— Effectivement, — dit une dame, — vous êtes toute pâle. Qu'avez-vous ?

— Oh ! — répondit Catherine, — il m'avait semblé qu'on tirait la jupe de ma robe et cela m'a fait peur.

— Quelqu'un se sera pris dans vos plis en passant, — répondit Blanche.

— Ah ! — dit M. de Sancy en tendant la main à un élégant gentilhomme. — Te voilà, de Maillé ! Comment vas-tu, mon beau vicomte ?

Catherine tressaillit.

Elle fit un mouvement si brusque, que Blanche la regarda avec une expression d'étonnement et d'inquiétude.

— Qu'avez-vous ? — dit-elle.

Catherine ne répondit pas.

Elle détourna la tête pour cacher la rougeur qui envahissait son charmant visage. Elle venait de reconnaître dans ce jeune homme qui saluait M. de Sancy, celui qui ne l'avait pas un seul instant quittée des yeux.

En descendant l'escalier de la grande salle, elle passa encore près du vicomte et elle le vit presser tendrement dans ses mains quelque chose qui ressemblait à un bouquet et qu'il porta à ses lèvres.

En rentrant, Catherine s'aperçut que l'un des bouquets de violette qui faisaient guirlande autour de sa jupe avait été détaché...

Elle rougit, — puis elle pâlit.

Elle demeura muette.

Enfin, — elle porta la main sur son cœur et elle le sentit battre.

C'était la première fois.

Barba lui demanda ce qu'elle avait.

Pour la première fois aussi, — Catherine ne lui répondit pas franchement.

Cette nuit là, — Catherine dormit peu.

Deux jours après, le conseiller de Lespars annonça à sa fille qu'il était obligé de faire un voyage de trois semaines en Lorraine. Le conseiller, en parlant ainsi, avait un air à la fois mystérieux et enchanté.

Demeurée seule avec Barba et les deux valets, Catherine sortit peu, mais chaque fois qu'elle sortit, elle rencontra le vicomte de Maillé et rarement elle se pencha sur l'appui sculpté de la fenêtre sans voir, les yeux rivés sur elle, le beau jeune homme qui ne lui avait jamais parlé.

Mais, si de Maillé ne parlait pas, quelque chose parlait pour lui dans le cœur de Catherine, et la jeune fille devenue rêveuse; écoutait avec un bonheur inconnu, la mystérieuse voix qui lui disait : amour...

C'était la première fois que Catherine rêvait, c'était la première fois qu'elle sentait en elle ce trouble étrange d'un cœur qui commence à battre. Catherine se savait aimée, et la respectueuse persistance du vicomte ne pouvait lui laisser de doute à cet égard.

Une après-midi, c'était vers la fin de novembre, un mois avant l'exécution qui venait d'avoir lieu en Grève, Catherine devait aller aux Vêpres à Saint-Jean. Barba était souffrante depuis la veille, on craignait pour elle une maladie grave, et comme il faisait un brouillard humide, Catherine avait exigé qu'elle restât. Jean accompagnait sa jeune maîtresse, lui portant son missel.

Au reste, Catherine ne devait pas aller seule à l'Église : elle devait prendre madame de Parizot dont la maison était voisine. — Madame de Parizot, femme d'un conseiller, avait été obligée de s'absenter.

Catherine alla donc sans elle aux vêpres. Il n'y avait que la place de Grève à traverser, mais un endroit était difficile à franchir, c'était celui longeant la nouvelle *maison de ville* en construction.

Les chantiers des maçons et des charpentiers, les amas de pierres, les fondations à creuser faisaient des encombrements à chaque pas.

Catherine entendit les Vêpres, puis elle se disposa à rentrer. Quand elle quitta l'église, le brouillard était très-épais et il faisait presque nuit.

Elle longea le mur du cimetière, mitoyen avec celui du marché, pour mieux éviter les embarras des constructions.

La foule des Parisiens fidèles était nombreuse, de sorte que Catherine ne ressentait aucune crainte.

Cependant au moment de traverser la place, elle se trouva isolée, mais elle ne s'en aperçut pas.

Elle avançait en regardant attentivement l'endroit où elle posait le pied pour éviter les ornières, les creux, les mares de boue qui encombraient alors le Paris non pavé et le rendaient peu praticable.

Le crépuscule du soir et le brouillard, déterminaient rapidement l'obscurité.

Tout à coup, Catherine entendit un pas rapide s'approcher d'elle, et quelques paroles qu'elle ne comprit pas furent prononcées à ses oreilles...

Catherine tressaillit...

Elle vit près d'elle un beau cavalier barbu et moustachu avec une grande épée au côté... Catherine eut peur, elle poussa un petit cri aigu...

— Corbleu ! ma belle ! — dit le cavalier en avançant le bras, — n'ayez point peur et posez vos doigts mignons dans ma main...

— Monsieur... laissez-moi... je n'ai pas l'honneur de vous connaître, — dit Catherine en tremblant et en s'efforçant de hâter le pas.

— Là ! là ! — Si vous ne me connaissez pas, ma mie, raison de plus pour vous sauver moins vite, afin que nous fassions connaissance...

Et le personnage barbu avança familièrement la main pour arrêter la jeune fille dans sa marche rapide.

Catherine poussa un second cri en se jetant de côté...

Au même moment, l'ombre d'un second personnage jaillit dans le brouillard, et se dressa entr'elle et le cavalier barbu.

— Venez vite ! mademoiselle ! — dit Jean. — Traversons la place...

Catherine entendit des éclats de voix, mais effrayée, elle pressa le pas et traversa rapidement la place de Grève.

Quand elle rentra au logis, elle était fort pâle et se soutenait à peine.

Elle raconta l'événement à Barba, qui joignait les mains en poussant des hélas ! et en se reprochant de ne pas avoir accompagné Catherine.

Mais se tournant vers Jean, avec des éclairs dans les yeux :

— Comment, — dit-elle, — tu as laissé mademoiselle avoir peur, et tu ne l'as pas secourue.

— Oh ! — dit Jean, — je n'ai pas osé.

— Tu es donc poltron.

— Ce n'est pas cela, mais je ne pouvais rien dire.

— Pourquoi ?

— Parce que j'avais reconnu le gentilhomme qui parlait à mademoiselle.

— Qui était-ce ?

— M. de Maugiron.

— M. de Maugiron ! — répéta Catherine avec effroi.

— Oui ! mademoiselle.

— Celui qui se bat si souvent ?

— Oui.

— Et qui tue tant de monde ! — ajouta Barba.

— Précisément.

— Ah ! — sainte Vierge ; mais comment vous a-t-il laissée tranquille, cet entreprenant cavalier ?

— Je ne sais, — dit Catherine. — J'avais peur, — j'ai entendu du bruit... je me suis sauvée.

— Et il ne vous a pas poursuivie ?

— Il paraît.

— C'est un autre gentilhomme qui est venu chercher M. de Maugiron, — dit Jean, — M. de Maugiron avait l'air de ne pas vouloir aller avec lui, mais l'autre gentilhomme a insisté. — C'est ce qui a donné le temps à mademoiselle de gagner la porte de la maison.

En rentrant dans sa chambre, Catherine était encore tremblante...

Mais, cependant à côté du souvenir de l'événement de la soirée, il était une pensée qui lui revenait incessamment à l'esprit.

Ce jour-là effectivement, Catherine n'avait pas vu une seule fois celui que cependant elle voyait chaque jour...

Catherine s'efforça de chasser cette pensée, mais elle ne put... Elle se sentait inquiète, craintive....

— Pourquoi ne l'ai-je pas vu ? — se disait-elle. — Je suis allée à l'église, et je ne l'ai pas rencontré sur la place...

Catherine soupira :

— Je ne dois peut-être plus le revoir ! — ajouta-t-elle.

Et elle soupira plus fort.

XIII

Amour, amour quand tu nous tiens !...

Le lendemain matin, Catherine qui avait dormi fort mal, se leva dès l'aurore et son premier regard fut pour la place.

La Grève était absolument déserte.

Catherine étouffa un gros soupir. Durant toute cette matinée, elle ne voulut pas quitter sa chambre...

La matinée entière se passa néanmoins, et Catherine ne vit rien venir... Elle était triste, agitée, nerveuse, tout lui paraissait désagréable à voir ou à entendre.

— Tant mieux ! — se dit-elle, — qu'il ne vienne plus !

C'était l'amour-propre froissé qui parlait. Le cœur disait bien autre chose !

Catherine allait, venait, tourmentait Barba, et bien qu'il fît un froid vilainement humide, elle trouvait mille prétextes pour faire laisser les fenêtres ouvertes.

Toute la journée se passa ainsi... Catherine n'avait pas revu un seul instant le vicomte.

Le soir, elle ne put contenir son chagrin, elle pleura... mais elle pleura seule, quand Barba se fut retirée.

Catherine avait eu beau faire, elle était contrainte à s'avouer à elle-même qu'elle avait du plaisir à voir le beau gentilhomme de la *Baillée des roses.*

Le surlendemain, madame Des Diguières vint voir mademoiselle de Lespars.

— Vous savez la nouvelle? — lui dit-elle.
— Quelle nouvelle? — demanda Catherine avec une sorte d'indifférence.
— Eh mais! celle qui occupe tout Paris depuis hier.
— Qu'est-ce donc?
— Comment! Le duel! Vous n'en avez pas entendu parler? — dit Blanche avec étonnement.
— Il y a eu un duel? — dit Catherine.
— Oui!
— Quand?
— Hier matin.
— Où cela?
— Au Pré-aux-Clercs!
— Entre qui donc?
— Entre M. de Maugiron et le vicomte de Maillé.

Catherine posa sa main sur son cœur.

— Ah! — fit-elle. — Et... qui a été blessé?
— M. de Maillé.

Catherine se renversa en arrière... Elle était pâle; elle s'évanouissait.

— Ah! mon Dieu! — s'écria Blanche. — Qu'avez-vous?

Catherine l'arrêta au moment où elle allait appeler.

Faisant sur elle-même un effort surhumain, Catherine, avait dominé l'émotion effrayante qui avait failli la terrasser et elle saisit les mains de madame Des Diguières qui la regardait avec inquiétude.

— Ah! — dit-elle, — M. de Maillé est blessé?
— Oui, — répondit Blanche.
— Et... M. de Maugiron?
— Il est mort.
— M. de Maillé l'a tué?
— Oui.

Catherine joignit les mains et leva les yeux vers le ciel avec une profonde expression de reconnaissance.

Blanche ouvrait de grands yeux.

— Mais qu'avez-vous donc? — dit-elle.

Catherine ne lui répondit pas.

Elle passa la main sur son front.

— Et, — reprit-elle après un silence, — connaît-on la cause de ce duel?
— Non, — dit Blanche. — On ne sait pas au juste. MM. de Rieux et Vieilville, qui étaient les seconds de M. de Maillé, ont dit que la querelle avait eu lieu la veille, sur la place de Grève, mais ils n'ont pas donné d'autre explication.

Catherine poussa un soupir.

Quand madame Des Diguières fut partie, elle s'agenouilla devant son prie-Dieu, et elle pria longuement.

Le lendemain, elle entr'ouvrit sa fenêtre, et la première personne qu'elle aperçut sur la place de Grève fut le vicomte de Maillé, le visage très-pâle, mais l'œil animé et la bouche souriante.

Catherine le regarda longuement, sans chercher à cacher son trouble, puis elle sourit.

Maillé porta la main sur son cœur avec un geste passionné.

Les flammes des prunelles s'étaient heurtées et il y eut dans cet échange muet des pensées, une expression de sympathie qu'aucune parole n'eût pu traduire.

Ils demeurèrent longtemps ainsi, — immobiles tous deux, — oubliant l'immensité de la place qui les séparait.

Il fallut que Barba entrât dans la chambre pour arracher Catherine à cette contemplation extatique.

Catherine cacha son trouble.

Tous les jours elle revit le vicomte, et un matin, en s'éveillant, elle trouva, caché au bas de l'appui de la fenêtre, un bouquet de violettes.

Catherine prit le bouquet, et le porta, enfoui dans son corsage.

Le lendemain, un second bouquet était encore sur l'appui de la fenêtre, et dans ce bouquet était un petit papier menu, plié bien finement.

Catherine resta longtemps hésitante, tenant le bouquet de la main gauche, les regards rivés sur le papier caché dans les fleurs.

La main droite était pendante...

Catherine rougissait et pâlissait tour à tour... Parfois elle avançait la main, puis son bras retombait.

Les pensées les plus opposées surgissaient dans son âme... et lui causaient les sensations les plus vives.

Longtemps elle fut ainsi, émue, inquiète, anxieuse, incertaine, tremblante.

Tout à coup, elle crut entendre marcher près d'elle... Elle tressaillit vivement.

Dans un mouvement brusque, le bouquet lui échappa...

Il tomba sur le plancher, et le billet, se détachant, voltigea à quelque distance.

Catherine se baissa vivement et ramassa les fleurs et le papier...

Le papier était déplié... c'était une lettre...

Ses yeux s'arrêtèrent sur l'écriture... Elle lut...

Le billet était court...

« Mademoiselle,

« Vous savez que je vous aime. Quoique je ne vous aie jamais
« parlé, tout en moi a dû vous le dire, depuis l'instant où, pour la
« première fois, à la *Baillée des roses,* je contemplai votre adora-
« ble beauté.

« Je vous aime, mademoiselle, et mon vœu le plus cher, mon dé-
« sir le plus ardent, est que, cet amour, vous me permettiez de
« l'avouer hautement.

« Si vous consentez à ce que le prince de Bourbon s'adresse à
« M. le conseiller de Lespars, posez, ce soir, votre bouquet fané à
« l'endroit même où vous avez pris ce matin les fleurs fraîches.

« Je vous aime de toute l'ardeur de mon âme et de mon cœur,
« mademoiselle, et je donnerais dix ans de ma vie, pour que cet
« amour... vous ne repoussiez pas.

« Aymeric d'Albant, vicomte de Maillé. »

Ce qui se passa dans le cœur de Catherine, durant les heures de toute cette journée, on le devine.

Dix fois elle relut la lettre... Oh! les heures semblèrent courtes!

Elle n'avait rien confié à personne, pas même à Barba.

Son amie, madame Des Diguières, avait bien eu quelque soupçon lors du récit qu'elle avait fait du duel, mais Catherine, qui, sous une apparence délicate de corps, cachait une grande énergie d'âme, Catherine avait dû écarter ces soupçons, ou du moins faire comprendre à Blanche qu'elle ne voulait rien dire et qu'elle ne dirait rien.

Catherine était donc absolument maîtresse de son secret.

Quand le pâle soleil d'hiver commença à descendre, quand la jeune fille vit s'abaisser doucement les aubes envahissantes, elle relut encore cette lettre qu'elle avait placée sur son cœur...

Cette fois, elle porta à ses lèvres le papier froissé avec un mouvement convulsif.

— Oh! — se dit-elle. — Il ne cherche pas à me tromper, il pense ce qu'il écrit...

Elle demeura immobile, puis courbant lentement la tête, comme pour se cacher sa rougeur à elle-même :

— Je l'aime! — murmura-t-elle.

Elle alla s'agenouiller sur son prie-Dieu, pour prier le Seigneur et causer avec sa mère.

Tout à coup, elle entendit des pas de chevaux résonner bruyamment sur la place. Elle écouta : on heurta violemment à la porte.

— Oh! oui, je l'aime et j'ai foi en lui! — dit Catherine en se redressant.

— Mademoiselle! mademoiselle! — glapit Barba du bas de l'escalier.
— Qu'est-ce? qu'y a-t-il? — demanda Catherine toute palpitante.
— C'est moi, mon enfant! — répondit une voix joyeusement émue.
— Mon père! — s'écria Catherine.

Effectivement, c'était le conseiller de Lespars qui revenait de Nancy.

La nuit était venue; — le conseiller ne vit pas la rougeur et l'émotion de sa fille.

— Ah! — dit-il en l'embrassant. — Qu'il y a longtemps que je ne t'avais vue, chère fille, et que je suis donc heureux de revenir vers toi! Eh bien! tu ne me dis rien?
— Mon père! — dit Catherine en se jetant au cou du conseiller.
— Et maintenant, ma chère fille, je vais t'apprendre la cause de mon absence de Paris et de mon séjour dans la capitale du duché de Lorraine. Réjouis-toi, Catherine, souris vite, car la nouvelle est bonne.

Catherine était remise; d'ailleurs, elle était heureuse, bien heureuse de revoir ce bon père qu'elle adorait.

— Qu'est-ce donc? — demanda-t-elle en s'asseyant sur les genoux du conseiller, qui ne se lassait pas d'embrasser son enfant.
— Eh bien! — fillette, — tu sais que, grâce à cet excellent baron de Céranon, à cet ami que la bonté du ciel a fait mien, tu sais que Son Altesse m'avait accordé un revenu en Lorraine?
— Oui, mon père.
— Ce n'est pas tout!
— Comment?
— Je suis allé à Nancy pour régler cette affaire : j'avais une lettre cachetée et scellée du grand duc de Lorraine.
— Je le sais encore.
— Mais tu ne sais pas ce que contenait cette lettre?
— Non.
— Une nomination!
— Une nomination! — répéta Catherine en joignant les mains.
— Oui! oui, ma fille! — dit le conseiller qui jouissait de l'étonnement joyeux de Catherine.
— Et laquelle!
— Tu ne devines pas?
— Non!
— Cette lettre renfermait un brevet de *Souverain maître et inquisiteur général des eaux et forêts de Dabo, de Saint-Quinis, de Haye et de Sarrebourg*, tous bois, taillis, futaies, ruisseaux et rivières appartenant à la maison princière de Lorraine.
— Oh! mon père! le duc vous a donné cela?
— Oui, ma fille!
— Mais c'est magnifique.
— Un revenu net de douze mille livres et une véritable sinécure, ce qui, joint à ma place de conseiller au Parlement de Paris et aux revenus de la terre de Lorraine, nous fait une fortune de vingt mille livres tournois de rente!
— Oh! quel bonheur pour vous, mon père! — dit Catherine en embrassant le conseiller.
— Et pour toi, donc!
— Comment?
— Écoute!... Dans deux mois, ma charge de conseiller sera échangée contre une charge de maître des Requêtes, et de là à président de Chambre!... il n'y a pas loin.
— Mais, — dit Catherine, — qui donc vous vaut tous ces bonheurs-là?
— Un ami sincère!
— M. de Céranon?
— Oui, mon enfant.
— Oh! mais, mon père, jamais nous n'aurons trop de reconnaissance pour lui.
— C'est mon avis, chère fille!

L'aimes-tu bien, Catherine, ce cher M. de Céranon? — dit le conseiller en regardant sa fille en face.

— Oui, mon père! — Comment ne l'aimerais-je pas? il est si bon pour vous!
— Au reste, tu aurais tort de ne pas l'aimer, car il t'aime bien, lui, et la preuve, c'est qu'il pense à toi.
— Comment? — demanda Catherine avec un peu d'étonnement.
— Dans le brevet de maître des eaux et forêts que le duc a daigné m'octroyer, il y a un article qui dit que ce brevet appartiendra de plein droit, après moi, à mon gendre. C'est-à-dire que par toi il sera transmissible à ton mari. C'est une fortune pour toi, Catherine, c'est une dot magnifique.
— Ah! — fit Catherine en baissant les yeux.

Elle pensait à M. de Maillé.

— Après-demain, — continua le conseiller, — je prêterai serment entre les mains de monseigneur, et toi, Catherine, — comme fille noble d'un *grand-maître d'offices domaniaux* de haute maison ducale, — tu seras de plein droit présentée à la cour du bon roi Louis XII, notre cher sire.
— J'irai à la cour! — s'écria Catherine en battant des mains et en tressaillant d'aise.
— Oui, mon enfant, avant un mois tu seras présentée..

Catherine ne le dit pas, mais elle pensa que tous ces honneurs qui pleuvaient sur sa tête et sur elle, ne pouvaient que la placer plus haut dans le cœur du vicomte.

Ce qui rendait encore sa joie plus pure, c'est qu'elle se disait que M. de Maillé l'avait aimée alors qu'elle était dans une condition plus obscure.

— Tu es contente? — demanda le conseiller.
— Oh! oui, — dit Catherine, — comment ne le serais-je pas?
— Et quand tu verras M. de Céranon, tu me promets de le remercier...
— De tout mon cœur!
— Alors, chère fille, fais-moi donner à souper, et vite, j'ai grand faim. Tandis que je souperai, je te raconterai mon voyage. J'ai vu du pays et beaucoup. J'ai vu de belles choses, mais j'en ai vu aussi de vilaines... une entr'autres...
— Quoi donc, mon père?
— Quand je passais à Vitry, on brûlait et on tenaillait des ennemis du roi!
— Ah! — fit Catherine en tressaillant et en rougissant car, tout en écoutant son père, — elle regardait, — de loin, par la fenêtre, — et elle venait de voir passer sur la place M. de Maillé.

XIV

La demande en mariage.

— Je te disais donc que je passais dans la ville de Vitry, — reprit le conseiller de Lespars, qui, ayant pris place à table avec sa fille, lui racontait en soupant les accidents et les événements de son voyage. — Il y avait sur la place toute la population qui regardait des gens à qui on donnait l'*Estrapade*.
— Oh! mon Dieu! — fit Catherine.
— L'Estrapade est une vilaine machine que tu n'as pas encore vue fonctionner en Grève, mais que tu verras bientôt. A l'aide de cette machine on enlève les patients à une grande hauteur; puis on les laisse retomber dans les flammes, et on les élève de nouveau pour les laisser retomber encore.
— Oh! — dit Catherine, — c'est horrible de faire souffrir ainsi des malheureux.
— Que veux-tu? — C'étaient des ennemis du roi, — des gens qui avaient conspiré en faveur du duc de Bourbon contre madame Louise de Savoie. Ils avaient été poursuivis durant trois jours et trois nuits avant d'être pris.
— Et personne n'a pu les sauver?
— Non pas! D'après l'ordonnance du 29 janvier 1495, enregistrée au Parlement le 1er février, même année, et signée du grand roi Charles VIII, il est défendu, sous peine d'être brûlé vif, de donner asile aux ennemis du roi.

Ils demeurèrent longtemps ainsi, immobiles tous deux (page 23.)

— Mais mon père, — ce ne sont pas des ennemis du roi puisque vous dites qu'ils n'ont agi que contre madame Louise de Savoie.
— Eh bien ?
— Mon père...
— Ce sont des ennemis du roi, du bon Dieu et de madame ouise, — partant du président Duprat !
— Cependant...
— Tais-toi ! Tais-toi, Catherine. Quelqu'un qui t'entendrait pourrait supposer que tu prends la défense de ces damnés, et les amis de M. de Bourbon sont mes ennemis...
— Mais certainement, malheureuse enfant ! mais tu ne vois donc pas ce qui se passe ? mais tu ne comprends donc pas où en sont les choses ? Écoute ! La situation est cependant bien facile à établir...
— Mais...
— Écoute-moi donc !
— J'écoute, mon père.
— Le roi Louis XII, — *le père du peuple*, — est bien malade à cette heure...
— Oui, mon père...
— On dit que le pauvre cher Sire ne pourra pas vivre longtemps.
— En vérité ?

Le Sire de Lustupin. 4.

— Oui... les docteurs affirment qu'il n'atteindra pas la fin de ce mois de décembre.
Catherine fit le signe de la croix :
— Tu connais l'histoire, — mon enfant ? — Tu sais que Sa Majesté, — bien que marié trois fois avec Jeanne de France, — Anne de Bretagne, — Marie d'Angleterre, n'a que deux filles : la princesse Claude et la princesse Renée...
— Oui, mon père.
— N'ayant pas d'héritier mâle, — en ligne directe, — le roi a pour successeur au trône le prince François d'Angoulême, — l'arrière petit-fils du duc Louis d'Orléans et de Valentine de Milan, — le fils de Charles d'Orléans et de Louise de Savoie, le premier François que la France aura compté parmi ses rois.
— Je sais cela.
— Tu sais aussi que longtemps la reine Anne s'est opposée au mariage du prince François avec la princesse Claude, car elle voulait l'éloigner du trône.
— Oui, mon père.
— De là, la haine qui éclata entre la reine Anne et la princesse Louise.
— Je sais encore cela.
— Haine que la mort de la reine Anne n'a pas éteinte, car, — il y a un an, — quand elle mourut, elle chargea le prince de Bourbon d'accomplir ses vœux.
— Oui, mon père.
— Le prince triompha, un moment, en faisant épouser au

roi la princesse Marie d'Angleterre, car le roi pouvait avoir un descendant.

— De là, — dit Catherine, — la colère que la princesse Louise de Savoie ressent contre le prince de Bourbon.

— Oui, et quoique la reine Marie soit sans enfant, — quoique le roi soit atteint d'une maladie mortelle qui lui laisse à peine quelques jours à vivre, — cette haine n'en est pas moins demeurée vivace et profonde, et à cette heure les amis des Bourbons sont les ennemis de la princesse qui va bientôt être la mère du roi de France. — Comprends-tu, Catherine ?

— Oui, mon père.

— C'est le président Duprat qui donne tous les conseils à la princesse.

— Je le sais.

— A l'avénement du roi François, le président sera nommé grand chancelier, j'en suis sûr. Sa puissance sera sans limites, et il est l'ami intime du baron de Céranon. Or, tu sais, Catherine, ce que je dois à l'amitié de M. de Céranon ?

— Oui, mon père, je le sais ; mais cependant si le prince de Bourbon...

— Chut !

Et Lespars, baissant la voix, ajouta :

— Le prince de Bourbon est l'ennemi personnel du Dauphin, de la princesse Louise et du duc de Lorraine son cousin, et son nom ne doit pas être prononcé dans cette maison...

Catherine courba la tête... Elle sentait son cœur se serrer violemment.

Quand elle fut seule dans sa chambre, un violent combat se livra en elle.

Que devait-elle faire ?

Elle aimait de Maillé, elle le sentait, elle ne pouvait se tromper sur le sentiment qui dominait son cœur...

Mais de Maillé était gentilhomme du prince de Bourbon et, après ce qu'elle venait d'entendre, parler de cet homme au conseiller, c'était porter la crainte et la colère dans l'âme de M. de Lespars.

Catherine connaissait son père.

Elle s'était rendu compte de cette nature timide, inquiète, craintive.

Elle comprenait que cette joie qu'il ressentait depuis quelque temps, et qui était causée par la succession des bonheurs dont Céranon était l'auteur prodigue, — que cette joie qui entretenait le sourire sur sa physionomie, d'ordinaire soucieuse, rendrait plus pénible encore, plus terrible et plus grande la crainte de voir s'anéantir ce bonheur.

Elle se disait qu'il fallait, pour la tranquillité de ce père qu'elle adorait, renoncer à cet amour naissant, à travers lequel elle avait entrevu, durant un instant, un horizon si poétique et si beau.

Renoncer à de Maillé qui l'aimait si noblement ! Catherine sentait faiblir ses forces.

Fille d'un homme excessivement timide et irrésolu, elle avait autant d'énergie morale que son père avait de faiblesse. Catherine tenait de sa mère, laquelle eut été en vieillissant ce que l'on nomme une *maîtresse femme* !

Catherine avait surtout cette qualité précieuse, de ne pas détourner les regards de la situation et de la regarder bien en face quelque mauvaise et terrible qu'elle fût.

Mais cette fois, elle avait beau se faire forte, elle ne pouvait se résoudre...

Elle pensait, et de grosses larmes coulaient le long de ses joues...

Elle pensait, et elle voyait le vicomte de Maillé malheureux et triste...

Elle pensait, et elle voyait son père malade d'effroi et d'inquiétude...

— Ce qu'il faut avant tout, — se dit-elle, — c'est qu'il ne parle pas ! c'est qu'il ne fasse pas agir le prince de Bourbon... Non, je ne replacerai pas ce bouquet qui indique une réponse... je le garderai.

Catherine sentait son cœur se serrer :

— Mais, — continua-t-elle, — s'il ne trouve pas le bouquet, il croira que je ne veux pas qu'il parle, il croira que je le re-

pousse, que je ne veux pas l'entendre... lui ! lui qui s'est battu pour moi... lui qui a risqué sa vie, sans même me le faire savoir, pour punir un homme qui avait osé me parler...

Catherine se leva.

— Oh ! comme il m'aime ! — dit-elle.

Son joli visage resplendissait. Cette pensée, cette certitude d'être aimée lui faisait paraître la vie si belle !

— Il m'aime ! il m'aime ! — répétait-elle.

Et elle pressait sur ses lèvres le bouquet de violettes qu'elle tenait dans ses mains.

— Cependant, il ne faut pas qu'il fasse agir le prince ! — reprit-elle. — Que faire ?... lui parler à lui... impossible !... Que faire ?

Et Catherine courbait la tête en pressant son front blanc dans ses mains.

— Ah ! — fit-elle, — tout à coup en se redressant, — c'est cela !

Elle courut à sa petite table de travail.

Elle prit une feuille de papier, une plume et de l'encre, et elle écrivit ce simple mot : « *Attendez* ! »

Puis, elle plia étroitement le papier, et elle l'enfouit dans le bouquet qu'elle divisa en deux.

Cela fait, elle ouvrit doucement sa fenêtre et elle posa le bouquet à l'endroit même où elle l'avait trouvé.

Une pensée nouvelle surgit tout à coup dans son esprit : — sa physionomie s'éclaira.

— M. de Céranon est si bon, — se dit-elle, — il paraît si fort nous aimer... Si je lui disais tout ! il me donnerait peut-être un bon conseil... Demain il doit venir... je le verrai !

Le lendemain, Catherine courut à sa fenêtre. Un bouquet tout frais était à la place du bouquet fané, et dans ce bouquet il y avait un papier plié...

Catherine le prit vivement et l'ouvrit d'une main tremblante.

Sur ce papier, il n'y avait qu'un seul mot de réponse, et cette réponse c'était : « *J'espère* ! »

Catherine leva la tête... ses joues se colorèrent... ses prunelles s'animèrent.

Elle demeura immobile, — muette et comme frappée par une commotion soudaine.

De l'autre côté de la place, le long des bâtiments en construction, elle venait d'apercevoir le vicomte, les mains jointes et les regards fixés sur elle...

En ce moment, on heurta violemment à la porte de la maison.

Catherine tressaillit et regarda. Elle vit des hommes portant un volumineux paquet enveloppé de toile.

Ces hommes avaient sur leurs vêtements, les couleurs de la maison de Lorraine.

— Mademoiselle ! mademoiselle ! — cria Barba, — M. le conseiller vous demande.

Catherine avait précipitamment refermé sa fenêtre.

Elle descendit.

Son père l'attendait.

Il la prit par la main et il la conduisit, — sans mot dire, — dans la salle basse.

— Regarde, — dit-il.

Catherine poussa un cri de joie et s'élança en avant.

Il y avait, étendues sur une table, les plus belles étoffes de soie et de magnifiques bijoux.

— Qu'est-ce que cela ? — dit-elle en s'arrêtant.

— Les parures pour ton costume de présentation à la cour, qui aura lieu le jour de Noël ! — répondit le conseiller.

— Vous m'envoyez cela, mon père ?

— Ce n'est pas moi.

— Qui donc ?

— Tu ne devines pas ?

— Non !

— Cherche bien !

Catherine rougit.

— Mon Dieu ! — murmura-t-elle.

Elle était palpitante :

— Tu as deviné ? — dit le conseiller.

Catherine fit un effort :
— Non ! — dit-elle. — Qui est-ce ?
— Tu veux le savoir ?
— Oui.
— Eh bien !... c'est...
— C'est ?
— M. de Céranon.
— M. de Céranon m'envoie cela ! — reprit Catherine avec étonnement.
— Oui, ma fille, il t'envoie cela, et à moi, il envoie cette lettre.
Et le conseiller tendit une lettre à Catherine. Celle-ci la prit, et l'ouvrant, elle lut :

« *Mon cher et aimé de Lespars,*

« *Vous voulez bien, n'est-ce pas, que ce costume de cour soit le cadeau des fiançailles...*

Signé : Baron de Céranon.

Catherine demeura stupéfaite.
Elle regarda son père.
Celui-ci souriait doucement avec une expression de joie profonde.
Il y eut un silence.
Catherine se domina :
— Que signifie cela ? — demanda-t-elle en tendant le papier à son père.
— Cela signifie, — répondit le conseiller, — qu'avant un mois, ma Catherine chérie, tu seras la femme du seigneur de Céranon, — chevalier des ordres du roi, gentilhomme de la princesse Louise de Savoie et ami intime de monseigneur le duc de Lorraine.
Catherine joignit les mains et ne put répondre...

XV

Catherine.

Catherine était triste, mais elle avait assez d'empire sur elle-même pour cacher cette tristesse. Barba s'était bien aperçue un peu de cet état de langueur moral, mais elle n'avait rien pu savoir.
Quant à M. de Lespars, il continuait à nager dans un océan de joie et d'espérance.
Catherine s'isolait souvent.
Enfermée dans son petit oratoire-salon, elle y demeurait de longues heures.
Elle priait Dieu, et comme elle le disait poétiquement, elle causait avec sa mère.
Catherine avait la foi dans la belle et sainte acception du mot.
Son âme se suspendait à l'anneau céleste de la croyance, — pour s'isoler de la terre.
Quand elle avait prié Dieu, elle évoquait, pour ainsi dire, l'ombre de sa mère.
Elle parlait à voix haute, bien convaincue que l'âme de madame de Lespars avait quitté le séjour immatériel pour descendre auprès de l'âme de sa fille.
Alors il se passait en Catherine quelque chose de bien étrange et de sublime.
Quand elle avait entamé sa causerie confidentielle, quand elle avait transmis ses pensées les plus secrètes, il lui semblait qu'une voix intérieure parlait en elle, et que les réponses qu'elle se faisait à elle-même émanaient d'un autre esprit que le sien.
Parlant toujours à voix haute quand elle interrogeait ou quand elle racontait, le timbre de sa voix prenait un ton beaucoup plus bas pour émettre la réponse.
Quand elle *causait avec sa mère*, Catherine ne s'asseyait jamais.
Elle n'était donc pas le jouet d'un rêve.

Elle marchait lentement dans son salon-oratoire, allant de la table à la cheminée, de la cheminée aux sièges, des sièges aux fenêtres et aux tapisseries, s'arrêtant par instant et surtout pour écouter les réponses ou les réflexions qu'elle se faisait.
Dans ce petit-oratoire salon, Catherine avait fait transporter les quelques souvenirs qu'elle avait pu conserver de son excellente mère.
A cette époque, le portrait était un bien royal ou princier.
Les souvenirs conservés de ceux qui n'étaient plus consistaient en objets leur ayant appartenu.
Ces objets provenant de l'ancienne chambre de sa mère, Catherine les avait placés en regard d'un grand Christ et d'un magnifique bénitier en ivoire finement sculpté.
Ce n'était que dans l'oratoire que ces causeries intimes avaient lieu, aussi Catherine ne laissait-elle absolument pénétrer dans la petite pièce que son père et Barba.
Sa conviction était tellement sincère, sa foi si vive, qu'il lui arrivait souvent de dire :
— Ma mère m'a ordonné cela...
D'autres fois, elle ajoutait, en parlant à d'autres personnes :
— Ah ! cette pensée n'est pas de moi. C'est ma mère qui me l'a fait naître.
Jamais aucun de ceux qui entouraient la jeune fille, n'avait essayé de détruire sa croyance. Bien au contraire, on la respectait...
On devine si, à la suite des sensations pénibles qu'elle venait d'éprouver, Catherine avait causé avec sa mère !
Le baron de Céranon était venu ce jour où il avait envoyé le cadeau des fiançailles.
Il s'était montré aimable, empressé, galant, désireux de plaire, non pas en jeune homme habitué aux conquêtes, mais en homme cherchant à inspirer un sentiment sérieux.
Il avait eu parfaitement l'esprit de son âge.
Instruit, spirituel, empreint de ces manières aisées des gentilshommes de cour qu'il avait su prendre en se trouvant en contact perpétuel avec les grands seigneurs, qui avaient toujours, dans la maison de Lorraine, été ses compagnons, l'ancien ami du comte de Saint-Allos, — le frère de la jolie Yolande, — l'ennemi du Bayle était devenu un personnage plus brillant, plus élégant que celui que nous avons rencontré jadis à Barcelonnette, — dix-neuf ans plus tôt, — et il avait une trop haute idée de sa propre valeur pour manquer d'un aplomb nécessaire.
Il avait soupé chez le conseiller de Lespars, et le soir, en quittant Catherine, il lui avait demandé la permission de revenir le lendemain lui présenter ses hommages.
— Quel homme ! quel cœur ! quel esprit ! quels sentiments généreux ! — s'était écrié le conseiller en se trouvant seul avec sa fille. — Non-seulement je lui aurai dû ma fortune, mais je lui devrai encore le bonheur de ma fille ! Ah ! je suis heureux, Catherine, je suis heureux autant qu'un homme puisse l'être sur cette terre !
Catherine avait embrassé son père, en lui demandant la permission de se retirer plus tôt dans son oratoire.
— Va, mon enfant, va ! — dit le conseiller avec attendrissement. — Je sais ce que tu veux faire. Va donc, Catherine, et dis à ta sainte mère que maintenant que je la saurai heureuse ici-bas, je voudrais que le Seigneur m'appelât près d'elle ! Va, mon enfant !
Le conseiller embrassa sa fille : il avait les yeux humides et les mains tremblantes.
Il était vivement ému...
C'est que M. de Lespars avait passionnément adoré et religieusement respecté sa femme, et que le souvenir lui causait une sensation profonde.
Catherine entra dans son oratoire.
Elle demeura longtemps silencieuse et sans faire un mouvement.
Son regard était fixe, sa paupière à demi abaissée.
Tout à coup elle tressaillit ; ses épaules se soulevèrent agitées par un mouvement convulsif, elle se laissa tomber à deux genoux sur son prie-Dieu, et elle éclata en sanglots.

Puis elle se calma un peu, et se replongeant dans ses réflexions, elle se mit à contempler plus froidement la situation présente.

— Que faire ? — se dit-elle à voix haute. — Quel parti prendre ?

Elle se leva et elle reprit sa promenade à pas lents, — les bras pendants, — les mains jointes.

Ses larmes n'étaient pas séchées, et de grosses perles étaient encore suspendues au bout de ses longs cils, tandis que d'autres glissaient doucement le long de ses joues pâlies.

— Que faire ? — se disait-elle encore. — Je n'aime pas M. de Céranon. J'ai pour lui estime et reconnaissance, mais pas même de sympathie... Je ne l'aime pas !... je ne l'aime pas !...

Elle s'arrêta, et laissant retomber ses bras avec une expression désespérée :

— Oui... celui que j'aime ne pourra jamais être mon mari ! Mon Dieu ! que je suis malheureuse ! Ô ma mère, ma sainte mère !... guide moi !... Prends ma main et conduis-moi dans la voie que je dois suivre !...

Catherine reprit sa marche. Elle demeura silencieuse.

— Mon père ne consentira jamais à ce que j'épouse un gentilhomme du prince de Bourbon, — reprit-elle... — C'est vrai... S'il savait même que cet amour existe dans mon cœur, il serait désolé et horriblement tourmenté ! Non !... non !... il ne le saura pas ! Je vous le promets, ma mère, il ignorera toujours ce qui s'est passé.

Catherine leva les yeux vers le ciel.

— Fortune, honneur, tranquillité, joie !... Mon père a tout cela par cet homme !

Elle alla s'agenouiller...

— Mon Dieu ! — dit-elle, — donnez-moi la force d'accomplir le sacrifice.

« Je veux que mon père, qui ne s'est occupé que de mon bonheur, qui ne vit que par moi et pour moi, soit heureux jusqu'à l'heure où vous l'appellerez à vous.

« Secourez-moi, mon Dieu, et vous, ma sainte mère, vous dont j'écoute la voix puissante, bénissez mes efforts et implorez le Seigneur pour moi. »

Le lendemain, Catherine n'ouvrit pas sa fenêtre, elle ne prit pas le bouquet, et elle ne s'approcha pas un seul instant du vitrage pour regarder au dehors.

M. de Céranon vint passer une heure près d'elle.

Catherine le reçut avec une politesse empressée, mais elle ne put parvenir à vaincre sa froideur, cependant le baron parut content de l'accueil qui lui était fait.

Ce qu'elle souffrit ce jour-là, Catherine seule le sut.

La nuit venue, Catherine s'enferma dans sa chambre.

Ses regards étaient rivés sur sa fenêtre, mais elle put encore avoir la force de lutter...

Ce supplice dura trois jours. Catherine se sentait faiblir... Elle priait.

Le quatrième jour était un dimanche, — il fallait aller à l'église entendre les divins offices. Barba accompagnait Catherine.

La jeune fille, son missel à la main, sortit de la maison de son père en tremblant.

Elle frissonnait, — elle avait à peine la force de se tenir et de marcher...

Elle traversa la place de Grève, les yeux baissés pour ne pas voir...

Elle atteignit le porche de l'église Saint-Jean, elle monta les marches, elle arriva près du bénitier...

Sa main, en s'abaissant pour toucher l'eau sainte, rencontra une autre main dont les doigts effleurèrent les siens.

Catherine tressaillit et leva involontairement la tête.

Elle se trouva en face d'un homme au visage pâle, aux traits tirés, au regard sombre. C'était Maillé.

A l'expression de la physionomie du vicomte, et au regard qui croisa le sien, Catherine ne put douter un moment de la désolation qui devait torturer le cœur de celui qui s'était battu pour elle sans lui avoir jamais parlé.

Elle-même devint pâle...

Mais la foule des fidèles l'entraîna et elle alla prendre sa place sur le banc qui était le sien.

Catherine voulut suivre l'office divin, mais elle ne put. Elle était distraite.

Toutes ses pensées, au lieu de monter vers Dieu, se portèrent sur le vicomte.

Quand elle quitta l'église, elle retrouva Maillé près du bénitier.

Il lui offrit encore l'eau sainte. En descendant les marches, pressée dans les flots de la foule, Catherine sentit une main presser doucement la sienne...

Elle étouffa un cri prêt à jaillir de ses lèvres... Elle s'appuya sur le bras de Barba, et elle traversa la place précipitamment sans lever une seule fois les yeux.

En passant près d'immondices résultant des constructions, elle voulut relever sa jupe pour éviter la boue, elle se piqua le doigt...

Un papier était attaché dans les plis de la robe avec une épingle. Catherine sentit le sang lui monter à la tête.

Elle ne dit rien et elle garda le billet dans ses mains.

En rentrant, elle s'enferma dans son oratoire et là, sans hésiter, dominée par un sentiment qu'elle ne pouvait vaincre, elle prit le papier et le déplia.

Le papier contenait deux lignes d'écriture :

« *Catherine, je vous aime ! Mon existence est dans vos mains. Dois-je vivre avec vous, dois-je mourir sans vous ? Répondez !* »

Catherine porta la lettre à ses lèvres et elle la baisa avec tendresse et avec passion...

— Oh ! — dit-elle, — que ne puis-je mourir !

Elle ouvrit sa fenêtre, elle trouva quatre bouquets de violette entassés.

Elle les prit, les serra dans un meuble dont elle seule avait la clef, puis, prenant un papier elle écrivit rapidement ces mots :

« *Vivez ! efforcez-vous de m'oublier et d'être heureux !* »

Elle cacha ce papier dans un bouquet fanné qu'elle replaça sous la galerie sculptée de la fenêtre.

Le lendemain elle trouvait la réponse dans un autre bouquet, et cette réponse était nette et précise :

« *Je ne vivrai que pour vous et près de vous. Je me tuerai que je ne vous oublierais pas !* »

Ce jour-là, Catherine dont les forces faiblissaient, s'approcha deux fois de la fenêtre, et chaque fois elle vit de Maillé les regards rivés sur elle.

Et cependant M. de Céranon continuait à venir, et il paraissait certain de son prochain bonheur.

— Que faire ? mon Dieu ! que faire ? — se disait Catherine dont l'âme subissait toutes les tortures.

C'était quelques jours avant l'exécution qui avait été commencée sur la place de Grève, que Catherine avait reçu le billet du vicomte de Maillé.

Ce jour-là encore, enfermée loin du bruit et de la foule, elle avait pris la résolution d'avoir du courage.

Elle s'était promis à elle-même d'écrire le soir au vicomte, et de le supplier de cesser toute nouvelle tentative de relation...

Mais le soir, elle avait assisté à la lutte soutenue sur la place par celui qu'elle aimait, mais de Maillé avait été transporté dans sa demeure, mais elle l'avait vu évanoui près d'elle... mais elle avait entendu sa voix affaiblie murmurer une parole tendre, mais elle avait senti sur sa main les lèvres brûlantes qui venaient de parler d'amour...

Ce soir-là, Catherine avait compris ce qui se passait en elle, et elle avait pris une résolution. Cette résolution elle devait l'exécuter le lendemain.

XVI

M. le conseiller!

M. de Lespars était dans une grande pièce avoisinant sa chambre, avec Barba, la gouvernante, femme de confiance.

M. de Lespars n'était pas de grande taille.

Il ne justifiait nullement l'expression de *taille magistrale*, que bien peu de magistrats justifient dans son acception.

Avoir quelque chose de magistral signifie, suivant le dictionnaire des Quarante plus ou moins immortels, *parler comme quelqu'un qui a le droit d'enseigner*.

J'en demande humblement pardon à l'illustre livre, mais cette définition ne me paraît pas suffisante.

Avoir l'air magistral, l'apparence magistrale, l'attitude magistrale signifie, en réalité, être habillé de noir, avoir une cravate blanche, ne porter ni moustaches, ni mouche, mais se parer de lunettes de nuances variées.

Or, cet air magistral, qui a pour synonymes, doctoral, empesé et raide, est le propre des gens qui ne sont pas magistrats, mais qui ont la prétention d'avoir l'air d'être quelque chose.

Et puis, il faut le reconnaître, la première condition de l'apparence magistrale est d'être sec et maigre, et un des avantages, au contraire, de l'air du palais est d'engraisser. En voulez-vous une preuve? Allez faire un tour dans la salle des *Pas-Perdus*.

Vous verrez des gens à l'air triste, inquiet, soucieux, rêveur, aux traits allongés, au front pâli, avec des redingotes boutonnées, des chapeaux abaissés sur les yeux. Ceux-là, ce sont les plaideurs. Ils traînent lugubrement leur lugubre personne sur ces grandes dalles où se sont promenés tant de grands criminels et tant d'illustres magistrats.

Et maintenant, regardez ces messieurs qui passent avec une allure grave et dégagée, rejetant en arrière les plis de leurs robes, laissant voir leur gilet de soie, leur fine chemise de batiste; voyez-les adressant un salut à l'un, un sourire à l'autre, ce sont les maîtres en l'art de bien dire et de bien juger, ce sont les descendants de cette vieille magistrature française, qui a fait depuis que la France existe la force et la gloire du pays.

Joues pleines, ventre arrondi, sourire aimable, regard net, physionomie spirituelle surtout, tel est le type de nos magistrats, et l'esprit abondant dans une des classes de notre société, c'est certes dans celle de notre magistrature.

Et ce n'est pas d'aujourd'hui seulement que l'esprit abonde dans cette classe supérieure, c'est depuis le jour où elle a été fondée.

Consultez les annales de l'esprit de saillie, de l'esprit de repartie, de l'esprit d'à-propos, de l'esprit fort dans les circonstances les plus terribles, et vous verrez que la magistrature a droit à la part la plus grande.

Donc, avoir l'air d'un magistrat ne signifie pas avoir l'air magistral, et le conseiller de Lespars ne devait pas porter moins bien la robe, parce qu'au lieu d'être grand, sec et maigre, il était de taille moyenne, un peu gros et potelé.

Bonté, douceur et timidité se lisaient sur sa physionomie et dans l'expression de son regard.

Le matin de ce jour, qui était le 21 décembre, c'est-à-dire le lendemain de l'exécution, M. de Lespars était avec Barba, fort occupés tous deux à examiner la pièce dans laquelle ils se trouvaient.

— Ce ne sera pas assez grand, — disait le baron avec un soupir.

— Oh! que si fait, monsieur! — répondait Barba. — C'est assez grand.

— Tu crois?

— Je suis certaine que la grande tablée sera à son aise.

— Mais nous aurons au moins soixante personnes, à cette tablée.

— Elles y tiendront!

— Mais elles seront serrées!

— Eh bien! tant mieux. Plus on est serré, plus on s'amuse. D'ailleurs on ne va pas à la noce tous les jours.

— Je le sais, mais je ne voudrais pas que mes invités soient mal.

— Je vous jure qu'ils seront très-bien.

— Allons! je m'en rapporte à toi.

— Et vous faites bien.

— Oui! — continua M. de Lespars en se parlant à lui-même, — ce cher baron sera content...

— Ah çà, monsieur, — reprit Barba, — la noce a donc lieu bientôt?

— Oui, Barba.

— Quand donc?

— Dans huit jours!

— Si tôt?

— Mais oui!

— Et mademoiselle n'est pas prévenue (1)?

— Elle le sera!

— Jour de Dieu! mon bon Seigneur! Qu'est-ce qu'elle va dire?

— Elle sera enchantée! — dit Lespars en se frottant les mains.

Barba secoua la tête.

— Enchantée! enchantée! — dit-elle. — Je voudrais bien en être aussi sûre que vous. Mais ce mariage ne devait avoir lieu que dans un mois, pourquoi donc l'avancer ainsi?

— Céranon le désire.

— Pourquoi?

Lespars se rapprocha de Barba:

— Écoute, Barba, — dit-il, — tu es une excellente personne, il y a longtemps que je te connais, j'ai confiance en toi.

— Oh! — dit Barba, — vous pouvez bien avoir confiance en moi, monsieur, car je vous aime au point que je me ferais couper en morceaux pour vous faire plaisir.

— Je n'en demande pas tant, — répondit Lespars en souriant, — je demande au contraire que tu vives longtemps pour que nous t'ayons toujours près de nous.

— Ah! monsieur est bien bon.

— Tu as élevé ma fille et tu as été pour elle une seconde mère...

— Oh! Seigneur mon Dieu, je...

— Mais laisse-moi donc parler! Barba, tu m'interromps toujours.

— J'écoute monsieur! je me coudrai la bouche si vous voulez.

— Comme tu as été une seconde mère pour ma fille, Barba, comme elle t'aime, elle, autant que tu l'aimes, toi, je dois te parler comme je vais te faire.

Le conseiller parut réfléchir durant quelques instants.

Il s'était assis sur une chaise devant le grand feu qui brûlait dans l'immense cheminée.

Il avait les jambes croisées l'une sur l'autre.

Barba s'était rapprochée et elle ouvrait de grands yeux pour mieux voir son cher maître, et elle demeurait attentive comme quelqu'un qui ne veut rien perdre de ce qu'on va lui dire.

— Il y a quelque temps, alors que je suis allé en Lorraine, — reprit le conseiller, — je me suis fait un reproche. Catherine n'a que moi, or, si j'étais mort là-bas, ou en route, par suite de quelqu'événement, que serait devenue ma fille?

— Et moi? — dit Barba. — Si un malheur si grand lui était arrivé, est-ce que vous croyez que je l'aurais abandonnée cette bonne et chère demoiselle?

— Je sais bien que tu serais restée près d'elle, Barba, mais qu'eussiez-vous fait toutes les deux?

---

(1) A cette époque, on pouvait encore se marier sans autre formalité que d'aller à l'église dès qu'on le voulait. De là cette étonnante quantité de mariages clandestins et de cas de bigamie qui avaient lieu. Ce ne fut qu'en 1563 que le concile de Trente prescrivit les bans de mariage, et ce ne fut qu'en 1579 que l'ordonnance de Blois adopta cette décision dont l'usage s'est conservé.

E. C.

— Dam ! je ne sais pas !
— Je n'ai, hélas ! que quelques économies bien petites à laisser à mon enfant. Je n'ai que le revenu de mes places. Or, moi mort, que deviendrait Catherine ? Une jeune fille de famille noble seule au monde, sans parents, sans appui.

Jamais jusqu'alors je n'avais quitté ma fille, et l'existence de Catherine me semblait tellement liée à la mienne que je n'avais pas eu cette pensée. Lors de ce voyage cette pensée naquit de la séparation.

Elle m'apparut lumineuse, je te le répète : si j'étais mort par suite d'un accident ou d'un crime, quel remords n'eût pas été le mien en rendant le dernier soupir et en songeant que Catherine allait demeurer seule, plongée dans la misère.

— Et cette pensée vous vint d'elle-même, comme cela, sans motif ?

— Oui et non. Ce fut l'acte concernant ma nomination qui me la fit naître.

— Comment, monsieur ? On parlait de mademoiselle Catherine dans cet acte ?

— Indirectement, mais il était question d'elle. Aux termes de mon brevet de *souverain maître et inquisiteur général des eaux et forêts* de monseigneur de Guise dans son duché de Lorraine, je laisse cette charge et ses revenus au mari de Catherine.

— Oui ! oui ! je sais.

— C'est en songeant à cette clause que je sentis naître en moi la pensée dont je te parlais.

A mon retour, tu te le rappelles, j'allai tout aussitôt remercier le baron de Céranon, car ce n'est pas au duc, mais à lui, que je suis redevable de ces heureux événements.

Il me reçut avec un amical empressement.

Il me demanda si mon voyage avait été bon, si j'étais content. Je répondis en le remerciant avec effusion.

Alors j'étais loin, bien loin de supposer ce qui devait être. Qui m'eût dit que l'ami intime du duc de Lorraine songeait à ma fille, m'eût paru faire une plaisanterie de mauvais goût. Aussi abordai-je la question relative à Catherine avec une franchise sincère :

« — Ce qui m'a touché le plus, — lui dis-je, — dans votre délicate et généreuse action, c'est que vous avez songé à Catherine.

Céranon me regarda en souriant :

« — En vérité ? — dit-il.

« — Oui ! — repris-je, — vous lui assurez non-seulement une dot, mais une fortune dans l'avenir.

Alors je racontai à Céranon, dans l'épanchement de mon cœur, la pensée qui m'était venue.

« — Comprenez-vous, cher ami, — lui dis-je, — si j'étais mort ? Que serait devenue Catherine ?

« — Oui, — me dit-il, — une jeune fille, belle et séduisante comme la vôtre, ne peut demeurer seule sans une main ferme pour la protéger et pour écarter ceux qui voudraient lui faire suivre une voie mauvaise.

« — Enfin je suis revenu sain et sauf, mais cette pensée me tourmente encore.

« — Il y a un moyen de vous tranquilliser, — reprit Céranon en souriant.

« — Lequel ?

« — Placez près de Catherine un protecteur naturel, et comme elle n'a pas de père, donnez-lui un mari.

« — Un mari ! — dis-je. — Où le trouver ?

« — Oh ! c'est facile. Mademoiselle Catherine est jeune, jolie, instruite, aimable et spirituelle. Elle est de bonne famille et votre position est belle, sans compter ce qu'elle peut devenir. Un mari se rencontrera vite.

« — Oui, mais il me faut des garanties de bonheur pour Catherine.

Céranon me regarda encore :

« — Qu'entendez-vous par là ? — me demanda-t-il.

« — J'entends que je voudrais trouver pour gendre un homme qui ne fût plus assez jeune pour m'inspirer d'inquiétude, ni trop vieux pour inspirer des regrets à Catherine. Je le voudrais galant, aimable, instruit...,

« — Homme de guerre ?

« — Oui, — mais je voudrais qu'en même temps il s'occupât de fonctions diplomatiques, je m'entendrais mieux avec lui, et ma fille aurait alors une existence moins troublée et plus heureuse.

Céranon m'avait écouté.

Il se leva vivement, il marcha dans la salle, puis il revint vers moi :

« — Mon cher monsieur de Lespars, — dit-il en me prenant la main, — croyez-vous que je sois trop vieux pour songer à me marier ?

— Allons donc ! — dis-je en souriant et sans comprendre encore, — trop vieux, vous ! Mais vous avez quarante ans à peine.

— Quarante ans ! — me dit-il. — J'en ai près de cinquante, — mais si j'ai près de cinquante ans d'âge et de corps, j'en ai trente de cœur car je n'ai jamais aimé, — ajouta-t-il avec un accent qui me causa une émotion subite. — Je suis homme de guerre, mais je suis instruit et plus diplomate encore qu'officier, je vous promets d'être galant et aimable, voulez-vous de moi pour gendre ?

En entendant ces paroles, — poursuivit le conseiller, — je crus à une plaisanterie et je n'osai répondre.

Mais Céranon se montra sérieux, et bientôt le doute ne fut plus permis. Alors la joie inonda mon âme.

Tu te rappelles ce qui s'est passé, Barba ?

Il avait été convenu que nous ne préviendrions Catherine, du consentement de laquelle j'étais certain, car elle ne pouvait rien rêver d'aussi beau, que le jour où le baron enverrait son cadeau des fiançailles.

— Oui ! oui ! — dit la vieille gouvernante, — je me rappelle ce jour-là !

— Le mariage a été fixé pour le 15 du mois de janvier.

— Mais vous dites dans huit jours, monsieur le conseiller, et nous sommes le 21 décembre.

— C'est Céranon, qui, ce matin même, m'a écrit pour me dire qu'il fallait avancer l'époque. Le roi se meurt et les fêtes d'un nouvel avénement pourraient entraver l'union et la faire reculer indéfiniment.

— Je comprends.

— Et puis, Céranon est pressé.

— Ça se comprend encore.

— Pourquoi ?

— Dame ! à son âge...

— Son âge ! son âge !

— Oui ! son âge...

— Il est plus jeune que moi.

— Pas de beaucoup !

— Suffisamment, néanmoins, pour faire un bon mari.

— Oh ! oh !...

Le conseiller regarda la gouvernante

— Tu dis ?

— Rien ! — Nous verrons ! — répondit Barba en grommelant.

— D'ailleurs, — reprit le conseiller, — ce mariage presse. Il a été annoncé officiellement à tous mes amis, il ne faut pas, pour ma fille elle-même, qu'il soit ajourné.

— C'est vrai ! — dit Barba.

— Et maintenant, ma bonne Barba, — continua le conseiller en changeant de ton, — si je t'ai raconté tout cela, ce n'est pas pour te narrer une histoire, mais c'est que, tant que Catherine ne sera pas mariée, il n'y a que toi et moi près d'elle. Or, je ne sais pourquoi, mais cette pensée que je puis mourir ne m'abandonne plus, et si je viens à quitter ce monde avant que ma fille ne soit madame de Céranon, au moins tu sauras tout, et tu seras à même de me remplacer près d'elle.

— Oui, mon bon seigneur, oui, — dit Barba, — vous savez bien que je vous suis dévouée, à vous et à Catherine, mais voulez-vous que je vous parle franc ?

— Sans doute, Barba !

— Eh bien ! notre chère demoiselle est-elle bien contente de ce mariage ?

— Comment ! si elle est contente ?

— Oui !

— Mais elle est enchantée !
— C'est drôle, — dit Barba, — je ne sais pas pourquoi, mais il me semble qu'elle est toute triste de vous quitter...
— Triste, oui, mais peinée... non ! D'ailleurs, en admettant que Catherine ne ressente pas pour Céranon un amour passionné, elle ne sera pas moins la plus heureuse des femmes. Quelle position, je ne dirai pas plus brillante, mais aussi brillante eussé-je pu désirer trouver pour elle ?
— Je ne dis pas le contraire.
— Céranon a un avenir splendide.
— C'est vrai.
— Il peut devenir maréchal de France, — ministre, — ambassadeur, — avec une protection comme celle du duc de Lorraine, et de Duprat l'ami de la princesse Louise. D'ailleurs n'est-il pas attaché au service de la princesse ?
— Je sais bien, — dit Barba, — et c'est précisément tout cela qui me fait un bien drôle d'effet... je le répète.
— Tout cela, quoi ?
— Voyez-vous, — mon bon maître, — il ne faut pas vous fâcher, — mais quand je vois un homme dans la brillante position de M. de Céranon, pas jeune il est vrai, mais encore beau chevalier et avec une position que bien des grands seigneurs envieraient, un homme qui pourrait faire un mariage fort riche et fort avantageux, quand je le vois venir épouser Catherine, ça me semble bien étonnant.
— Pourquoi ?
— Catherine n'a pas de fortune, vous le dites vous-même, monsieur.
— Mais ma position est fort belle.
— Maintenant oui, mais c'est M. de Céranon qui vous a servi, monsieur le conseiller. Pourquoi vous a-t-il servi comme cela ?
— Mais, — dit Lespars avec un peu d'embarras, — parce que c'était juste !
Barba fit un mouvement d'épaule indiquant que cette raison ne lui paraissait pas des meilleures.
— Enfin, — reprit Barba, — je le dis encore : tout cela c'est bien drôle !
— Comment ! Tu trouves drôle que le baron de Céranon aime ma fille ? — dit Lespars avec un ton de réprobation.
— Vous a-t-il fait du bien parce qu'il aimait votre fille, ou a-t-il aimé Catherine après vous avoir fait du bien ?
— Je ne sais pas, mais ce qu'il y a de certain, c'est que le baron de Céranon s'est montré pour moi un ami sincère, et qu'il adore ma fille. Donc, je suis heureux, très-heureux de cette union arrêtée, et je suis sûr que Catherine est aussi heureuse que moi.
— Hum ! — fit Barba en se parlant à elle-même, sans que le conseiller pût l'entendre, — il y a là-dedans quelque chose qui ne me semble pas du tout naturel, et que je voudrais bien savoir...
— Et, — reprit M. de Lespars, — le mariage aura lieu dans huit jours, le 29 décembre, tout de suite après les fêtes de Noël, entends-tu ? Le grand repas sera donné ici, dans cette salle. Voyons, ma bonne Barba, — occupons-nous de ce que nous ferons, et rendons-nous compte si nos convives peuvent tenir ici... — Mais parle donc !
— Mais oui, monsieur, — répondit Barba. — Je vous répète qu'ils y tiendront.
— Soixante, tu sais !
— Oui, monsieur.
— Ah ! — dit le conseiller avec un cri de joie. — Voici Catherine.
Effectivement, la portière de tapisserie venait d'être soulevée par une main mignonne, et Catherine se glissait dans la salle.
La jeune fille était un peu pâle, elle avait le visage amaigri par la fatigue morale, mais ses yeux brillaient d'un éclat extraordinaire.
Le conseiller était allé vivement à elle, et il l'embrassait tendrement.
Barba regardait Catherine avec une grande attention.
Catherine se dégagea doucement.

— Mon père, — dit-elle, — tout ce que M. de Céranon m'a envoyé pour cadeau des fiançailles est dans ma chambre, n'est-ce pas ?
— Oui, mon enfant, — répondit le conseiller en riant. — Sois tranquille ! Je n'ai rien distrait, ni rien omis, ni rien caché, tu as tout !
— Alors, mon père, — reprit Catherine avec un accent très-ferme, — je viens de replier et de remettre dans le grand coffre de bois sculpté toutes les pièces d'étoffes, toutes les dentelles et tous les bijoux.
Le conseiller regarda sa fille avec une grande expression d'étonnement.
— Pourquoi as-tu replié les étoffes et resserré tout dans la grande caisse ? — demanda-t-il.
— Pour que vous puissiez tout faire renvoyer sur l'heure à M. de Céranon.
— Hein ? — fit le conseiller stupéfait.
— Comment ? — s'écria Barba en courant vers Catherine.
La jeune fille paraissait froidement calme, comme quelqu'un de parfaitement résolu.
— Mais pourquoi ? — s'écrièrent à la fois le conseiller et Barba.
— Parce que je ne veux pas me marier, — répondit Catherine.

XVII

Le refus.

Un grand silence avait suivi la réponse foudroyante de la jeune fille.
Le conseiller de Lespars était immobile et comme changé en statue. Barba ne quittait pas des yeux Catherine.
— Catherine, — dit le conseiller au Parlement, en se remettant un peu, — c'est une plaisanterie que tu fais là, n'est-ce pas, mon enfant ?
— Non, mon père, je parle très-sérieusement, — répondit la jeune fille.
— Comment ?
— Je ne veux pas me marier.
— Mais...
— Mon père ! — s'écria Catherine en se jetant au cou du conseiller, — je suis heureuse comme je suis, pourquoi échanger ce bonheur du présent contre un avenir dont je ne suis pas certaine... je l'avoue...
— Que dis-tu ?
— Je dis... qu'il me semble... que je suis sûre que je ne serai pas heureuse en contractant cette union.
— Catherine ! Catherine ! mais, mon Dieu ! que dis-tu donc, mon enfant ?
— Ce que je pense !
— Tu te trompes !
— Quelque chose me dit que non.
— Allons donc ! c'est un enfantillage ! Tu ne sais ce que tu dis !
— Pardonnez-moi, mon père !
— Catherine !
— Ne me contraignez pas à cette union, mon père, je vous en prie.
— Mais c'est impossible ! Il faut que tu épouses Céranon, et tu l'épouseras.
— Cependant, — dit Barba, — si Catherine craint d'être malheureuse, pouvez-vous la contraindre ?
Le conseiller était très-agité ; il allait, venait, paraissant en proie à une sorte d'accès nerveux.
Enfin, il revint brusquement près de Catherine, et attirant à lui un siége :
— Voyons, mon enfant, — dit-il en s'asseyant, — expliquons-nous. Ce que tu viens de me dire m'a tellement surpris, que je ne sais plus où nous en sommes. Tu me dis que tu ne veux pas épouser M. de Céranon.
— Oui, mon père ! — répondit Catherine avec le ton ferme d'un parti pris.
— Pourquoi ?

— Parce que je crains de ne pas être heureuse en devenant sa femme.

— Cependant, Céranon a de belles et brillantes qualités. D'abord, il n'est pas bien vieux... A peine cinquante ans...

— Mon père, je ne parle pas de son âge...

— Il est fort bien élevé, instruit, savant distingué même...

— Je le reconnais.

— Il est plutôt bien que mal.

— Je le trouve très-bien, mon père.

— Il a une position aussi belle qu'une femme, dans ta situation, puisse rêver.

— Plus belle, même.

— Il se montre aimable, empressé, galant auprès de toi, tu l'avoueras ?

— Oui, mon père.

— Enfin, il t'aime ?...

— C'est possible !

— Alors, pourquoi le repousser ?

— Mon père, en faisant ce que je fais, j'agis suivant ma conscience. Pourquoi épouserais-je M. de Céranon ? Je l'estime, mais je ne ressens aucun amour pour lui.

— Mon Dieu, cela viendra ! — dit le conseiller avec ce ton de bonhomie particulier à tous les pères en telle circonstance.

— Je ne crois pas, mon père. D'ailleurs, là n'est pas la question. Je vous aime, mon père ; ici, près de vous, avec Barba, je suis aussi heureuse que je puisse désirer l'être. Ce bonheur me suffit, je n'en rêve pas d'autre.

Dans cette union projetée, je vois un changement complet d'existence...

J'ai peur... Une voix intérieure me dit que si je vous quitte, mon père, toutes mes années de bonheur seront passées et ne reviendront plus...

— Catherine ! — dit le conseiller très-ému et en attirant à lui sa fille.

— Voulez-vous donc me chasser d'ici ? — dit la jeune fille d'une voix câline et en entourant le cou de son père comme un enfant gâté qui demande des caresses.

Barba s'agenouilla près du conseiller et prenant les mains de Catherine, elle les baisa :

— Qui est-ce donc qui l'aimerait mieux que nous, cet ange-là ? — dit-elle.

— Laissez-moi près de vous, mon père, je ne vous quitterai jamais ! — disait Catherine en embrassant le conseiller avec une tendresse caressante.

— Mon Dieu, chère enfant, — dit M. de Lespars, — si je te marie, ce n'est pas pour faire mon bonheur, c'est uniquement pour faire le tien.

— Mon bonheur est ici.

— Mais...

— Seriez-vous heureux de ne vous séparer jamais de moi, dites ?

— Mon enfant, mais n'es-tu donc pas tout ce que j'aime sur cette terre ?

— Alors, pourquoi détruire notre bonheur, mon père ? Nous sommes tous heureux ainsi, restons comme nous sommes, c'est le plus sage !

— Mais, mon enfant, ma chère Catherine, pourquoi n'avoir pas parlé plus tôt ?

— Le pouvais-je ? Ce mariage a été convenu entre vous et M. de Céranon sans que j'en eusse connaissance. Je n'ai appris votre détermination, mon père, que le jour où j'ai reçu les cadeaux des fiançailles.

Cette nouvelle m'a fort surprise. Que pouvais-je répondre ? Rien, avant d'avoir réfléchi.

Votre bonheur paraissait si grand, votre confiance en l'avenir si étendue, que je craignis, en vous exprimant ce que je ressentais, de porter le deuil dans votre âme.

Je fis tout pour m'habituer à l'idée de ce mariage. J'employai tous les raisonnements, je vous le jure, pour vaincre mon antipathie.

Mais je ne puis faire plus, mon père. Ma conviction est profondément enracinée dans mon cœur.

Je suis certaine d'être malheureuse en devenant la femme de M. de Céranon...

J'ai attendu jusqu'au dernier moment pour parler... et je vous parle maintenant qu'il en est temps encore.

— Il en est temps, il en est temps ! — répéta M. de Lespars avec une agitation fébrile. — Mais non ! malheureusement il n'est plus temps !

D'ailleurs, que dira le monde ? Ne sait-on pas que tu vas épouser le baron de Céranon !

— Oh ! — dit Barba. — Quant à cela, on dira ce qu'on voudra. Pourvu que Catherine ne soit pas malheureuse, c'est tout ce qu'il faut.

Et puis, que pouvez-vous craindre qu'on dise ? Catherine est la vertu même, et chacun n'a pour elle que respect et vénération.

— Mais, — dit encore le conseiller, — de Céranon nous accusera d'ingratitude !

— Comment ? — dit Catherine avec hauteur.

— Après ce qu'il a fait pour nous.

— Oh ! — reprit la jeune fille. — Avait-il donc mis des conditions à son obligeance ?

— Non pas, mais il a agi, et si bien agi.

— Mon père, j'ai réfléchi aussi à ce que vous me dites-là, et voici le raisonnement que je me suis tenu.

De deux choses l'une : ou M. de Céranon, en vous servant auprès du duc de Lorraine, l'a fait par esprit de justice, ou il n'a agi ainsi que pour vous attacher à lui dans l'espoir de me séduire un jour.

S'il a agi pour vous être personnellement agréable, mon père, votre affection et ma reconnaissance lui sont acquises, et bien que je ne l'épouse pas, nous n'en serons pas moins pour lui des amis sincères et dévoués.

Si, au contraire, il n'a cherché à vous être utile que dans l'intention de demander ma main, ce qu'il y a à faire est bien simple.

Rendez-lui tout ce qu'il vous a fait obtenir, ou disposez de tout cela en faveur de qui il lui plaira...

— Mais, mon enfant, ta position...

— S'il ne s'agit que de ma position, mon père, je ne me plaindrai pas si elle redevient ce qu'elle a toujours été, car, à bien prendre, il n'y a que deux mois que notre position est changée, et cette place de maître des Eaux et Forêts, vous ne l'exercerez, mon père, qu'à partir du 1ᵉʳ janvier. Donc, si privation il doit y avoir, cette privation ne sera pas grande, vous l'avouerez ?

— C'est vrai ! — dit Barba.

— Alors, tu serais donc... bien malheureuse ? — demanda le conseiller.

— J'en suis sûre !

— Mais si tu te trompais...

— J'ai foi dans mes pressentiments.

— Mais il faut réfléchir.

— J'ai réfléchi, mon père.

— Mais... mais, — reprit le conseiller poussé à bout, — quel motif donner à de Céranon ?...

— Que je ne veux pas me marier.

— Ce n'en est pas un.

— Cependant...

— Non ! non ! c'est impossible...

— Voulez-vous que je lui parle moi-même, mon père ?...

— Ce ne serait pas convenable.

— Oh ! — dit Barba, — il y aurait bien un moyen...

— Lequel ? — demanda vivement Catherine.

— Un ajournement...

— Comment ?

— Au lieu de rompre tout de suite, brusquement, on pourrait trouver un moyen de reculer indéfiniment...

— Si cela doit être, — dit le conseiller en soupirant, — il vaudrait mieux trouver une façon douce de dénouer...

Barba se tourna vers le conseiller :

— M. de Céranon a écrit ce matin pour demander que l'époque du mariage fût avancée ? — dit-elle.

— Oui, — répondit Lespars.

Eh! comtesse, posez votre petit pied dans ma main.

— A cause de l'état du roi?...
— Oui.
— Eh bien! monsieur, si on remettait d'abord le mariage après la mort de Sa Majesté, ce serait plus commode. Cela donnerait toujours le temps de la réflexion.
— Sans doute, mais comment reculer?..
— Si mademoiselle était malade, par exemple, le mariage serait reculé?
— Oui.
— Eh bien! elle sera malade! — dit Barba en souriant finement.
— Mais...
— Oui! oui! — dit Catherine, — de cette manière, mon père, vous pourrez vous dégager, sans crainte de blesser M. de Céranon.
— Mon Dieu! mon Dieu! — dit le conseiller très-tourmenté.
— Que faire?
— Ce qui est convenu, mon père.
— A moins, — dit Barba, — que vous ne vouliez prendre sur vous la responsabilité du malheur que redoute Catherine. Que diriez-vous si votre fille était un jour malheureuse?
— Malheureuse, elle! ma fille! — s'écria le conseiller en saisissant Catherine et en la pressant sur son cœur avec une expression de grande tendresse.
En ce moment, Jean écarta doucement la portière et passa la tête :

— M. le baron de Céranon demande si monsieur le conseiller peut le recevoir? — dit-il.
— Le baron! — répéta Lespars en tressaillant.
Catherine regarda son père, et tournant la tête vers Jean :
— Oui, — dit-elle. — Priez M. de Céranon de monter !...
Jean disparut.
— Mais que dire? — balbutia le conseiller très-troublé et très-intimidé.
— Que mademoiselle est malade! — dit Barba. — Ça lui évitera de le recevoir, et cela préparera tout.
— Mon père! — dit Catherine en embrassant le conseiller, — mon bonheur est dans vos mains...
Et elle sortit vivement avec Barba.

XVIII

La loi.

De Céranon portait un costume élégant de coupe, un vrai costume d'homme de cour. Le frère de la jolie Yolande n'était presque pas changé depuis vingt ans cependant que nous l'avons rencontré dans les Alpes lors du mariage de mademoiselle d'Auriac avec le comte de Saint-Allos.

Froid, — impassible, — calme, — le regard voilé et pénétrant, l'aspect imposant, la bouche aux lèvres pâles, le baron de Céranon avait la démarche grave de l'homme certain de sa valeur.

En pénétrant dans la salle, — il vit au premier coup d'œil l'état de trouble dans lequel était le conseiller, — puis son regard se porta sur l'extrémité de la portière de la tapisserie sous laquelle venait de passer Catherine et qui n'avait pas repris son immobilité absolue.

Le conseiller, faisant des efforts surhumains pour se dominer, s'avança vers le baron :

— Cher ami, — dit-il en lui serrant les mains. — Que je suis donc heureux de vous voir.

A entendre le son de voix du conseiller, sans en comprendre les paroles, on eût dit qu'au lieu de faire un compliment de bon accueil, il larmoyait un compliment de condoléance.

— Et mademoiselle Catherine ? — demanda le baron de Céranon.

Lespars devint vert, — puis jaune, — puis rose...

— Je... mais... — balbutia-t-il. — Elle est... je crois... malade... car... vous comprenez...

— Malade ? Comment ! mademoiselle Catherine est malade et vous ne me faisiez pas prévenir ! mais c'est fort mal, cela, mon ami !

— Mon cher baron !...

— Qu'a-t-elle ?

— Mais... je ne sais pas... rien... ce n'est rien...

— Vous dites qu'elle est malade ?

— Oui ! Elle est indisposée... souffrante...

— Ah ! — dit de Céranon, — cette indisposition lui a pris ce matin...

— Oui...

— Ce n'est pourtant pas la suite de l'émotion causée par l'exécution d'hier, car je crois qu'elle n'a pas assisté à cette exécution ?

— Non, effectivement.

— Vous avez reçu ma lettre ?

— Oui... oui... je crois, — balbutia le malheureux conseiller dont l'embarras allait croissant et prenait des proportions pénibles.

Toute sa timidité inquiète lui était revenue. Il changeait à chaque instant de couleur et de visage...

— Et vous avez communiqué cette lettre à mademoiselle Catherine ?...

— Non... non...

— Comment ? non ?

— C'est-à-dire... oui.

— Et qu'a-t-elle dit ?

— Que... que...

— Elle consent, n'est-ce pas, à avancer le jour de notre union ?

— Mais... elle est malade...

— Indisposée. Ce n'est rien, m'avez-vous dit.

— Oui... cependant...

De Céranon se renversa sur le dossier de son siège en croisant ses jambes l'une sur l'autre.

— Mon cher monsieur de Lespars, — dit-il froidement, — il faut absolument que mademoiselle Catherine se guérisse, car il faut que notre mariage soit célébré dans huit jours...

— A cause de l'état du roi ? — dit le conseiller dont la torture prenait des proportions effrayantes.

— A cause de l'état du roi... oui, et puis pour un autre motif...

— Un autre motif ?

— Beaucoup plus grave !

De Céranon appuya sur le dernier mot.

Le conseiller devint fort pâle :

— Plus grave ! — dit-il. — Un motif grave...

Céranon fit un signe de tête affirmatif. — L'agitation du conseiller tournait au spasme.

Le baron paraissait ne pas remarquer le moins du monde cet état de son interlocuteur.

Il le regardait cependant, et il le regardait même avec une fixité qui augmentait l'embarras de M. de Lespars.

Le conseiller fit un effort.

— Quel... quel... quel... motif ? — demanda-t-il.

— Le motif dont je vous parle, et qui est fort grave, je le répète, — dit de Céranon, — vous concerne personnellement.

— Qu'est-ce donc ?

— Un rapport a été fait ce matin à M. le président Duprat...

— Sur qui ?

— Sur vous !

— Ah ! mon Dieu ! sur moi ?

— Oui !

— Un rapport ?

— Fort long !

— Ce n'est pas possible ?

— Cela est !

— Mais pourquoi ?

— Vous voulez le savoir ?

— Oui !

— Je vais vous le dire... ou plutôt non ! Je vais vous le donner à lire... Tenez, le voici !

Céranon avait pris dans la poche de son pourpoint un papier qu'il présentait au conseiller.

Le conseiller reçut le papier et le déplia d'une main vacillante.

— Un rapport ! — murmurait-il. — Qu'ai-je donc fait ?

— Lisez ! vous le saurez.

Le conseiller se pencha en avant et se mit à lire à voix basse.

Son visage devint cramoisi.

— Ah ! — s'écria-t-il en froissant le papier, — ce n'est pas vrai !

— Malheureusement si ! — dit Céranon.

— Comment ? J'ai recueilli hier soir, chez moi, deux ennemis de la princesse Louise ?

— Oui !

— Mais cela n'est pas !

— Je vous affirme que cela est !

— Non !

— Si !

— Cependant, on n'entre pas chez moi sans que je le sache, monsieur le baron !

— Il paraît que si.

— Oh !

— Si ce n'est pas vous qui avez recueilli deux ennemis de la princesse Louise, si ce n'est pas vous qui les avez soustraits à la vengeance du peuple, ce sont ceux qui habitent chez vous : c'est mademoiselle Catherine, votre fille, — c'est la vieille Barba, — c'est Jean !

— Mon Dieu ! je veux savoir...

Le conseiller s'était précipité vers la porte. Le baron l'arrêta :

— Inutile ! — dit-il. — Ce rapport est exact. Ce qu'il y a de pis, que ces deux hommes ne sont pas seulement deux ennemis de la princesse, ce sont encore deux gentilshommes attachés à la maison du prince de Bourbon !

— Oh ! — fit le conseiller en joignant les mains avec un geste de désespoir.

— Si ce rapport, fait par un serviteur du président, avait été remis à la princesse au lieu d'être remis à moi, s'il était tombé entre les mains de madame Louise...

— Miséricorde !

— Vous, attaché à la maison du duc de Lorraine, vous, son maître des Eaux et Forêts de la Lorraine, secourir deux des ennemis de la princesse, deux serviteurs du prince de Bourbon ! — Vous, donner asile à ces deux hommes ! — Ne connaissez-vous pas la loi ? — N'est-elle pas précise ? Tout sujet du roi recevant ou recueillant des ennemis du roi, est passible d'être brûlé vif.

Le conseiller courba la tête.

— Par bonheur, — continua Céranon, — ce rapport a été déposé sur mon bureau... Le président même ne sait rien... — il ne l'a pas vu.

— Et il ne saura rien, n'est-ce pas ? dit Lespars d'une voix suppliante.

— Peut-être !

— Comment ! Il peut savoir ?...

— Celui qui a fait ce rapport ne peut-il le refaire en double, et si Duprat savait, vous le connaissez, il serait inexorable...

— Oh ! mon Dieu !

— La non-condamnation du prince, lors de son procès, a rendu le Parlement suspect. On serait impitoyable, je le répète !

— Mon Dieu ! mon Dieu ! prenez pitié de moi ! — dit le conseiller en se levant, car il comprenait que le baron de Céranon disait vrai.

— La situation est grave, — reprit Céranon, — c'est pourquoi je vous disais qu'il fallait presser mon mariage avec Catherine, c'est pour cela même que je vous ai écrit... Catherine ma femme, vous n'avez plus rien à craindre, car mon beau-père ne saurait être l'ennemi de la princesse Louise !

— C'est vrai ! — dit le conseiller.

— Donc, vous le voyez, il faut que dans huit jours ce mariage se fasse...

— Il se fera ! — dit une voix ferme.

Catherine, soulevant la portière, s'avançait lentement dans la salle.

Elle était pâle, mais une expression de résolution étrange se lisait sur son visage.

XIX

Duprat.

Le président Duprat était assis devant une énorme table en chêne sculptée, toute surchargée de papiers, de livres, de grands parchemins garnis de sceaux.

Sur cette table étaient encore un encrier volumineux, des plumes, de gros bâtons de cire de différentes couleurs et des cachets armoriés.

La salle était vaste : elle avait ses murailles garnies de tapisseries et un plafond en bois sculpté et peint.

De hauts bahuts se dressaient le long des murailles. Deux grands corps de bibliothèques étaient placés en face d'une énorme cheminée, dans laquelle brillait un grand feu.

C'était le matin de Noël : il était sept heures et demie. Le jour, commençant à peine à se lever, éclairait vaguement la pièce, et les rayons du soleil, qui essayaient en vain de percer le voile du brouillard, combattaient mal ceux de deux grands candélabres chargés de cierges de cire posés sur la table.

Ces cierges, aux trois quarts consumés, indiquaient que le président avait dû passer la nuit au travail.

Et, cependant, il ne paraissait nullement fatigué. S'il était immobile sur son siège, il ne dormait pas, il réfléchissait.

Le président Duprat avait alors cinquante ans, mais il en paraissait à peine quarante.

De grande taille, bien pris, il avait les allures d'un beau cavalier plutôt que celles d'un magistrat. « Il était de très-bonne grâce et de belle façon, dit un écrivain de son temps, et d'un très-bel entregent, parlant très-bien et très-éloquemment de toutes choses, aussi bien des mondaines que des divines. »

Plus loin, le même écrivain ajoute : « Il était fort religieux, mais pourtant le tenait-on pour fort caché et hypocrite en sa religion. »

Puis, plus loin encore : « Il avait l'âme fort barbouillée, tout ecclésiastique qu'il était. » (Effectivement Duprat veuf, devint cardinal).

Esprit ambitieux, ardu, subtil, éminemment doué de ces qualités négatives qui font les grands politiques, le président complétait parfaitement cet entourage qu'il avait su se faire la princesse Louise, — la mère du dauphin de France.

Antoine Duprat était né à Issoire (Auvergne), le 17 janvier 1463.

Attaché d'abord à une abbaye de bénédictins, il termina son éducation sous le patronage et la direction de l'archevêque Doyer, son parent.

Grâce à ce prélat, — le jeune Duprat, — nommé d'abord lieutenant du bailliage de Montferrand, devint successivement avocat du roi à Toulouse, — maître des requêtes de l'hôtel de Louis XII et un des présidents du parlement de Paris.

Enfin, la première présidence de ce corps lui fut déférée par la protection de Louise de Savoie.

Elle sut reconnaître en lui un magistrat supérieur et elle voulut l'attacher aux intérêts de son fils.

Nul, en effet, mieux que Duprat, ne servit les espérances et l'avenir de ce jeune prince.

Ce fut lui qui représenta au cardinal d'Amboise le danger d'unir madame Claude à Charles d'Autriche, avec des droits sur Milan et sur Gênes, et avec l'administration de plusieurs belles provinces de France.

Ami de la princesse Louise de Savoie et conséquemment ennemi de la maison de Bourbon, — ambitieux, calme, froid, implacable, — Duprat attendait avec impatience deux morts.

La mort du roi Louis XII.

La mort de sa femme.

La mort du roi, en donnant au dauphin la royauté et par conséquent la puissance à la princesse Louise, devait transmettre cette puissance au président.

La mort de sa femme lui permettait d'entrer dans les saints ordres et de recevoir un jour ce titre de cardinal qu'il avait toujours rêvé.

Aussi, depuis la maladie qui couchait Louis XII sur un lit de mort, Duprat sentait-il l'espérance renaître en lui plus vivace.

Duprat s'était lié intimement avec le duc de Lorraine, Antoine, dit le Bon.

Ce duc de Lorraine avait alors vingt-six ans.

Il était né à Bar-le-Duc le 4 juin 1489.

Fils du duc René II et de Philippine de Gueldre, il avait été, à l'âge de douze ans, amené en France.

Louis XII l'avait pris en grande et haute amitié.

Il l'emmena avec lui en Italie.

Antoine fit avec le roi de France les campagnes de 1505 à 1507, dans le Milanais et contre les Génois.

En 1508 la mort du duc René, son père, — auquel il succédait, — le fit revenir en Lorraine.

Sa mère voulait retenir le pouvoir comme régente et l'éloigner du duché, — mais les Etats de Lorraine déclarèrent Antoine majeur.

Alors il retourna près de Louis XII et l'accompagnant à la guerre il prit une part glorieuse à la bataille d'Agnadel.

Une maladie se déclarant tout à coup, — au retour de la campagne, — le força de revenir dans ses Etats.

Là, il s'appliqua surtout à faire fleurir la paix, — réformant la justice et tenant lui-même les assises des Grands-Jours à Saint-Mihiel.

En 1514, — au commencement de l'année, — il était revenu à Paris.

Là, il avait trouvé la cour divisée et il était demeuré hésitant jusqu'au moment où la princesse Louise était parvenue à dominer son esprit.

Le duc Antoine était puissant, — son alliance était importante, — la princesse avait donc tout fait pour demeurer en bonnes relations avec lui.

C'était d'après les conseils de Duprat qu'elle avait agi !

Duprat, — adroit, — intelligent, — profond, — s'était mis au mieux avec un gentilhomme, ami du duc de Lorraine.

Ce gentilhomme était le baron de Céranon.

Sans doute, Céranon et Duprat s'étaient merveilleusement compris et entendus, — car bientôt ils furent intimes.

Duprat, devenu le confident et le conseiller du duc de Lorraine, — vint loger à son hôtel.

C'est là où nous le trouvons.

A cette époque, — ainsi que je l'ai dit, — la France était dans un état d'inquiétude et d'anxiété pénibles.

Le roi, — malade, — épuisé, — avait remis la direction des affaires aux gens dévoués à l'Angleterre, c'est-à-dire au prince de Bourbon, — qui, — prétendait-on, — espérait, après la mort du roi, épouser la reine et usurper le trône.

Vrai ou non, — ce bruit s'était répandu avec acharnement.

Le roi Louis XII, — en épousant Marie d'Angleterre, — la sœur d'Henri VIII, — s'était engagé à payer, pendant dix ans, à son beau-frère, — une rente annuelle de cent mille écus.

Le peuple, — épuisé par la guerre, — avait gémi sous le poids de ce cruel impôt.

Durant la seconde moitié de l'année, — les plaintes et les réclamations allaient croissant.

Octobre et novembre se passèrent, mais un régime de gouvernement, qui froissait tant d'intérêts et soulevait de si puissantes inimitiés, ne pouvait marcher longtemps sans résistance et sans obstacles.

Les masses, encore patientes à la vérité, étaient affectionnées au *Père du Peuple*, mais elles souffraient cruellement, et surtout dans les campagnes, où les exactions de tout genre les épuisaient impitoyablement.

Dans l'*Histoire du Parlement de Normandie* (t. II, p. 277), il est dit qu'une *foule* de villages étaient désertés par leurs habitants, qui, ne pouvant payer la dîme ou l'impôt, se faisaient vagabonds. Les curés même désertaient pour échapper aux décimes royales et à l'impôt des clochers.

Une mesure entr'autres (celle-là était injuste) fit crier haut contre le Roi. Ce fut la rupture pure et simple des engagements de l'État avec les banquiers, ce qui tua le crédit.

La masse flottante des mécontents de toute origine continua donc à se condenser. Elle avait pour excitant et pour ralliement les dissidences politiques qui servent de prétexte aux uns et qui font la force des autres.

Des écrits, semés en divers lieux et répandus à Paris en profusion, réclamaient avec force *la libre assemblée des États-généraux*.

Le nom redouté des États-généraux, et les velléités hostiles de la princesse Louise, qu'excitaient les Montmorency, les Duprat et les Lorrains commençait à inquiéter la cour et la reine Marie qui avait pour ami le prince de Bourbon.

Sans doute, c'étaient les réflexions que faisait naître cette situation politique qui assombrissaient le front du président Duprat ce matin du jour de Noël où nous pénétrons dans l'hôtel de Lorraine.

Il y avait longtemps qu'il demeurait immobile et silencieux. Enfin, il étendit les bras et les raidissant en appuyant la paume de la main sur le bord de la table, il imprima un mouvement rétrograde à son fauteuil dont le dossier se cancha en arrière.

Il se leva et il releva, en les ramenant, les plis de sa robe rouge garnie d'hermine.

Maintenant ces plis dans sa main droite, il enserra son menton dans les doigts de sa main gauche, comprimant le bas des joues entre l'index et le pouce.

Il demeura immobile, la tête légèrement inclinée, dans une pose essentiellement méditative.

Ainsi placé, cet homme était réellement beau et imposant à contempler.

Il avait la face osseuse et maigre. Son front était élevé et sa chevelure blonde, rejetée en arrière, dessinait des pointes parfaitement accusées. Le toquet de velours, recouvrant le sommet de la tête, maintenait cette chevelure de nature bouclée.

Le nez était droit, l'arcade sourcillière énergiquement tracée, l'œil d'un gris bleu avec des reflets fauves dans le regard, n'était jamais qu'à demi ouvert.

La bouche était bien faite, et les lèvres très-fines. Le président ne portait pas la barbe.

Intelligence, astuce, finesse, fermeté et orgueil, se lisaient sur cette physionomie qui ne cherchait pas à voiler ses expressions. (Le président, étant seul, était certain de n'être ni vu, ni espionné.)

Il se mit à marcher lentement, parcourant doucement la salle, s'arrêtant et relevant la tête :

— Que pense cette femme ? — se dit-il. — Quel rôle joue-t-elle en étant notre amie ?...

Il reprit sa promenade, le front chargé de nuages plus épais :

— Si elle est en correspondance avec les Bourbons, et avec Henri VIII, elle est adroite, car je ne sais rien et cependant... je dois tout savoir !

Il revint vers la grande table, et écartant des feuilles manuscrites, il prit quelques papiers qu'il consulta attentivement.

— Le roi d'Angleterre lui a fait écrire, — reprit le président. — Il lui propose de s'allier avec lui et le prince de Bourbon, pour nous combattre et nous renverser !

Le président haussa les épaules :

— Méchant Sire, que ce roi Henri VIII ! Quels moyens voulait-il employer ? Elle a refusé... Elle eût dû accepter, traiter avec lui en nous prévenant et arriver ainsi à connaître tous les rouages de cette intrigue... Mais elle n'a pas voulu ! Elle a refusé... Elle se tient à l'écart de tout et nous laisse faire... Elle !

Il reprit sa promenade qu'il avait interrompue.

— Semblançay prétend qu'elle est d'une nature soumise et douce... N'est-elle pas plutôt astucieuse et patiente ?

Le président s'était encore rapproché de la table et il fouillait ses papiers :

— La princesse Louise est au mieux avec nous, — reprit-il, — et cependant elle fait bonne mine aux Bourbons ! Elle écrit au roi d'Angleterre ! Joue-t-elle donc jeu double ?

Le président se laissa tomber dans son fauteuil et il demeura silencieux, les sourcils contractés et l'air menaçant.

XX

L'hôtel de la rue de Paradis.

Le brouillard commençait à se dissiper, et le soleil faisait glisser ses pâles rayons jusque sur le pavé fangeux de la vieille rue du Temple qui déjà portait ce nom, car le Temple était vieux. C'était le premier hôtel des Templiers dont il ne restait plus que la tour du *Pet-au-Diable*.

Les Templiers ayant bâti plus tard leur temple là où est aujourd'hui l'emplacement qui en a conservé le nom, l'ancienne rue du Temple avait été baptisée *rue Vieille* ou *Vieille-Rue*.

C'était dans cette vieille rue du Temple que s'élevait l'hôtel de Lorraine, que bordait au nord la rue des Quatre-Fils-Aymon, au midi celle de Paradis, et à l'ouest la rue de Lorraine, — devenue depuis la rue de Guise et ensuite la rue du Chaume.

Comme on le voit, l'hôtel de Lorraine occupait précisément l'emplacement qu'occupent aujourd'hui *l'imprimerie impériale* et *l'hôtel des Archives*, et cette belle entrée gothique qui existe encore sur la rue du Chaume était jadis une des entrées de l'hôtel sur la rue de Lorraine.

Plus tard la famille de Soubise acheta cet hôtel, et le roi des danseuses de l'Opéra, le protégé et le protecteur de mademoiselle Guimard, prélassa dans les jardins où avaient été dressés les plans de la Ligue.

En 1514, l'hôtel avait sa façade et son entrée principale à la rue de Paradis : deux autres entrées sur la rue de Lorraine, et une aile se prolongeant jusqu'à la rue Vieille du Temple. Le reste était en jardins.

C'était à l'extrémité de cette aile qu'habitait le président.

Il s'était levé et, s'approchant de la fenêtre, il appuya son front contre les vitraux que le froid recouvrait au dehors d'une croûte de glace.

Il regarda longtemps le terrain à demi sec de la rue, puis il se retourna, revint vers la table et prenant un petit marteau, près de l'encrier, il frappa sur un timbre.

Le son résonna clair et perçant.

Presqu'aussitôt une porte s'ouvrit et un homme revêtu d'une sorte de livrée, aux couleurs unies et sombres, se présenta sans entrer :

— Monsieur le duc est-il réveillé ? — demanda le président.

— Monseigneur n'a pas encore appelé ! — répondit l'homme en s'inclinant.

— Dès qu'il aura procédé à son lever, vous lui direz que je demande à le voir.

— Faudra-t-il avertir monsieur le président ?

— Oui.

L'homme s'inclina et fit un pas en arrière pour se retirer, mais le président le retint du geste :

— Où est M. de Céranon ? — demanda-t-il.

— M. le secrétaire travaille sans doute, car il y a de la lumière dans son cabinet.

— Dites-lui qu'il vienne !

L'homme sortit. Le président reprit sa promenade et son monologue :

— Mère d'un futur roi, Louise a supporté durant de longues années, sans plaintes, la longue faveur d'Anne de Bretagne. Si elle s'est alliée à nous, n'est-ce pas pour écraser d'abord le parti anglais?

Un coup discret fut frappé :

— Entrez ! — dit le président.

La porte s'ouvrit. Céranon franchit le seuil avec une liasse de papiers sous le bras. Il s'inclina profondément.

— Votre travail est-il terminé, maître? — demanda le président.

— Oui, — répondit le secrétaire, — et vous serez, je l'espère, satisfait.

Céranon posa ses papiers sur la table. Il en prit un, l'ouvrit, et le présenta au président.

C'était un grand cahier de parchemin, couvert d'une haute écriture, avec ses feuilles attachées par des rubans de soie et scellé de quatre énormes cachets armoriés.

Le premier, sur cire blanche, était le sceau de France.

Le président avait pris le cahier ; il le parcourut attentivement et rapidement, et il regarda la dernière feuille portant plusieurs signatures, en tête desquelles était une grande croix tracée en noir, par une main qui avait été évidemment tremblante.

Les regards du président lancèrent un double éclair, et sa physionomie, d'ordinaire impassible, s'anima d'une expression de satisfaction joyeuse.

— Ah ! — dit-il avec éclat, — enfin !

Puis après un silence :

— Quand cet acte est-il revenu? — demanda-t-il en changeant de ton, et en reprenant son accent froid et incisif.

— Cette nuit à quatre heures, — répondit le secrétaire du duc de Lorraine, — par un courrier de Son Altesse.

— Le duc de Bourbon a signé !

— Il le fallait !

— Aujourd'hui même cet acte de résignation à la charge de grand maître de France, en faveur du duc Antoine de Lorraine sera remis au roi.

— En compensation, le bâton de maréchal sera envoyé à Robert Stuart d'Aubigné.

— Et le gouvernement de Picardie ?

— Le général des finances de Semblançay y a renoncé.

— Cette renonciation est signée?

— Voici l'acte.

— On expédiera aujourd'hui sa nomination au maréchal de Brissac.

— Elle est faite.

— Très-bien.

— Puis il y a encore un autre acte qui n'est pas moins important.

Et Céranon présenta un troisième cahier de parchemin au président.

— Ah ! — dit-il, — la donation du château de Riverac-sur-Cher faite par la duchesse de Rieux, en faveur de la princesse Louise de Savoie.

— Faudra-t-il faire expédier à la duchesse un reçu de cette donation ?

— Sans doute.

Le président lisait attentivement ces derniers parchemins, qu'il n'avait fait d'abord que parcourir.

— Ah ! — dit-il, — voici une restitution qui fera sourire de joie la princesse.

— Ce sera une consolation pour la reine Marie, — dit Céranon en souriant malicieusement.

— Et est-ce tout ? — demanda le président après un silence.

— Non.

— Qu'y a-t-il encore ?

— Des nouvelles de Vendôme!

— Ah ! ah ! — fit le président en fermant à demi ses paupières, ainsi qu'il en avait l'habitude, pour faire glisser son regard, en le voilant, à travers ses cils. — Eh bien ?

— Ce que vous aviez prédit et prévu est arrivé.

— En tous points ?

— Absolument.

— Vous avez les dépêches ?

— Les voici.

Céranon prit des papiers, et les réunissant, il présenta au président un paquet volumineux.

— Ah ! — dit le président, — ce serait trop long à lire maintenant.

— Monsieur veut-il que je lui évite cette peine ?

— Sans doute, baron. Dites-moi ce que renferment ces dépêches, et vous me lirez les principaux documents.

Le président attira à lui son fauteuil et se plaça devant la table.

— Asseyez-vous, maître ! — dit-il au secrétaire du duc de Lorraine.

Céranon obéit en se plaçant à respectueuse distance :

— Il y a eu réunion secrète à Vendôme, — dit-il. — Sous prétexte d'aller visiter le duc de Bourbon qui vient à Paris, beaucoup s'étaient donné rendez-vous là. Il y avait le duc de Longueville, — Stuart d'Aubigné, — Jean Olivier, — le maréchal de Trivulce, — le cardinal de Chastillon — et Mazères, et Chiray, et Mesnil et d'autres dont les noms sont là.

— Et le général des finances ?

— Il n'y était pas, mais il avait envoyé son secrétaire Dardois pour le représenter.

— Que fit-on ?

— On délibéra sur l'état présent des affaires, et l'on présenta nettement deux questions à discuter. Ce fut Dardois qui les posa, mais successivement.

— Au nom du prince ?

— Oui, monsieur le président.

Tout en parlant, Céranon feuilletait et consultait ses papiers :

— La première fut celle-ci, reprit le secrétaire : Faut-il ôter l'administration à madame Louise de Savoie, aussitôt après la mort du roi ?

Le président sourit :

— On répondit oui à l'unanimité ? — demanda-t-il.

— Oui.

— Cela ne m'étonne pas, et la question qu'ils se posaient était inutile.

— La seconde fut : quels moyens à employer ? Aussitôt le cardinal de Chastillon prit la parole :

« La force ouverte, — s'écria-t-il, — une rupture éclatante, des armes, des soldats ! Commencer par des plaintes, c'est sonner la trompette avant l'assaut. Pressons, frappons et agissons rapidement ! Qu'avec le nouveau règne nous tenions la puissance ! »

— Cet homme est fou ! — dit le président.

— Ses paroles ont produit de l'effet, — continua Céranon, — mais le duc de Longueville a dit, lui, qu'il ne fallait rien précipiter.

Il a ajouté que le roi était majeur et maître de choisir ses ministres.

Qu'en combattant ouvertement la princesse Louise, on serait accusé de combattre le roi, et déclaré traîtres et rebelles. « Ne nous pressons pas, a-t-il ajouté, marchons prudemment, tentons toute espèce de négociations avant d'en arriver aux moyens extrêmes. »

— Je reconnais la prudence de Longueville. Qu'a-t-on décidé ?

— Après un long débat, la proposition a été adoptée. Il a été résolu que le duc de Bourbon partirait pour Paris, qu'il parlerait au dauphin, qu'il le convaincrait, qu'il s'entendrait avec madame de Châteaubriand et qu'il solliciterait enfin, pour lui et les siens, une part importante dans les affaires, des gouvernements nouveaux et des pensions.

— Ensuite ?

— L'assemblée s'est séparée. Le duc de Longueville, — Stuart et d'autres seigneurs sont rentrés à Paris, et hier soir est arrivé le prince de Bourbon qui doit aujourd'hui même parler au dauphin François.

Le président réfléchissait :

— Ces renseignements sont exacts? — dit-il.

— Parfaitement exacts! — répondit Céranon.
— Vous êtes sûr des hommes que vous avez envoyés là-bas?
— J'en réponds tête pour tête.
— Bien, maître Céranon, vous êtes un habile homme !

Céranon s'inclina.

En ce moment, on entendit un grand bruit de chevaux et de piétons qui retentissait, provenant de la cour d'honneur de l'hôtel de Lorraine.

XXI
Le marché.

Ah! — dit le président, — c'est la noblesse de France qui vient se presser ici, pour assister au lever du duc de Lorraine avant d'aller au lever du roi !

Puis, se tournant vers Céranon :
— Vous allez voir le duc? — dit-il.
— Oui, monsieur.
— Laissez ici ces papiers et ces parchemins, je les remettrai moi-même au duc.

Céranon fit un signe respectueusement affirmatif. Il y eut un moment de silence :
— Maître ! — reprit le président.

Céranon leva les yeux :
— Vous savez que j'ai confiance en vous? — reprit le président.
— Je le sais, monsieur le président ! — répondit le secrétaire avec une intonation qui fit sourire finement le célèbre Duprat.
— J'aime votre façon d'agir et la précision nette de vos réponses. Vous êtes l'homme qu'il me fallait, aussi, bien que secrétaire du duc, travaillez-vous plus avec moi qu'avec lui.
— Vos paroles me rendent fier.
— Elles expriment ma pensée, voilà tout. Bref, je vous comprends et vous me comprenez. Nous nous entendons, ce qui est énorme! Il y a en vous l'étoffe d'un homme politique.

Puis après un nouveau silence :
— Baron de Céranon, — reprit le président, — que diriez-vous si, à votre place de maître des requêtes, on adjoignait celle de *conseiller de robe courte* (1)? Seriez-vous aise de siéger au grand conseil du roi?
— Ce serait le comble de mes désirs.
— Il dépend de vous que ces désirs soient comblés.

Céranon interrogea le président du regard :
— Nous avons parlé souvent, dans nos conférences, de la princesse Louise.
— Oui, monsieur le président.
— Je voudrais savoir heure par heure, minute par minute, ce que fait la princesse, qui elle voit, ce qu'elle écoute, ce qu'elle dit. Enfin, je voudrais que ses pensées secrètes ne fussent même pas à elle.

Céranon avait écouté avec une attention profonde :
— Votre Révérence me permet-elle de m'absenter durant quelques instants? — dit-il.
— Oui ! — dit le président.

Céranon se dirigea vers la porte :
— Où allez-vous? — demanda le président.
— Chercher la réponse que je dois faire à ce que vous m'avez dit.
— Allez! j'attends!

Céranon sortit vivement.

Le président demeura à la même place sans faire un mouvement.

Quelques minutes à peine s'écoulèrent. Le secrétaire rentra. Il tenait à la main un mince cahier de papier.
— Lisez, monsieur le président! — dit-il avec un ton assuré.

Duprat prit le cahier de papier.

Il le déplia, le parcourut rapidement.

Sa physionomie, d'ordinaire impassible, exprimait un sentiment d'étonnement profond.

Il se pencha pour lire avec une attention plus grande.

(1) Conseiller d'État.

Redressant la tête, il regarda fixement Céranon, qui soutint le poids de ce regard avec un calme sévère.
— Baron, — dit le président, — aimez-vous le bûcher que l'on dresse si souvent sur la place de Grève?
— Oui, — répondit le secrétaire, — quand on y brûle des ennemis du roi.
— Celui qui me trahirait, baron, y monterait sans jugement !
— Je le crois, monsieur.

Le président parut profondément réfléchir, puis levant le papier qu'il tenait entre les doigts de sa main gauche :
— Tu peux me donner une note semblable à celle-ci tous les jours?
— Chaque matin, à votre lever, — répondit Céranon.
— Et tu me réponds de l'exactitude de ces rapports?
— Sur le salut de mon âme?
— De qui les tiens-tu?

Le président s'était levé pour se rapprocher de Céranon.
— Monsieur, — répondit le maître des requêtes, — si vous voulez, chaque matin, avoir une note semblable à celle-ci, il ne faut pas exiger que je réponde à votre question.
— Pourquoi?
— Parce que si ce secret cessait d'être à moi seul, je n'aurais plus, je ne pourrais plus avoir autant de confiance dans les renseignements donnés.

Le président secoua la tête.
— C'est vrai ! — dit-il. — Gardez votre secret, maître. Donc, chaque matin, j'aurai cette note détaillée ?
— Chaque matin.
— Alors, baron de Céranon, vous êtes conseiller de robe courte près le grand conseil du roi! Demain, je vous ferai prêter serment.

Céranon prit la main que lui tendait le président et il la baisa respectueusement.
— Et maintenant, — reprit le président, — maintenant que nous traiterons plus particulièrement ensemble les affaires de l'État, il est des secrets qui doivent être à nous deux seuls!

« Le duc de Lorraine ignore cette assemblée qui vient d'avoir lieu à Vendôme.

« Il est inutile qu'il la connaisse.

« Le duc est violent, emporté, il se laisserait aller, en présence du prince de Bourbon, à des reproches qu'il faut éviter.

« Donnons sécurité pleine et entière à ces gens qui veulent agir contre nous.

« Qu'ils ne sachent pas que nous connaissons leurs secrets. Qu'ils agissent, au contraire!... Et nous, veillons ! »
— Monsieur le président sera obéi.
— Allez au lever du duc, Céranon, et revenez ici dans une heure. Nous aurons à travailler.

Le baron s'inclina et fit un pas en arrière.
— J'ai fait prévenir le duc que je désirais lui parler, — ajouta le président, — vous lui direz qu'aussitôt qu'il sera libre, il vienne !

Céranon s'inclina encore plus profondément, et il sortit.
— Si cet homme était infidèle, — dit le président en froissant le papier qu'il tenait, — il mourrait sans pouvoir crier : merci !... Mais non! pourquoi trahirait-il? Son intérêt n'est-il pas d'être dévoué?

Puis changeant de ton et suivant un autre cours de pensée :
— Le duc de Lorraine ne s'attend pas à ce que je vais lui apprendre ! — dit-il.

XXII
Le secrétaire du duc.

En quittant l'appartement du président, Céranon prit un long corridor qui rattachait l'aile au corps principal du grand bâtiment.

Il marchait d'un pas ferme et rapide.

Sa physionomie, toujours impassible et impénétrable, ne laissait pas deviner ce que ressentait son esprit après cette conversation qu'il venait d'avoir avec le président Duprat.

Un grand bruit, bruit incessant, montait jusqu'à lui.

C'était celui des courtisans du duc, tous aussi nombreux

que ceux du roi et qui, se pressant dans les salles d'attente, se disposaient à assister au lever du jeune prince.

Céranon ne descendit pas dans les appartements du duc de Lorraine.

Gravissant les marches d'un escalier pratiqué à gauche dans la galerie, il atteignit l'étage supérieur.

Un valet était assis sur une banquette dans une pièce, sans porte, servant d'antichambre :

— Rodrigue ! — dit Céranon.

Le valet, qui s'était levé vivement en voyant le secrétaire du duc, fit un pas en avant :

Céranon désigna de la main une porte pratiquée à droite.

— Il est là ? — dit-il.

— Oui, monsieur ! — répondit Rodrigue.

— Il y a longtemps qu'il est arrivé ?

— Cinq minutes à peine.

— Bien !

Céranon posa sa main sur la clef de la serrure de la porte :

— Tu ne me dérangeras absolument, — dit-il, — que sur un ordre de monseigneur le duc, ou de M. le président Duprat.

— Oui, monsieur.

— Ah ! envoie cependant quelqu'un dans la salle d'attente pour s'informer si M. le conseiller de Lespars assiste au lever de monseigneur. Dans ce cas tu me préviendrais aussitôt.

— Et si M. le conseiller n'y est pas.

— Tu me le diras quand je sortirai.

Céranon tourna la clef, ouvrit la porte et entra.

La pièce dans laquelle il pénétra était de moyenne dimension et meublée sans un grand luxe.

Un homme était assis sur un escabeau devant le feu de la cheminée, présentant alternativement à la flamme chacune de ses jambes.

Cet homme, c'était Evroin Laligne, le conducteur de bateaux, celui que nous avons vu, sur la place de Grève, assistant au supplice.

En voyant entrer Céranon, il le salua.

— Eh bien ? — dit Céranon.

— J'ai des nouvelles ! — répondit Evroin avec un sourire de satisfaction.

— Bonnes ? mauvaises ?

— Hein ! hein ! Cela dépend.

— Enfin quel est cet homme ?

— Un échappé de la prison de Grenoble.

— Et qui se nomme ?

— A Paris, Lustupin.

— Et en province ?

— On ne sait pas.

— Ah ! ah ! — fit Céranon.

Puis se parlant à lui-même :

— Bulbach m'a dit vrai cette nuit quand je l'ai rencontré, — murmura-t-il.

Relevant les yeux sur Evroin :

— Tu l'as vu ? — lui dit-il.

— Oui.

— Quand ?

— La nuit dernière.

— Où cela ?

— Au cabaret des *Trois-Poissons*, dans la rue Montmartre.

— Que faisait-il ?

— Il buvait avec les camarades.

— Quels camarades !

— Eh ! vous savez bien ! Des amis de la petite flambe ! Thomas pied de Bœuf, Gilles le Toqué, Simon Cocqueville et d'autres.

— Celui dont tu parles était avec ces gens-là ?

— Oui.

— Tu en es sûr ?

— Je l'ai vu comme je vous vois, et je lui ai parlé comme je vous parle.

— Mais que fait-il là ?

— Je vous l'ai dit, il boit avec les camarades, hommes et femmes !

— Mais ces camarades sont des gens de la cour des Miracles !

— La plupart, oui.

— Et M. de Lustupin va avec eux ?

— Mais oui !

Céranon paraissait très-étonné.

— Qu'est-ce que cela veut dire ? — se demanda-t-il.

Puis s'adressant à Evroin :

— Tu n'as pas d'autre renseignement à me donner ?

— Aucun autre, — répondit Evroin. — Tout ce que j'ai savoir c'est que ce monsieur qui se nomme, à Paris, Lustupin, était autrefois un berger. Maintenant il vient de la prison de Grenoble, il ne s'en cache pas ! Mais que fait-il, ou que veut-il faire ? je n'en sais rien.

Céranon prit une petite escarcelle placée dans une poche de son pourpoint, et l'ouvrant :

— Tiens ! — dit-il à Evroin en lui présentant un écu d'argent, — quand tu m'auras dit ce que M. de Lustupin fait et veut faire, je t'en donnerai trois fois autant.

Evroin qui avait pris la pièce, la serrait précieusement contre sa poitrine, la pressant dans le creux de sa main.

— On fera ce qu'on pourra ! — dit-il.

— Il faut que tu m'aies des renseignements précis, — dit Céranon.

— Ah ! si je ne les ai pas, personne ne les aura, c'est sûr et certain.

— Toujours est-il, — reprit Céranon en paraissant réfléchir profondément, — que tu n'as vu cet homme que deux fois ?

— Oui.

— Hier, était la seconde.

— Oui.

— Et la première ?

— C'était sur la place de Grève, le jour de la dernière exécution.

— Tu m'as dit qu'il était avec des gens de la cour des Miracles ?

— Oui.

— Puis-je voir ces gens ?

— Quand vous voudrez, c'est facile... Seulement, je crois qu'il ne faut pas les amener ici, à l'hôtel de Lorraine.

Le baron ne paraissait pas avoir entendu — il pensait.

— Sois ce soir, au moment où on sonnera le couvre-feu, — dit-il, — au coin de la rue de Lorraine et de la rue des Quatre-Fils Aymon.

— J'y serai ! — répondit Evroin.

— Tu recevras mes ordres et tu les exécuteras à la lettre, sans hésiter.

— Messire peut s'en rapporter à moi.

— D'ailleurs si tu me servais mal, tu sais que tu as été condamné et qu'il y a une corde neuve au pilori des Halles ?

— Ne parlons plus de cela ! — dit vivement Evroin.

— Va, et ce soir, sois exact !

Céranon fit un geste rapide.

Evroin ouvrit la porte et s'élança au-dehors :

— Si j'avais deux cents hommes comme celui-là ! — dit-il, — comme je saurais des choses ! Ah ! si le président me laisse faire...

Puis, changeant brusquement de ton :

— Lustupin à Paris, — se dit-il, — Qu'y vient-il faire ? Se douterait-il ?..

Ravenelles pâlit légèrement :

— Non ! non ! — reprit-il vivement. — C'est impossible !... Mais que va-t-il faire dans ce cabaret des Trois-Poissons !

« Pourquoi n'a-t-il pas cherché à me voir, depuis qu'il est à Paris... Et d'ailleurs... depuis quand y est-il ?

« Personne ne l'avait vu avant le jour de l'exécution en Grève. »

Le baron se promenait à pas lents dans la petite pièce :

— Et cependant, — ajouta-t-il, — il y a quatre mois qu'il s'est évadé des prisons de Grenoble. Où a-t-il été durant ce temps ?... Tout cela est étrange... bien étrange !...

Un léger coup fut frappé à la porte, puis Rodrigue entra :

— M. le conseiller de Lespars est dans la salle d'attente ! — dit-il.

— Fais-le prier d'entrer dans mon cabinet, — dit Céranon, — et reviens : j'ai à te parler.

Rodrigue referma la porte en disparaissant rapidement.
— Si je voyais Lustupin ? — se dit Céranon, — mais... s'il savait...

Il frappa du pied :
— Non ! il ne sait pas ! — dit-il.
Rodrigue rentrait.
Céranon lui fit signe d'approcher.
— Tu as été rue Porte-Foin ? — lui demanda-t-il, à voix presque basse.
— Oui, — répondit Rodrigue.
— Eh bien ?
— Rien de nouveau.
— Toujours le même état ?
— Toujours.
— Tu n'as rien remarqué ?
— Rien, absolument.
Céranon réfléchit.
— Ce soir, — dit-il, — à sept heures, tu m'attendras rue Porte-Foin avec les quatre hommes que je t'ai désignés hier.
— Que faudra-t-il faire ?
— Attendre mes ordres.
Céranon se dirigea vers la porte :
— Prépare-moi mon costume de cour ! — dit-il.
Il sortit.
Descendant l'escalier, il traversa une succession de couloirs et de pièces désertes, puis il ouvrit une porte et il pénétra dans une salle richement meublée.
Le conseiller de Lespars était dans cette salle.
Il était pâle, agité, inquiet.
En voyant entrer Céranon, il tressaillit violemment.
— Eh bien ? — dit-il.
— Me voici ! — dit Céranon.
Lespars fit un mouvement.
— Mon cher conseiller, — dit Céranon, en serrant les mains du père de Catherine, — j'ai une heureuse nouvelle à vous annoncer. Aujourd'hui même, sur la demande de Monseigneur le duc de Lorraine, Sa Majesté donnera son consentement à mon mariage avec votre fille, et la princesse Louise recevra mademoiselle de Lespars, qu'elle attachera à sa personne.
— Ah ! — dit M. de Lespars en joignant les mains, — mon cher ami, vous me sauvez la vie !

XXIII

Les deux politiques.

Deux heures après, Céranon, assis devant la table placée au centre de la salle donnant sur la rue Vieille-du-Temple, écrivait avec rapidité.
Le président marchait à pas lents, s'arrêtant chaque fois qu'il passait derrière le secrétaire pour se pencher sur son épaule et regarder son travail.
Céranon traça un dernier mot et s'arrêta :
— La liste des suspects est achevée, — dit-il.
— Combien de noms porte-t-elle ? — demanda le président.
— Trois mille deux cent trente.
— On arrêtera tous ces gens, — dit le président, — aussitôt après la mort du roi ; on confisquera leurs biens. Il faut anéantir ces maudits !
— C'est ce que l'on fait, monsieur, voici le rapport de Thomas de Braguelogne, le lieutenant-criminel. Avant-hier, 23 décembre, il s'est porté avec vingt archers dans la rue des Marais.
Il a pénétré dans la maison de René Duseau, servant d'asile à des amis des Bourbons.
Il y avait là quatre hommes et une femme.
Deux étaient gentilshommes, ils se défendirent et ils blessèrent cinq archers. Ils ont été pris cependant. Ils seront jugés après les fêtes de Noël...
— Et aussitôt brûlés en Grève. Il faut faire des exemples.
— On en fera.
— Y a-t-il d'autres rapports ?
— Beaucoup, monsieur. Un entr'autre des plus importants. Hier les Bazochiens s'étaient assemblés au Pré-aux-Clercs dans la maison du sieur Longjumeau, lorsqu'une troupe d'écoliers se porta sur cette maison. Une lutte eut lieu.
Les Bazochiens furent battus et la maison brûlée.
— Ensuite ?
— A Meaux, la Chambre ardente a condamné quatorze huguenots (1) au feu, parmi lesquels Pierre Leclerc, ministre de la ville, et...
La porte de la salle fut ouverte toute grande.
— Monseigneur le duc de Lorraine ! — annonça un page.
Le président se tourna vivement vers Céranon :
— Tu te rappelles ce qui vient d'être convenu ? — dit-il.
Le baron fit un signe affirmatif :
Le duc entrait alors dans la salle, et la porte se refermait derrière lui.
Le duc Antoine de Lorraine était alors un homme de vingt-sept ans. A l'apogée de sa force physique et de son intelligence, c'était un grand homme dans la noble acception du mot.
A le voir on devinait l'homme hardi, — brave, aventureux, — énergique, — à l'esprit dominateur.
Quoiqu'il fût encore grand matin, le duc était richement vêtu. Un auteur contemporain, qui le vit ce jour-là, nous a laissé la description de son magnifique costume :
« Ce jour de Noël, de l'année 1514, où M. de Lorraine vinct chez le roy, — dit-il, — il était vestu d'un pourpoinct et chausses de satin cramoisy (car de tout temps il aymait le rouge et l'incarnat, mesme avant qu'il fust maryé, je dirois bien l'honneste dame qui luy donna cette couleur), un saye de velours noir bien bandé de mesme, comme un portrait de ce temps-là, sa cappe de velours de mesmes et bandée de mesmes, son bonnet de velours noir avecques plumes rouges fort bien mises (car il aymoit les plumes), et surtout une fort belle et bonne épée au costé avec sa dague.

« Bref, il estoit fort bien en poinct et faisoit très-beau veoir ce grand homme et prince paroistre comme un grand et espoix chaisne. »
— Vous allez au lever du roi, monseigneur ? — demanda le président.
— Oui, — répondit le duc.
— Alors prenez ces parchemins afin que Sa Majesté y pose son sceel.
Le duc prit les parchemins et y jeta un regard rapide.
— Ah ! le duc et le général des finances ont cédé ! — dit-il.
— Vous voyez.
Se tournant vers Céranon, le duc lui adressa un regard interrogateur :
— Les écrits continuent-ils ? — demanda-t-il.
— Oui, monseigneur, — répondit le secrétaire, — ils sont répandus à profusion.
— Encore ! — dit le duc.
— Toujours et partout !
— Et ils demandent ?
— Les États-généraux, en cas de mort du roi.
Le duc fit un geste de colère.
Le secrétaire prit plusieurs papiers imprimés et les plaça sous les yeux du duc :
— La libre assemblée des États-généraux pour remédier aux désordres du temps, — lut-il.
Et froissant les papiers il les rejeta loin de lui :

(1) Le mot de huguenots, auquel on a attribué des origines si diverses et si bizarres, n'est que le mot allemand Edgenossen (alliés) francisé. Ce nom qui devint celui d'Eignot, fut donné aux réformés genevois, et fit fortune en France par suite d'une singulière circonstance. A Tour on s'imagina qu'il revenait la nuit, dans les rues, un lutin, un esprit malfaisant, appelé le roi Hugon. Probablement quelques Tourangeaux entendirent parler des Eignots, sans savoir le sens de ce mot étranger, ils en firent le nom de Huguenots et prétendirent que les Huguenots étaient les gens du roi Hugon parce qu'ils rôdaient dans l'ombre et tenaient leurs sabbats la nuit.
Les catholiques firent de ce nom une injure : Les protestants en firent un titre de gloire et voulurent que huguenots signifiât défenseurs de la race de Hugues Capet, contre les Lorrains.

Par Notre-Dame! ces gens ne savent-ils pas que j'ai une main de fer? (Page 41).

— Où sont ceux qui écrivent de telles choses et ceux qui les colportent? — s'écria-t-il.
— Partout où sont nos ennemis! — répondit Céranon.
— Et pourquoi nos amis ne sont-ils pas là aussi. Parler de convoquer les États-généraux! Mais c'est un crime de lèse-majesté! c'est déclarer mauvais les actes futurs de la princesse Louise et du dauphin, et vouloir les faire juger!
Le président fit un signe affirmatif :
— De qui vient cette idée?
— Des Bourbons, monseigneur! — répondit le baron de Céranon.
— Tu en es sûr?
— Oui.
— En as-tu les preuves?
— Je les aurai.
— Qui accuses-tu principalement?
— Antoine de Bourbon.
Le duc étendit le bras avec un geste de menace.
— Par Notre-Dame! — dit-il, — ces gens, qui veulent lutter contre moi, ne savent-ils pas que j'ai une main de fer pour écraser mes ennemis! Par le sang-Dieu! si pour demeurer les maîtres et maintenir la gloire du dauphin François il faut que la mort frappe ces gens, je les combattrai face à face, et, tout prince du sang qu'ils soient, ils n'échapperont pas à ma colère!
— Monseigneur, — dit Céranon, — la convocation des États-généraux ne saurait avoir lieu.

LE SIRE DE LUSTUPIN. 6.

— Le roi n'y consentirait pas! — dit froidement le président.
— Mais monseigneur a raison... Il faut que ces gens meurent, car ils seront nos ennemis jusqu'à leur dernier soupir. Puis il y a une influence que je redoute.
Le duc regarda le président.
— Quelle influence? — demanda-t-il.
— Celle d'une femme dont on ne se défie pas assez!
— Quelle femme?
— La princesse Louise.
— La princesse Louise de Savoie?
— Oui.
Le duc lança un regard rapide sur Céranon.
— Oh! — dit le président, — nous pouvons parler devant le baron. Cette pensée touchant la princesse vient de lui.
— Comment? — dit le duc en s'asseyant.
Duprat se plaça près de lui.
— Parle! — dit-il au secrétaire.
— Monseigneur sait que je lui suis dévoué corps et âme! — dit Céranon.
— Oui, — dit le duc. — Tu m'as, depuis plusieurs années, donné de grandes preuves d'attachement, et j'ai confiance en toi.
— Le premier devoir d'un serviteur fidèle, — poursuivit le maître des requêtes, — est de prévoir les dangers à venir afin d'en préserver le maître.
La puissance de monseigneur est grande, sa gloire est universelle et ses mains redoutables soutiendraient la couronne

sur la tête du roi. Mais Sa Majesté Louis XII est attaquée d'une maladie mortelle.

— C'est vrai ! — dit le duc. — Hier encore je trouvais que le roi avait mauvaise mine, et la reine Marie était de mon avis.

— Si le roi mourait demain... — dit Céranon d'une voix grave.

Le duc regarda le président.

— La puissance serait entre les mains de la princesse Louise, — poursuivit Céranon, — car le dauphin François est bien jeune encore... il est sous l'influence de sa mère et de madame de Châteaubriant.

— Incontestablement ! — dit le duc.

— Et, — reprit Céranon, — qui sait si le dauphin, devenu roi, ne se fera pas l'ami des Bourbons.

— Ensuite, — dit le duc en regardant fixement Céranon.

— Ensuite ?

— En prévision de ce qui peut survenir, — continua le secrétaire, — j'ai dû m'efforcer de deviner ce que pouvait penser la princesse Louise, qui sera reine-mère.

— Et tu as deviné ?

— Pas encore complètement, mais je crois avoir des indices...

— Qui prouveraient ?

— Que la princesse Louise de Savoie serait disposée à s'allier au duc de Bourbon.

— Est-ce pour cela qu'il vient à Paris ?

— Peut-être !

— Alors, il ne faut pas qu'il y demeure !

— Il n'y demeurera pas ! — dit le président, — et lors même qu'il y demeurerait, il ne saurait s'entendre avec la princesse Louise.

— Pourquoi ? — demanda le duc avec un peu d'étonnement.

Le président se rapprocha du duc.

— Monseigneur, — dit-il, — ne vous rappelez-vous pas que, dans les premiers jours qui ont suivi la mort de la reine Anne, — la princesse Louise a écrit au roi pour lui demander de punir de mort Pierre de Rohan, maréchal de Gié, — en le déclarant coupable du crime de lèse-majesté.

— Oui, — dit le duc.

— Dans cette missive, que j'ai cru devoir dicter jadis à la princesse, elle nommait, comme ceux qu'elle redoutait le plus, les Bourbons.

— Oui, — dit le duc.

— Cette lettre, — poursuivit le président, — dit que Pierre de Rohan a conspiré contre le roi Louis XII, et qu'il a pour complice le prince de Bourbon, en faveur duquel il agit. Voici la phrase :

Le président souligna avec l'ongle la phrase qu'il venait de lire.

— Cette lettre, monseigneur, — ajouta-t-il en changeant de ton, — est jusqu'ici, par mes soins, demeurée secrète.

Le prince de Bourbon arrive pour s'efforcer de s'allier à la reine.

Qu'il assiste au premier conseil : je lirai publiquement la lettre écrite par la princesse. Croyez-vous qu'après cela une alliance soit possible entre les Bourbons et la princesse Louise ?

Le duc avait écouté attentivement, et sa physionomie énergique et intelligente s'était éclairée soudainement.

— Duprat, — dit-il au président, — tu es un grand politique, et tu sais que j'ai mis en toi toute ma confiance.

— Elle est bien placée, monseigneur, et, à nous deux, nous pourrons faire de grandes choses.

— C'est-à-dire, monseigneur, — dit Céranon, — continuer à en faire. Monseigneur le duc a l'épée terrible qui flamboie glorieusement et qui assure la victoire, et M. le président a la sagesse qui sait gouverner. Le trône de France sera inébranlable tant que vous serez là pour le soutenir.

XXV

Le conseil.

— Il y a conseil aujourd'hui, — dit le duc à Duprat. — Prends ces lettres, et que le prince de Bourbon ne demeure pas deux jours à Paris.

Puis se tournant vers Céranon :

— Le poids de notre confiance est-il trop lourd ? — ajouta-t-il.

— Il m'élève, — dit Céranon avec fierté, — mais il ne m'écrase pas.

— Monseigneur, — reprit le président en s'adressant au duc, — je viens d'envoyer au chancelier l'ordre de faire sceller, en faveur de votre secrétaire, le brevet de *conseiller de robe courte*. En le présentant aujourd'hui à la princesse Louise, il pourra siéger au conseil.

— Il m'accompagnera au Louvre, et je le présenterai — dit le duc.

— Monseigneur, — dit Céranon en s'inclinant, — votre bonté pour moi est si grande qu'elle est inépuisable, aussi vais-je encore avoir recours à elle.

— Qu'as-tu à me demander ?

— Monseigneur n'a pas oublié, sans doute, le projet que je lui ai confié et qui a eu son approbation ?

— Quel projet ?

— Celui qui concerne mon mariage.

— Ah ! ah !

— Le baron doit s'allier à la famille de Lespars, en épousant demoiselle Catherine, la fille du maître des Eaux et Forêts de votre principauté de Lorraine, — dit Duprat.

— Je le sais. Après ?

— Je supplie monseigneur d'instruire aujourd'hui le roi de ce projet d'union, afin que Sa Majesté y donne sa sanction royale, — dit Céranon. — Puis, je supplie encore monseigneur d'obtenir de la princesse Louise que demoiselle de Lespars, devenue dame de Céranon, soit attachée à la personne de madame Claude en qualité de dame de la dauphine.

Le duc regarda le président, comme pour lui demander un conseil.

— Il faudrait, monseigneur, — dit gravement le président Duprat, — que cette union ait lieu le plus rapidement possible, afin que la femme du baron de Céranon soit promptement au service de celle qui va être la jeune reine.

— Aujourd'hui même, — dit le duc, — je ferai fixer la date par la princesse Louise, car c'est aujourd'hui même, je le sais, que le conseiller de Lespars présente sa fille Catherine à la reine Marie.

Puis se tournant vers Céranon :

— Es-tu content ? — dit le duc.

Le secrétaire prit la main du duc, et la baisa comme il avait baisé celle du président.

— Ma vie est à vous, monseigneur ! — dit-il.

— Oh ! — fit le duc, — elle m'appartiendra longtemps alors, car vous n'êtes pas homme de guerre, monsieur *le conseiller de robe courte*.

— Je l'ai été, — monseigneur, — dit le baron de Céranon.

— Mais vous ne l'êtes plus.

— Au besoin, je le serais encore.

Le duc sourit. Et changeant de ton

— Çà ! — dit-il, — il est l'heure d'aller au lever du roi, si toutefois il se lève. Il y a réception à deux heures, au Louvre, bien que Sa Majesté soit malade, après le conseil, qui a eu lieu à midi.

— J'y serai ! — dit le président.

Le duc fit un pas vers la porte. Céranon se précipita pour accompagner le prince, mais celui-ci le retint du geste !

— Travaille ! — dit-il. — Mes pages sont dans la galerie.

Le duc sortit. Céranon échangea un regard profond avec le président.

— Bourbons, — Rohan, — Semblançai ! — dit lentement le président Duprat. — Il faudrait que ces gens meurent.

— Et... s'ils mouraient, — dit Céranon d'une voix plus

lente encore. — S'ils mouraient condamnés par les lois...
— S'ils mouraient condamnés par les lois ! — répéta le président en se rapprochant pour mieux plonger ses regards dans les yeux de Céranon.
— Oui !...
— J'attacherais sur ta robe l'hermine de président à la grand'chambre.
Céranon tressaillit.
— Monsieur le président me promet-il, quoi qu'on dise, quoi qu'on prouve, quoi qu'on voie, quoi qu'on entende, d'avoir en moi, durant trois mois, pleine et entière confiance?
— Comment?
— Je veux dire ne jamais refuser de m'entendre, et de m'écouter quelles que soient les apparences?
— Je te le promets, — dit le président, — mais à une condition.
— Laquelle?
— C'est que si tu me trompais, je te ferais torturer dans les vingt-quatre heures.
— Après m'avoir entendu?
— Après t'avoir entendu !
— Faites ce serment.
Le président prit une croix d'or énorme suspendue à sa ceinture.
— Sur le Christ, — dit-il, — je te jure que, quoi qu'il arrive, je ne refuserai pas de t'entendre jusqu'à la dernière heure de ta vie.
— Alors je jure, moi, de vous mettre à même d'écraser vos ennemis.
Les deux hommes se regardèrent.
Leurs regards se croisèrent comme deux lames d'épée nues.
Le président fit un geste :
— J'ai juré ! — dit-il.
— Moi aussi ! — dit Céranon.
— A celui qui faillira : la mort !

XXV

Le Louvre

Il y a deux souverains qui ont refait Paris : le roi François Ier et l'empereur Napoléon III.
Sous François Ier, ce roi-artiste par excellence, le Paris du moyen âge, l'ancien Paris aux fondations romaines disparut peu à peu pour faire place au Paris de la Renaissance.
Tout ce qu'il renfermait de beau fut respecté : tout ce qui était laid fut renversé.
Les travaux accomplis sous Henri II, Charles IX, Henri III et Henri IV, ne furent que la continuation et l'exécution des plans de François Ier, dressés avec l'aide de Pierre Lescot.
Mais Paris, fort beau aux seizième et dix-septième siècles, s'enlaidit au dix-huitième, délaissé par ses rois, et il se traîna, végétant, essayant de se parer de nouvelles richesses qu'il ne pouvait voir achever.
Il appartenait à l'empereur Napoléon III, le grand régénérateur de nos temps modernes, de faire succéder au Paris de la Renaissance, le Paris d'une époque intelligemment riche et artistiquement prodigue.
Un autre point de ressemblance, — (à cet égard des embellissements), — vraiment remarquable, c'est que la première pensée de ces deux royaux architectes fut pour le Louvre.
François Ier le commença : Napoléon III l'acheva.
Le Louvre! Il n'y a pas au monde de nom de palais qui ait plus retenti à l'oreille des hommes que celui-là. Et cependant il a une singulière origine.
Louvre signifie aujourd'hui séjour des rois, et longtemps il ne fut que le *séjour des loups.*
Sous Philippe-Auguste, cet endroit, situé *hors Paris*, ce lieu sauvage couvert de bois et de marais, était infesté par les loups qui venaient fouiller dans les immondices, entassés le long de la *Tour qui fait le coin* sur le bord de la Seine, en face de la tour de Nesles.
Ce terrain appartenait aux religieux de Saint-Denis de la Chartre.

Philippe-Auguste, trouvant l'endroit convenable pour y bâtir une forteresse et une prison, acheta aux moines le terrain pour une redevance annuelle, au prieur, de *trente sous.*
La Tour bâtie, elle conserva son nom latin, car plusieurs ordonnances de cette époque sont datées ainsi :

Apud Luparam, propè Parisiis.

Plus tard on ajouta un mur d'enceinte à la Tour, puis on bâtit d'autres tours et on éleva un véritable château-fort qui jusqu'à Charles VI joua un grand rôle dans l'exercice de la souveraineté.
Le *grosse Tour du Louvre*, comme on appelait l'ensemble, était l'effroi des hauts barons et des grands feudataires de la couronne, car c'était là qu'on enfermait les trésors du roi et qu'on punissait les coupables déclarés *traîtres.*
A partir de Charles VI le Louvre était tombé en dégradation, et presqu'en ruines.
Heureusement François Ier monta sur le trône et y apporta ses grandes idées de gloire, d'embellissement et de luxe.
Quand, en 1539, il reçut Charles-Quint, il avait déjà entrepris et exécuté des réparations considérables, et il avait fait démolir la *grosse Tour.*
Mais ces réparations ne suffisaient pas aux projets grandioses du prince maître-ès-arts, qui ne laissa pas un seul homme de talent dans l'obscurité.
Il aimait Pierre Lescot : il causait souvent avec lui ; il lui confia ses chagrins relativement à ce palais du Louvre dont il voulait faire une habitation réellement royale.
L'habile architecte fit un plan : le roi en fut enthousiasmé au point que dès 1540, il fit raser tout ce qui, dans l'ancien Louvre, pouvait gêner les constructions à faire.
Les travaux commencèrent. En 1547, quand François Ier mourut, ils n'étaient pas achevés, mais Henri II les fit continuer sans interruption et tout fut à peu près fini en 1548, ainsi qu'en fait foi cette inscription gravée au-dessus de la porte de la salle des Cariatides :

*Henricus II, christianissimus,
vetustate collapsum, refici cæptum à patre.
Francisco I°
rege christianissimo
mortui sanctissimi parentis memor, pientissimus filius absolvit,
anno a
salute Christi MDXXXXVIII*

Quand Henri II mourut, le *nouveau Louvre*, qu'on a appelé depuis le *vieux Louvre*, était achevé. Mais notre Louvre actuel ne saurait donner une idée de ce que était le Louvre du milieu du seizième siècle.
Alors, le palais ne s'étendait que depuis le pavillon du milieu, dit *pavillon de l'Horloge*, jusqu'à l'entrée, sur la berge de la Seine.
La *colonnade* n'existait pas, et la façade du côté de Saint-Germain l'Auxerrois était d'une extrême simplicité.
Cette façade était bordée par un large fossé qu'alimentaient les eaux de la Seine, et qui entourait le palais du Louvre de trois côtés.
Au centre était une petite porte basse, percée dans l'épaisseur de la muraille et qui aboutissait au pont-levis.
Deux grosses tours rondes et peu élevées protégeaient cette entrée.
Deux autres tours plus élevées ornaient les extrémités de la façade.
En dehors du fossé, à droite et à gauche de l'entrée du palais, étaient deux jeux de paume.
La place qui sépare le Louvre de l'église Saint-Germain-l'Auxerrois n'existait pas : c'était une rue, celle des *Fossés-Saint-Germain*, percée entre le cloître de l'église et les jeux de paume, et le palais avait pour vis-à-vis les hautes murailles du cloître.
La rue était très-étroite et deux coches venant en sens inverse n'eussent certes pas pu se croiser.

Du côté de la Seine, les travaux récemment entrepris par l'architecte Serlio, pour élever le rez-de-chaussée de l'aile en retour, et qui avaient été abandonnés, donnaient au palais l'apparence d'un bâtiment en construction.

De l'autre côté, l'enceinte des jardins avait pour limites les maisons de la rue du Coq et celles de la rue du Champ-Fleury sur lesquelles elle s'appuyait.

Sous Charles IX, et d'après le conseil de Catherine de Médicis, Androuet Du Cerceau s'occupa de la construction de cette *galerie du Louvre*, qui, — depuis l'aile du palais, — s'avance jusqu'à la Seine et se continua plus tard jusqu'au château des Tuileries.

Henri III fit continuer ces travaux qui étaient loin d'être achevés à la fin de son règne.

En 1600, — Henri IV les fit reprendre.

Il écrivait ceci à son ministre Sully, à la date du 2 mars 1603.

« *Vous priant de vous souvenir de me mander des nouvelles des bâtiments de Saint-Germain.. et continuer à faire avancer, tant qu'il vous sera possible, le transport des terres de la galerie du Louvre, afin que les maçons puissent besogner, estimant qu'ils donneront ordre cependant à leurs matériaux, de façon qu'ils avanceront bien la besogne, quand la place sera nette desdites terres.* »

La communication entre le Louvre et les Tuileries, — par cette galerie, — commençait à s'établir sous Henri IV.

En 1604, ces travaux étaient fort avancés et en 1620, ils étaient absolument achevés.

En 1666, sur les dessins de Claude Perrault et sous les ordres de Colbert, — toute la façade du Louvre du côté de Saint-Germain-l'Auxerrois fut entièrement abattue et la *Colonnade* fut construite.

Elle fut achevée en 1670.

Louis XV fit terminer la façade septentrionale et en 1772, on débarrassa alors la grande cour de ses baraques et de ses décombres.

En 1807, — on commença la galerie devant rattacher le *vieux Louvre* aux Tuileries du côté de la rue Saint-Honoré.

Ainsi que je l'ai dit, — il appartenait à Napoléon III d'achever l'œuvre.

Et maintenant que le lecteur connaît l'historique du vieux palais de nos rois, — qu'il se reporte de trois siècles et demi en arrière et qu'il regarde ce vieux Louvre qui a encore sa grosse Tour, — ses créneaux, — ses tourelles, — ses fossés, — son pont-levis.

A bien prendre, le Louvre n'avait à cette époque qu'une seule entrée, celle donnant en face du cloître de Saint-Germain-l'Auxerrois.

Du moins était-ce par cette entrée que tous les seigneurs, serviteurs et officiers passaient pour pénétrer dans le palais royal.

Aussi, ce jour de Noël de l'an de grâce 1514, cette rue des Fossés-Saint-Germain était-elle encombrée.

C'est qu'il était une heure de l'après-midi, et qu'à deux heures il y avait réception chez le roi.

De la *Tour qui fait le coin* à la rue des Poulies, c'est-à-dire sur toute la façade du Louvre, devant les jeux de paume, curieux et curieuses s'entassaient, se pressaient, admiraient et acclamaient ceux qui, se rendant à la cour, arrivaient par l'étroit passage de la rue des Fossés-Saint-Germain.

A cette époque les carrosses n'étaient pas communs.

Les rois seuls en avaient, et les princes du sang étaient privés de ce luxe uniquement royal.

La bourgeoisie allait à âne, la magistrature à mule et les dames en *litières*.

Encore le droit de la litière n'appartenait-il qu'aux dames nobles.

Les bourgeoises et les femmes de magistrat, à moins d'être prises en croupe par un cavalier galant, ne pouvaient monter que dans une charrette couverte avec de bonne paille fraîche dedans.

Encore ce luxe n'appartenait-il qu'à quelques-unes, et quelquefois dans l'année ; ainsi qu'en témoigne le contrat passé avec ses fermiers en 1560, par Gilles Le Maître, premier président au Parlement de Paris.

Par ledit contrat, les fermiers « *doivent, la veille des quatre grandes fêtes de l'année et au temps des vendanges, amener la charrette pleine de paille pour s'y asseoir commodément, à Marie Sapin, la femme du président, et à sa fille Geneviève, ainsi qu'une duesse pour la chambrière.*

Aussi, grands seigneurs et grandes dames arrivaient-ils à cheval, en litière, à mule ou à pieds, ce qui permettait aux spectateurs assemblés de jouir plus longtemps et plus facilement de ce spectacle des belles toilettes.

Le froid était vif, mais le ciel était pur et le soleil brillant, triple circonstance heureuse pour la réception royale, car le sol de Paris, toujours boueux et humide, était par hasard sec et ferme.

Près du jeu de paume de gauche, il y avait un groupe de causeurs et de causeuses dont les regards inspectaient curieusement les deux bouts de la rue des Fossés, et dont les réflexions s'échangeaient rapides et à voix haute.

En cet instant, un bruit de pas de chevaux retentit au loin et une troupe de beaux cavaliers apparut, venant du côté de la rivière.

Quatre pages marchaient en tête du petit cortège pour faire faire place.

C'étaient de jolis enfants bien découplés, aux allures vives, au regard effronté.

Ils avaient le poing sur la hanche et ils portaient un costume mi-parti rouge et azur avec un grand écusson armorié brodé sur la poitrine.

A la suite des pages s'avançaient deux cavaliers brillamment vêtus, accompagnés d'une demi-douzaine d'autres cavaliers que suivait une troupe de valets.

— Sainte Vierge Marie, regarde donc, Perrine ! comme il a belle tournure sur son destrier, M. le duc de Longueville ! — dit une voix partie du groupe bruyant des causeurs.

— Ah ! Thérèse ! c'est un beau seigneur !

— En a-t-il un beau pourpoint tout de velours vert bardé d'or !

— Et un manteau de velours cramoisi avec des passements de perles !

— Et des bouffants de satin !

— Et des plumes !

— Et de belles armes !

— Et des rubans de mille couleurs !

— Et une chemise ouvrée de soie cramoisie avec un filet d'or. Regarde donc, Birbiche ! regarde donc !

Birbiche ne répondit pas.

— Et c'est M. le maréchal d'Aubigné qui est avec lui ! — dit Marguerite.

— Il est bien beau aussi.

— Ah ! je crois bien, Thérèse ! A-t-il un fin collet de peau de senteur !

— Et cette aigrette argentée avec des plumes sur son chapeau.

— Le trouves-tu beau, Birbiche ?

Birbiche ne répondit pas encore.

Elle était debout appuyée contre la muraille, un peu en arrière du groupe.

Il y avait près d'elle un jeune homme qui lui parlait tout bas.

Tous les yeux étant portés sur le groupe qui s'avançait, personne ne regardait Birbiche et son voisin.

— Ah ! — dit Bulbach, — voilà, là-bas, en face, un président avec sa robe rouge, monté sur sa mule.

— C'est monsieur Duprat, — dit Thérèse. — Oh ! je le reconnais bien ! Il est venu acheter y a trois mois des bagues pour le mariage de sa fille avec messire de Belesbat.

— Ah ! c'est vrai.

— Oh ! regarde donc la belle litière.

— Toute dorée !

— Toute chamarrée !

— Tout ornée !

— Qu'elle est belle !

— Qu'elle est riche !
— A qui est-ce ?
— Je ne sais pas !

Les interrogations et les admirations se croisaient et tombaient dru comme grêle.

Thérèse se retourna avec impatience :

— Mais regarde donc, Birbiche ! Regarde donc ! Tu ne dis rien ! Tu ne...

Un gros et joyeux éclat de rire termina la phrase.

— Ah ! je crois bien qu'elle ne dit rien ! Elle écoute Nicolas !

Effectivement Birbiche, ayant son fiancé près d'elle, avait fini par oublier absolument la présence de tous ceux qui l'entouraient.

Absorbée dans une conversation confidentielle, écoutant la douce musique des paroles d'amour que Nicolas murmurait à son oreille, elle avait les yeux baissés, la tête penchée, et le front rougissant.

L'éclat de rire de Thérèse-la-Belle qu'accompagna aussitôt les exclamations joyeuses des autres femmes, tirèrent Birbiche de son extase. Elle releva la tête et sembla tout étonnée et inquiète.

— Quoi donc ? — dit-elle.

Les rires redoublèrent.

Heureusement la litière avançait ! cela fit diversion.

Il y avait, sous les rideaux de soie rouge, une belle dame qui, la tête penchée à gauche, paraissait écouter fort galment les propos que débitait un gentilhomme marchant à côté de la litière.

— Comme elle est jolie cette madame de Martigue ! — dit Perrine.

— Tiens ! c'est M. le baron de Cocqueville qui est auprès d'elle...

La litière passait, tournant à droite pour gagner la porte du Palais.

Cocqueville avait la main gauche appuyée sur la garde de son épée :

— Oui, comtesse, oui, adorable idole ! — disait-il, — de ce ton ampoulé que les seigneurs à la mode commençaient à prendre, — tel que vous me voyez, j'en ai tué au moins dix de ma propre main !...

— Oh ! — dit en riant madame de Martigue, — à votre place j'aurais été jusqu'à la douzaine ! Pourquoi vous être arrêté en si beau chemin ?

— Que voulez-vous ? les drôles ont pris la fuite !... et puis, j'avais la main fatiguée. Oh ! si alors vos yeux charmants se fussent fixés sur moi, mes forces eussent été centuplées. Ce n'aurait plus été un combat, c'eût été un massacre !

— Vraiment ?

— D'honneur, madame !

Et le baron reporta la main sur son cœur avec un geste empreint d'une tendre expression d'amour.

Son regard langoureux glissa de côté s'efforçant évidemment de devenir flèche pour transpercer le cœur de la belle madame de Martigue.

— Oh ! — dit tout bas Thérèse. — Il ressemble à Mimi, mon chat noir, quand je lui tends un gâteau.

Cocqueville se pencha vers la litière :

— Sur ma foi, sur mon âme, sur la passion qui me ronge — dit-il, — pour l'amour de vous, madame, je mettrais Paris à feu et à sang, je mettrais...

— Mettez votre main là, que je puisse m'appuyer pour descendre, — interrompit la comtesse qui ne paraissait pas croire un seul mot de ce que disait le baron.

La litière s'était arrêtée et Cocqueville, empressé, tendait les mains vers la comtesse, quand un grand bruit accompagné de clameurs retentit dans la rue des Fossés-Saint-Germain-l'Auxerrois.

— Le prince de Bourbon ! Vive monseigneur ! Noël ! Noël !
— cria la foule.

C'était effectivement le prince de Bourbon, ce *cavalier joli* ce *cavalier mignon*, comme le nommaient ses contemporains.

M. de Bourbon était mince, délicat, gracieux et très-élégant dans l'ensemble de sa personne.

Il arrivait à cheval précédé de valets et de pages et suivi de ses gentilshommes.

Il portait un charmant costume, un pourpoint de velours gris brodé d'or, des chausses noires également brodées d'or et un manteau de velours cramoisi recouvert de passements.

Il avait sur la tête un grand chapeau de soie gris à l'allemande avec un grand cordon d'argent et des plumes d'aigrette argentée.

Ainsi costumé et avec son air leste et dégagé, le prince de Bourbon justifiait bien l'épithète de *cavalier joli* qui le qualifiait si souvent.

Pressant l'allure de son cheval, il était arrivé rapidement à l'entrée du pont-levis, là où venait de s'arrêter la litière.

Madame de Martigue, se penchant en avant, était prête à descendre en s'appuyant sur la main de Cocqueville.

Le prince avait sauté lestement à bas de son cheval. Il écarta Cocqueville :

— Eh ! comtesse ! — dit-il, — posez votre pied mignon dans ma main que je vais mettre à terre.

Madame de Martigue se leva en souriant.

Le duc s'était placé debout près de la litière, dont les rideaux étaient ouverts.

Se baissant un peu, — en avançant la main gauche en bas et la main droite en haut, — il attendit.

Madame de Martigue avança son petit pied finement chaussé d'un soulier tout doré que Cendrillon eût envié.

Elle posa ce pied dans la main ouverte du duc de Bourbon.

Elle était à demi sortie de la litière. Le duc, — avec un geste rapide, — passa son bras droit autour de la taille de la gracieuse femme.

Et enlevant madame de Martigue qui se prêta au mouvement, il la déposa mollement, doucement sur les planches du pont-levis.

Petite, mignonne, gracieuse, admirablement faite, madame de Martigue, jolie veuve de vingt-cinq ans, était la plus séduisante des dames de la cour.

Elle avait en elle un attrait et un charme irrésistibles.

— Là ! dit le prince. — Maintenant, belle comtesse, donnez-moi vos doigts mignons que je les baise, et, — si vous le voulez, — allons chez le roi.

Et pressant familièrement la main de madame de Martigue, le prince de Bourbon passa avec elle sur le pont, l'entraînant sous la voûte.

Cocqueville était demeuré muet. L'arrivée subite du prince qui avait pris aussitôt sa place ne lui avait même pas donné le temps ni la faculté de prononcer un mot.

Les seigneurs qui accompagnaient le prince passèrent devant lui en riant, et les sarcasmes commencèrent à pleuvoir et allaient tomber drus comme une véritable grêle, sur le pauvre baron, quand un mouvement brusque se fit dans la foule.

— Place ! place ! — cria-t-on. Place à l'illustrissime monseigneur le prince de Lorraine !

— Vive le prince de Lorraine ! — hurla la foule avec des vociférations joyeuses. — Noël ! Noël !

En entendant ces cris les gentilshommes du prince de Bourbon, qui tous appartenaient au parti opposé, qui tous par conséquent étaient les ennemis du duc de Lorraine et le détestaient profondément, entrèrent précipitamment au palais pour ne pas assister à l'ovation que le peuple faisait au prince Antoine.

Cocqueville alors sentit une main lourde se poser sur son épaule.

Il se retourna :

— Ah ! — fit-il en étouffant un cri de surprise.

Un gentilhomme vêtu de velours noir des pieds à la tête était derrière lui.

Ce gentilhomme avait le visage très-pâle, les yeux fatigués, les traits douloureusement tirés.

— Toi, de Maillé ! — dit le baron. — Toi ! — Comment, tu es sorti ?

C'était effectivement le vicomte qui, tremblant et défait, paraissait se tenir debout avec une grand'peine.

— Donne-moi le bras, — dit-il, — sans quoi, je le sens, je vais tomber.

Cocqueville s'empressa de le soutenir :

— Mais tu es fou ! — dit-il. — Pourquoi diable es-tu sorti ce matin ?

— Il le fallait !

— Mais, mon cher...

— Vive la princesse Louise ! — Vive le duc de Lorraine ! — criait la foule. — Noël ! Noël !

Le vicomte étreignit le bras de son ami sur lequel il s'appuyait lourdement.

— Entrons-là ! — dit-il en désignant le jeu de paume. — Je ne veux pas voir passer insolemment devant moi ce prince de Lorraine, ennemi du duc de Bourbon !

Cocqueville poussa brusquement la porte du jeu de paume, et tout deux entrèrent.

Le duc, accompagné d'un pompeux cortége, arrivait alors à la tête du pont-levis du Louvre.

— Noël ! Noël ! — continuait à crier la foule.

XXVI

Le jeu de paume.

En entrant dans la salle du jeu de paume, de Maillé s'était laissé tomber sur un fauteuil.

Il était plus pâle encore, ses yeux ne s'ouvraient qu'à demi et il paraissait ne respirer qu'à peine.

— Comment ! — s'écria Cocqueville en prodiguant ses soins à de Maillé, — comment, mon cher Aymeric, je te laisse hier soir dans ce lit dont tu ne pouvais sortir. Maître Jehan Praconstal te défend absolument de bouger et de parler, et te voilà, aujourd'hui, debout et venant au Louvre !

Le vicomte, dominant son oppression, fit un signe amical à Cocqueville.

— Je t'ai dit qu'il le fallait, — murmura-t-il, — et je te le répète.

— Mais pourquoi ?

— Je vais te le dire. Seulement ne m'interromps pas pendant que je parlerai. Mes forces sont prêtes à s'épuiser.

— Je t'écoute !

Aymeric respira bruyamment et une contraction du visage indiqua les tortures intérieures :

— Je souffre horriblement, — dit-il, — j'ai le corps brisé, moulu, il me semble que mes membres vont se détacher et tomber, que je n'aurai pas la force de soulever une jambe ou un bras.

« Ces bazochiens maudits m'ont roué comme un bandit !

« Puis la blessure que j'ai reçue est plus profonde et plus grave que je ne l'avais cru tout d'abord...

— Mais, mon cher Aymeric, tu exagères ! Tu t'alarmes et tu...

— Laisse-moi donc parler ! Je t'ai prié de ne pas m'interrompre.

Cocqueville se contint pour ne pas répondre :

— Je me sens faible, — continua Aymeric, — et je me demande si la vie demeurera en moi...

— Oh !...

Un regard du vicomte interrompit net l'exclamation.

— Donc, j'ai voulu te parler...

— Mais il fallait me faire prévenir. J'aurais été chez toi...

— Annibal !

— Je me tais, mon ami, je me tais, mais c'est qu'en vérité je ne comprends pas...

— Tu vas comprendre...

— J'écoute.

— Tu sais combien j'aime mademoiselle de Lespars. Tu sais tout ce qui s'est passé.

Tu as été mon confident... Enfin tu es mon seul ami, et je n'ai rien de caché pour toi.

— Oui.

— Le soir où je reçus cette blessure, où je fus transporté chez M. de Lespars, ce soir-là, Cocqueville, je fus le plus heureux des hommes, car ce soir-là je compris que Catherine m'aimait.

— Ce soir-là, — dit le baron, — je n'ai compris qu'une chose : c'est que les bazochiens n'étaient pas précisément charitables.

— Le lendemain et le surlendemain, je ne pouvais essayer un mouvement, mais que me faisait la souffrance ?

« Catherine m'aimait, et si mon corps était brisé, mon âme était joyeuse.

« Je ne pouvais la voir, mais je pensais à elle...

« Aussi avais-je hâte de guérir pour la revoir promptement...

— Que c'est beau l'amour ! — dit le baron en soupirant.

— Ce matin, — reprit Aymeric dont les traits se contractèrent, — ce matin... je reçus une lettre...

— De ta bien-aimée ?

— Oui ! de mademoiselle de Lespars.

— Une lettre d'amour ?

— Cette lettre, — continua le vicomte sans répondre, — me causa une émotion indicible. Sa vue fut le baume le plus énergique qu'eussent encore reçu mes blessures. Je demeurai muet, la pressant sur mon cœur et sur mes lèvres, n'osant l'ouvrir...

— Tu avais donc reconnu son écriture, pour savoir que c'était d'elle ?

— Non, mais je l'avais deviné. D'ailleurs la lettre avait été apportée par la vieille gouvernante de Catherine...

— Celle qui t'a fait de la charpie et qui paraissait s'intéresser si fort à toi ?

— Précisément, dame Barba.

— Et elle est venue chez toi ?

— Oui, tout emmitouflée dans sa cape afin de ne pouvoir être reconnue.

« Elle m'a remis cette lettre, sans mot dire, et elle est partie en posant un doigt sur ses lèvres.

— Et cette lettre te disait ?

— Lis-la, mon ami, et tu comprendras pourquoi j'hésitais à l'ouvrir, pourquoi une voix secrète me criait : malheur.

Cocqueville prit la lettre dont le papier était froissé et il l'ouvrit.

De Maillé se renversa en arrière et laissa tomber sa tête sur son épaule.

Il paraissait souffrir plus encore.

Ses regards erraient vaguement autour de lui et parcouraient le jeu de paume.

La salle était grande, longue, en forme de quadrilatère et disposée pour le jeu.

A droite la muraille était nue.

Aux deux extrémités il y avait un petit fossé rempli de balles.

A gauche était la porte d'entrée et deux galeries pour les spectateurs.

Sous la première de ces galeries était une petite porte conduisant dans une petite pièce servant de logement aux *marqueurs* et au *paumier en chef*.

Au centre, divisant la salle en deux parties égales, il y avait une grosse corde tendue.

Ce jour-là, cette salle de jeu de paume, d'ordinaire si animée et si bruyante, était vide.

Personne ne vint troubler la conversation des deux amis.

Une fois seulement, le marqueur entra par la petite porte pratiquée sous la galerie et il fit quelques pas en tournant le dos aux deux jeunes gens.

Puis, après avoir ramassé quelques balles, il rentra dans la chambre sans avoir éveillé autrement l'attention du baron ni celle du vicomte.

Cocqueville avait ouvert la lettre et la parcourait des yeux.

— Oh ! — fit-il.

— Lis, — dit Aymeric.

— Elle n'est pas longue, mais... enfin !

Cocqueville lut à voix haute :

« *Monsieur de Maillé,*

« *Je suis sûre que vous êtes un homme d'un grand cœur.*

« Vous avez compris ce qui se passait en moi, je sais que vous m'aimez et cependant il faut renoncer à cet amour dont vous m'avez parlé.

« Il le faut au nom du bonheur de mon père, au nom de son repos, au nom de sa vie !

« Je vous en conjure ! respectez ma douleur, respectez mes devoirs et ne cherchez plus à me voir ni à me parler !

« Signé : CATHERINE. »

Cocqueville regarda le vicomte en secouant la tête :
— Hum ! — fit-il, — c'est assez clair !
Puis après un silence :
— Qu'est-ce que tu penses ?
— Ce qui est ! — répondit Aymeric. — Évidemment ce Céranon, cet ami du duc de Lorraine qui me paraît fort épris de Catherine, a tout fait pour triompher...
— Et il triomphe !
— Oui, mais il ne triomphera pas !
— Que feras-tu ?
— Je n'en sais rien encore ! La douleur, le chagrin, le désespoir, m'ont torturé le cœur et m'ont rendu mes forces.
— Pauvre ami !
— Ou je tenterai tout pour réussir, — me dis-je, — ou je mourrai !
Alors je me fis apporter mon costume de cour et je me fis habiller en dépit de mes souffrances et de ma faiblesse. Il m'était venu une pensée.
Je n'avais pas oublié qu'hier j'avais appris que, ce jour-d'hui de Noël, mademoiselle de Lespars devait être présentée à la cour.
— Ah ! je comprends, — dit Cocqueville.
— Je verrai Catherine, — me dis-je, — je lui parlerai. Alors je suis venu.
— Et que veux-tu faire ?
— Tu vas le savoir. Je voulais d'abord entrer au Louvre, mais en arrivant, je me suis senti épuisé...
— Pardieu ! tu as perdu tant de sang.
— J'ai compris que dans ces grandes salles remplies d'une foule remuante, l'étourdissement me prendrait et que mes forces m'abandonneraient vite.
— Naturellement.
— D'ailleurs, en me voyant, moi qu'on sait blessé, tous nos amis s'occuperont de moi. Je n'aurai pas une minute de tranquillité, de solitude, de liberté.
— C'est encore vrai.
— Comment voir Catherine sans être remarqué ? comment lui parler ?
— Diable !
— C'était impossible !
— Absolument impossible. Alors, qu'as-tu décidé ?
— Que j'entrerais dans une salle de jeu de paume, que j'y attendrais, loin du bruit et de la foule, car aujourd'hui personne ne viendra faire une partie. Pendant qu'attendu, là, sur ce siège, je pourrai prendre quelques instants d'un repos dont j'ai absolument besoin, tu vas te rendre dans les salons du Louvre. Tu comprends ?
— Pardieu ! ce n'est pas difficile !
— Tu chercheras à voir Catherine, tu la verras et tu lui diras, sans que personne puisse surprendre tes paroles, que je me sens mourir, qu'il faut que je la voie, et que si elle refuse de me voir et de m'entendre, j'arracherai l'appareil qui couvre ma blessure...
— Mais...
— Va, te dis-je ! Ne discute pas !
— Tu veux que mademoiselle de Lespars vienne ici ?
— Oui.
— Toute seule ? Comment veux-tu qu'elle fasse sans qu'on s'en aperçoive ? c'est impossible, mon cher Aymeric !
— Je la veux voir, et je la verrai !
— Comment faire ? Ah ! une idée ! Elle va être présentée à madame la Dauphine.

« Je dirai tout à madame de Martigue, la première dame d'honneur, et elle pourra peut-être... elle pourra même sûrement favoriser un entretien secret.

« Je viendrai te prendre. Nous monterons par le petit escalier de la cour, et nous entrerons par les appartements privés de madame Louise.

« De cette façon, on ne le verra pas...
— Oui ! c'est cela ! — dit le vicomte d'une voix faible.
— Maintenant, il ne s'agit que d'avoir le consentement de madame de Martigue.
— Qu'elle ne te refusera pas !
— Oh ! — dit Cocqueville, — sois sans crainte ! Je crois que madame de Martigue n'a rien à me refuser ! Attends moi ici, je reviendrai vite.

Et, quittant son ami, il ouvrit la porte du jeu de paume et s'élança au dehors.

De Maillé demeura immobile, assis à la même place, le front penché, la respiration sifflante.

Un silence profond régnait dans cette salle du jeu de paume. On entendait au dehors les cris du peuple et le bruit que faisaient les chevaux et les piétons.

Puis, auprès du pont-levis, dans la cour intérieure du Louvre, et dans la rue des Fossés-Saint-Germain, des groupes nombreux de valets, d'écuyers, de pages, de soldats et d'archers, se mêlaient à la foule des curieux.

C'étaient les gens, les gardes, les hommes de suite des grands seigneurs de la cour de France.

Ce bruit incessant, tumultueux, grondant comme les vagues de la mer agitée par le vent, arrivait à travers l'épaisseur des murailles comme un bourdonnement jusqu'aux oreilles du vicomte, mais sa préoccupation morale était trop grande, ses souffrances physiques trop vives, pour qu'il accordât la moindre attention à ce bruit du dehors.

Il n'entendait rien.

Il n'entendit même pas la petite porte de la salle se rouvrir et un homme, costumé en marqueur (celui qui déjà était venu chercher des balles), se glisser doucement sur les dalles recouvrant le sol.

De Maillé pensait.

Il se disait qu'il allait voir Catherine, et il formulait, dans son esprit, toutes les phrases de tendresse qu'allait lui inspirer la vue de celle qu'il adorait.

— Catherine ! — disait-il, — oh ! je vous aime ! Sans vous je mourrai !... Que faut-il faire pour vous consacrer ma vie...
— Ce que je vais vous dire, monsieur de Maillé ! — dit une voix à l'oreille d'Aymeric.

Celui-ci tressaillit : il fit un effort et se retourna.

L'homme vêtu en marqueur du jeu de paume était debout derrière lui.

De Maillé le regarda avec une attention extrême, puis tout à coup une expression d'étonnement profond, de stupéfaction se peignit sur sa physionomie :
— Monsieur de Lustupin ! — dit-il.
— Chut ! — fit le marqueur en posant un doigt sur ses lèvres.
— Vous ici ? Sous ce costume !
— Que vous importe le costume que porte le corps pourvu que le cœur aime et que l'esprit vous serve ?
— Mais que faites-vous ici ?
— Je viens vous donner un bon conseil.
— Comment ?
— Et d'abord, monsieur le vicomte, — reprit Lustupin en s'asseyant familièrement sur le siège que venait de quitter Cocqueville, — il faut que vous sachiez que je suis tout à fait au courant de vos affaires d'amour avec mademoiselle de Lespars.
— Vous ?
— Pardieu ! Si je n'avais pas été au courant de cette passion, pourquoi, je vous le demande ? vous eussé-je transporté dans la maison du conseiller de Lespars, le soir où les amis de la princesse Louise vous assaillaient sur la place.

J'aurais pu frapper à la porte d'une autre maison, mais je m'en suis gardé.

Je savais que le conseiller de Lespars était sorti, que mademoiselle Catherine était seule avec Barba et Jean, et, ma foi !

j'ai pensé que la vue de la jeune fille et les soins qu'elle vous prodiguerait, seraient les meilleurs moyens à employer pour vous guérir vite. Ai-je été bon médecin?
— Vous avez agi ainsi en sachant ce que vous faisiez?
— Oui.
— Mais je ne vous connaissais pas, moi!
— Mais je vous connaissais, moi!
— Pourquoi m'avoir servi?
— Parce que vous êtes un brave gentilhomme pour lequel j'ai une affection tendre...
— Vous m'aimez? pourquoi?
— Vous le saurez bientôt...
— Mais cependant...
— Permettez! Pour le présent, il ne s'agit pas d'une explication entre nous, mais d'un désir ardent, exprimé par vous, de voir mademoiselle de Lespars et de lui parler. C'est le désir ardent que je vais satisfaire.
— Vous?
— Moi-même!

Aymeric regardait Lustupin comme un homme qui se demande si son interlocuteur ne se moque pas de lui.

Évidemment il ne comprenait pas le motif de la scène qui avait lieu.

— Voulez-vous voir mademoiselle de Lespars? demanda Lustupin.

Aymeric lui saisit les mains : il oubliait tout pour ne songer qu'à Catherine.

— Oui! — dit-il, — oui, je veux la voir et fussiez-vous le diable que j'accepterais vos services.
— Je ne suis pas le diable, mon cher vicomte, mais je vous servirai.
— Je verrai Catherine?
— Dans une heure elle sera près de vous.
— Comment ferez-vous?
— Je ne puis vous le dire, mais vous la verrez!
— Ici?
— Ici ou autre part. Peu importe! Vous verrez mademoiselle de Lespars, monsieur du Maillé, et je vous jure Dieu! qu'elle n'épousera pas le baron de Céranon.

Aymeric fit un effort pour se lever.

— Soyez calme et attendez! — dit Lustupin en le contraignant doucement à se rasseoir.

XXVII

Les douze.

En quittant la salle du jeu de paume, le baron de Cocqueville avait traversé le pont-levis du palais, et passant sous la voûte, il était entré dans la cour du Louvre, regorgeant de valets et de gens de suite.

S'avançant vers le pavillon de gauche, celui donnant sur les jardins, Cocqueville gravit lentement les degrés du grand escalier de pierre.

Au premier étage, dans le grand vestibule, il rencontra la *Compagnie des gardes de la Porte*, qui, sous les armes, faisait la haie jusqu'à l'entrée de la première salle ou *Salle des Gardes* exclusivement réservée aux *Cent gentilshommes du roi* de service.

Cette salle communiquait avec celle des *Cariatides* dans laquelle Jean Goujon venait de placer ces quatre magnifiques statues ayant donné leur nom à la salle.

Là, était une réunion brillante, élégante, parée de costumes somptueux; là, était la cour du futur roi François et de la jolie reine Claude.

Là, s'étalaient les éblouissants costumes de soie et de velours, là, rutilaient les bijoux, là, miroitaient les dorures.

Au fond de la *Salle des Gardes* s'ouvrait une grande porte donnant sur la *Salle du Trône*. Là, l'affluence était plus nombreuse encore.

On voyait passer les princes et les princesses aux pourpoints ou aux robes de nuance rouge, — cramoisie, — car, d'après la loi de 1509, princes et princesses avaient seuls le droit de porter des étoffes de soie de cette nuance.

Les gentilshommes, dames ou demoiselles, pouvaient en placer sur leurs pourpoints et haut-de-chausses, sur leurs cottes et leurs manchons (1), aussi en abusaient-ils.

Quant aux dames de la princesse Louise et de la reine Marie, on les reconnaissait à leurs robes de velours rouge tandis que les dames des princes et des princesses portaient des robes de velours noir.

En entrant dans cette salle encombrée par la foule des courtisans, Cocqueville, qui avait l'habitude des lieux, jeta autour de lui un regard rapide.

Près d'une des fenêtres, donnant sur le jardin, dans un de ces petits salons pris dans l'épaisseur de la muraille et dont la galerie du Louvre offre encore les exemples, était rassemblée une société d'hommes, élégants seigneurs jeunes et beaux, tous vêtus de couleur sombre et affectant une grande sobriété de gestes et une certaine raideur de mouvement.

Pas un des courtisans ne s'approchait de ce groupe, qu'au contraire on semblait fuir, et pas un de ceux qui étaient dans l'embrasure ne paraissait chercher à adresser un salut ou un sourire aux autres qui passaient.

Il y avait entre ces hommes et la foule remuante comme une barrière de glace infranchissable.

Ils étaient onze, à peu près de même âge et de même taille. Le plus jeune pouvait avoir vingt-cinq ans, le plus âgé trente.

Quoique leurs costumes différassent de nuance et de coupe, il y avait entre eux certains points de ressemblance qui indiquaient un uniforme adopté.

Tous les vêtements, pourpoints et haut-de-chausses, étaient de velours de même nuance pour chaque costume, et ces nuances étaient ou noir, ou violet, ou brun, ou gris foncé. Les chausses étaient invariablement d'un gris clair.

Tous les ceinturons étaient de peau de daim, agrafés par une agrafe semblable, en argent ciselé, ayant la forme d'un écusson, et portant douze étoiles d'or sur un champ d'azur.

Toutes les épées étaient de même longueur, de même grandeur et ornées de même.

Toutes avaient des fourreaux de velours violet et des pommeaux d'argent portant, en relief, l'écusson de l'agrafe.

Les chapeaux étaient de même forme, des feutres pointus, aux bords étroits et ornés de plumes noires, violettes, grises ou brunes, mais pas d'autre nuance.

Une agrafe armoriée, comme celle de la ceinture et comme le pommeau de l'épée, attachait ces plumes sur le bord plat et étroit du feutre.

Chose non moins étonnante que cette confraternité de costumes, et qui, certes, n'était pas moins cause que les regards se portassent sur ces jeunes gens, c'est que tous les onze étaient de beaux cavaliers.

C'était comme une association de types nobles et de riches natures.

Au moment où Cocqueville entrait dans cette magnifique salle des Cariatides, la conversation entre les onze causeurs paraissait être des plus animées.

Un d'eux, personnage de haute taille, aux formes élégantes, aux allures indiquant l'homme de guerre, tenait le haut du groupe, c'est-à-dire qu'il était appuyé contre la base de la fenêtre fermée et qu'il parlait, dominant les dix autres, qui étaient tournés vers lui.

La salle était pleine de courtisans, dorés sur toutes les coutures de leurs pourpoints et de leurs chausses, et de dames aux resplendissantes parures.

Et cependant, entre les onze causeurs et la foule, il y avait un espace vide de quatre à cinq pas.

(1) Tous ceux qui ne sont ni gentilshommes ni gens de guerre ne doivent point mettre soie sur soie, c'est-à-dire une saye de soie sur une robe de la même matière, ne doivent avoir ni bonnets, ni souliers de velours, ni fourreau d'épée de la même étoffe. Il est de plus défendu à tous artisans-mécaniques, paysans, gens de labeur, de porter pourpoint de soie, ni chausses bandées, ni bouffantes de soie.

Édit du 12 juillet 1509.

Cocqueville lut à haute voix.

Un vide servant de limites sans barrière indiquée.

Autant peu les onze causeurs semblaient se préoccuper de la foule des assistants, autant les hommes et les femmes paraissaient leur accorder une attention grande.

On ne passait pas près d'eux sans leur lancer un regard curieux et sans échanger à voix basse, avec son voisin ou avec sa voisine, quelques rapides paroles.

Il y avait séance dans la salle du grand Conseil.

Le roi étant gravement malade, ce conseil était présidé par la reine Marie assistée du Dauphin François, de la princesse Claude et de la princesse Louise.

La reine, — le Dauphin, — la Dauphine, non plus que la princesse Louise, n'avaient fait leur entrée dans la salle du Trône, de sorte que les seigneurs et les dames, attendant l'heure de la réception, n'avaient d'autre préoccupation que celle d'occuper leur moment de loisir.

— Ah ! — disait-on en passant près des gentilshommes, — voici les *Douze* !

Et ce simple terme numérique : les *Douze*, devait avoir une signification autre que celle du chiffre qu'il qualifiait, car, en le prononçant, on lançait sur les causeurs un regard furtif, empreint d'un triple sentiment de crainte, d'admiration et de respect.

En apercevant Cocqueville qui entrait, celui des onze causeurs qui était appuyé contre la fenêtre lui adressa un geste amical, l'invitant de la main à venir.

Cocqueville traversa la salle, saluant l'un, souriant à l'autre, se dirigeant vers le groupe qui, volontairement ou non, était exilé toujours au milieu de la foule.

— Eh, baron ! — dit un des gentilshommes, celui qui avait appelé Cocqueville de la main. — Eh, baron ! ne cherches-tu pas madame la comtesse de Martigue ?

Tous se mirent à rire.

— Pourquoi le lui demander, Dandelot ? — dit un autre. — Évidemment il doit chercher madame de Martigue...

— Qu'il a accompagnée dans sa litière de chez elle au Louvre, mon cher de Tocqueville. C'est Châteauneuf qui l'a vu au départ !

— Oui, et le baron sautillait en marchant comme un faisan doré qui a peur de se souiller les pattes.

— Et dire qu'au moment où, étendant galamment les bras, Cocqueville allait voir la belle comtesse s'élancer...

— C'est le prince qui l'a reçue ! — interrompit Châteauneuf.

Tous continuèrent à rire.

Cocqueville ne disait rien, mais il se pinça les lèvres.

— Tu ne ris pas, baron ! — dit Dandelot. — Toi si gai..!

— Si fait... je rirai ! — répondit Cocqueville.

— Et quand cela ?

— Le dernier !

— Pour rire mieux ! Tête et diable ! ce mignon baron a plus d'esprit que l'abbé Rabelais en personne.

— N'en dites pas de mal de Rabelais, Maligny.

— Pourquoi ?

— Le voici !

— Appelle-le, Dandelot ! Sans cela, tu sais bien qu'il ne viendra pas.

Dandelot fit un geste semblable à celui qu'il avait adressé à

Cocqueville, et un jeune homme de dix-neuf à vingt ans qui, lui aussi, venait d'entrer dans la salle des Cariatides, s'avança vers le groupe dont, il paraît, on ne pouvait approcher que sur un signe reçu.

Ce jeune homme, qui se nommait François Rabelais, était sec, maigre et bien pris dans sa taille.

Il avait l'allure souple, la démarche vive et légère, le geste rapide.

Sans être précisément laid de visage, il avait dans l'ensemble de sa physionomie quelque chose de piquant, de mordant, de spirituel qui n'était pas sympathique.

Et cependant l'expression générale était empreinte de bonté.

Mais ce qu'il y avait de plus remarquable c'était le sourire et le regard.

Le sourire était fin, aimable, railleur, caustique : le regard était ardent, spirituel, observateur.

Il y avait un splendide rayonnement d'intelligence sur ce visage à l'expression chaudement animée.

— Bonjour, Rabelais! — dit Dandelot en lui tendant la main.

— Bonjour, Dandelot; bonjour, Tocqueville; bonjour, Chateauneuf! — répondit Rabelais. — Eh! eh! toute la société est réunie ce tantôt! Voici Castelnau, Mazères, Du Mesnil, Brezé, Chivay, Chemays, Saincte-Marie, Ferrière-Maligny! Par le Dieu vivant! il en manque un, cependant! Où donc est le vicomte de Maillé?

— Chez lui, sur sa couche! — dit Chateauneuf.
— Il est malade?
— Oui!
— Gravement?
— Peut-être.
— Quelle maladie?
— Celle qu'on attrape le plus facilement l'épée en main.
— En vérité?
— Blessé!
— Ah! — fit l'abbé. — Il s'est battu? Et avec qui?
— Avec des suppôts des Lorrains.
— Mort-Dieu! — dit Rabelais. — Cessons cette plaisanterie! J'aime le duc de Lorraine.

Le marquis de Chateauneuf lui prit la main et la serra amicalement.

— Pas de fâcherie entre nous! — dit-il. — Tu sais que nous avons juré que, pour choses graves exceptées, nous ne mettrions jamais flamberge au vent les uns contre les autres.

— Mais, tu dis...

— Ce qui est! De Maillé a été assailli sur la place de Grève, l'autre soir, et sans un gentilhomme qui est venu à son secours, il était écrasé ainsi que Cocqueville. N'est-ce pas, baron?

— C'est pardieu vrai! — dit Cocqueville en se troussant la moustache. — J'en ai tué une dizaine, mais cela n'a pas suffi.

— Eh bien! il faudra continuer.
— C'est ce que je ferai.

XXVIII
Rabelais.

— Ce pauvre Maillé! — dit Rabelais.
— Cela ne doit pas t'étonner, — continua Dandelot qui venait de prendre la parole. — N'y a-t-il pas à tous les coins de rues et sur tous les murs une image de Vierge ou de saint, que les bourgeois ou ceux du peuple, en passant, doivent saluer en payant passage.

— Et qui donc est venu à votre aide? — demanda Rabelais.
— Un gentilhomme avec ses hommes de suite, — répondit Cocqueville.
— Et quel est son nom?
— Lustupin.
— Lustupin, — répéta Rabelais en souriant, — mais c'est un nom de capitaine de voleurs, cela! Enfin, il a sauvé de Maillé, cela suffit pour que nous soyons ses obligés.

Puis changeant de ton :
— A propos, messieurs, — demanda Rabelais, — vous savez la nouvelle?

— Quelle nouvelle? — demanda-t-on.
— Qu'il y a aujourd'hui trois présentées à la cour.
— Ah! Il y a des présentées?
— Oui, mon cher Cocqueville, et toi qui aimes les jolies femmes...
— Il me semble que tu ne les détestes pas, mon cher abbé.
— Moi, j'aime les grandes et honnêtes femmes qui sont fort galantes!
— Pardieu! tu n'es pas difficile. Mais tu parlais à Cocqueville d'une jolie femme.
— Oui! la reine Marie va avoir auprès d'elle la plus ravissante, éblouissante, jolie et honnête dame d'honneur que nous puissions lui désirer.
— C'est une des présentées d'aujourd'hui?
— Oui.
— Qui se nomme?
— Catherine de Lespars.
— La fille du conseiller au Parlement?
— Précisément.
— Ah! — dit Chateauneuf, — c'est vrai qu'elle est jolie, cette mignonne. L'autrefois je suis allé chez son père. Eh vive Dieu! c'était le jour même où on a failli brûler ce pauvre homme en place de Grève.
— Elle était aux fenêtres? — demanda Dandelot.
— Non! elle avait si grand'peur et elle éprouvait une émotion si vive, qu'elle s'était cachée au fond de la maison. Aucun de nous ne put la voir ce jour-là.

Cocqueville n'avait rien dit, mais depuis que Rabelais avait prononcé le nom de Catherine, il paraissait être agité et inquiet.

— Ah! elle est belle? — reprit Dandelot.
— Adorable! — dit Rabelais. — Eh! mordieu! si vous voulez la voir, mes seigneurs, approchez-vous et regardez de ce côté, la voici.
— Celle qui s'avance là-bas?
— Oui.
— Marchant à côté de madame de Martigue?
— Précisément.
— Corbleu! Rabelais a raison. Elle est réellement adorable!
— Et il paraît qu'elle est adorée!
— Oh! oh! Rabelais. Tu en sais long sur son compte.
— Oui, j'en ai entendu parler longuement et ce matin même.
— Tu la connais donc?
— Non! c'était chez le duc Français qu'on en parlait.
— Et on disait?
— Qu'elle allait épouser le seigneur de Céranon, l'ami de Duprat et de Ravenelles.
— Le conseiller de robe courte! — dit le marquis de Chateauneuf.

Tous se regardèrent avec étonnement.
— Ah bah! — fit-on.
— Oui, messieurs. Aujourd'hui même il a prêté serment et en ce moment il siège au grand Conseil.
— Corbleu! il y a des gens qui sont nés sous une heureuse étoile.
— Vive Dieu! — dit Tocqueville en regardant Catherine qui passait. — Elle suit strictement les lois de l'habillement. En attendant qu'elle prenne la robe de velours cramoisi des dames de la reine, elle porte consciencieusement la cotte et le manchon de drap ornés de soie.

Mazères poussa doucement du coude M. de Ferrière-Maligny.
— Regarde donc comme Cocqueville ouvre de grands yeux! — dit-il en riant.
— Pardieu! il voit passer madame de Martigue! Il va tomber en pamoison d'amour! Eh! baron! mon bel ami, Que dit ton moulin à vent de cœur!

Cocqueville ne répondit pas.
— Ventre-mahon! — reprit Tocqueville, — ce Céranon est décidément un homme heureusement doué.

Un mouvement se fit dans la foule du côté de la salle du Trône.

— Ah ! — dit Dandelot. — La séance du Conseil est sans doute terminée.
— Oui, — ajouta Rabelais. — Le Dauphin François, la reine et la Dauphine avec madame Louise sont entrés dans la salle du Trône.
— La jolie demoiselle de Lespars est émue de l'honneur qu'elle va recevoir, — dit Tocqueville. — Regardez-donc comme elle est pâle !

Cocqueville se mordait la moustache avec impatience.
— Comment faire ? — se demandait-il.

Il pensait à de Maillé et à la promesse qu'il lui avait faite.

Cocqueville avait bon cœur et il aimait chèrement le vicomte.

Il l'avait vu pâlir et faiblir ; il avait compris ses souffrances physiques et morales, et il était sérieusement inquiet.

En présence de la situation, l'exécution de la promesse faite lui paraissait de plus en plus difficile et il se creusait en vain la cervelle pour trouver un moyen.

— Il faut d'abord l'avertir qu'il est là ! — se disait-il. — L'avertir sans qu'on puisse entendre !... Ah ! si madame de Martigue n'était pas entourée de tous ces gentilshommes qui l'accablent de galanteries, cela irait tout seul, mais comment lui parler, à elle, avec toutes ces oreilles ouvertes ? Et ce pauvre vicomte !...

Le baron était violemment agité :
— Mais comment faire ? — se dit-il encore à voix presque haute. — Comment faire pour réussir ?
— Rien ! — dit une voix en glissant ce mot dans l'oreille du baron.

Cocqueville se retourna vivement. Un homme était derrière lui, mais cet homme venait de se retourner aussi et on ne le voyait que de dos. Il portait un beau costume de velours noir.

Cocqueville voulut faire un pas, pour le rejoindre, mais l'homme disparaissait dans la foule.

En cet instant un mouvement beaucoup plus accentué que le premier se fit dans les salons. Il y eut un flux de la salle du Trône à la salle des gardes, puis un reflux dans le sens contraire.

Un instant de silence régna :
— La reine ! — dit une voix.
— Le dauphin ! — dit une autre voix.
— La princesse Louise ! — dit une troisième.

Courtisans et courtisanes se portaient vers la salle du Trône et vers les galeries latérales établies à droite et à gauche. Puis une voix puissante cria :
— Monseigneur le duc de Lorraine !

Et une autre ajouta aussitôt :
— Sa Révérendissime monseigneur le cardinal d'Amboise !

La foule s'était portée en avant.

Elle formait une double haie dans les galeries, depuis la salle du Conseil jusqu'à la salle du Trône.

Dix *Cent gentilshommes*, portant l'épée nue à la main et l'écu de France brodé sur le plastron du pourpoint, s'avancèrent précédant le grand chancelier.

En l'espace de quelques secondes, la salle des Cariatides avait été presqu'entièrement abandonnée.

Tous s'étaient portés sur le passage du Dauphin et de la reine.

Rabelais s'était élancé un des premiers et Cocqueville l'avait suivi, espérant sans doute profiter de ce moment de préoccupation générale, pour parler à Catherine.

Les onze gentilshommes étaient seuls demeurés dans la salle. Pas un n'avait fait un mouvement, pas un n'avait manifesté le désir de se porter sur le passage du royal cortége.

Tous les onze étaient là, dans une contenance fière et résolue. Certes, à leur tenue, à leur allure, on eût pu moins les croire dans le salon paisible d'une cour élégante, attendant le roi et la reine, que sur le terrain d'un champ de bataille, attendant l'ennemi.

XXIX

Le Dauphin.

Le cortége royal faisait son entrée dans la salle du Trône.

Le dauphin, — la reine, — la princesse Claude, — la princesse Louise, venaient d'apparaître.

C'était un joli couple, gracieux, frais et poétique, que celui que formaient le Dauphin et la jeune reine dont l'entrée dans la vie avait été si belle et dont la mort devait être si précoce pour l'un, — la fille de Louis XII.

François venait d'avoir vingt ans.

Il était de taille très-élevée, bien pris dans sa personne : il avait de l'élégance et de la grâce, et l'apparence vigoureuse et ardente, — il justifiait bien ce titre de roi-chevalier que lui devaient donner bientôt ses courtisans.

Il portait un riche costume blanc, cramoisi et or.

Le pourpoint, les chausses, la toque étaient en velours blanc ; les hauts-de-chausse, le manteau, les souliers en velours cramoisi et les plumes de la toque de même nuance.

Des broderies d'or et de perles ornaient le tout, et la poignée de son épée était enrichie de magnifiques diamants entourés de rubis. Il portait sur la poitrine le grand collier de l'ordre de Saint-Michel.

François marchait lentement donnant la main à la reine Marie.

La beauté de Marie d'Angleterre était parfaite, s'il faut en croire ses contemporains.

« Venant sur ses quinze ans, sa beauté commença à faire paraître sa belle lumière en beau plain midy, et en effacer le soleil lorsqu'il luisait le plus fort, tant la beauté de son corps estoit belle. »

Marie d'Angleterre portait sur sa tête une couronne de diamants et de perles formant des étoiles.

Sa robe était de drap d'or frisé, toute constellée de diamants.

Elle portait au cou, aux bras de splendides parures.

Ainsi costumée, la jeune souveraine parut si éblouissante qu'il y eut un frémissement d'admiration dans la galerie ; hommage dont la femme devait être plus fière que la reine, car c'était à la splendeur de la beauté bien plus qu'à celle du rang qu'il s'adressait.

De l'autre côté du dauphin s'avançait la princesse Louise.

La princesse Louise de Savoie avait trente-neuf ans et elle était fort belle.

C'était une véritable reine dans l'acception majestueuse du mot.

Elle avait beaucoup de grâce et d'amabilité dans l'ensemble de sa personne.

Les lignes du visage avaient la pureté romaine.

Sa chevelure était magnifique, opulente, délicatement plantée, car ce que Louise de Savoie avait de plus beau en elle, c'était le front.

Elle avait (et ses portraits en font foi) le profil d'une médaille antique.

Quoique italienne, elle avait la peau d'une blancheur éblouissante et la carnation rosée.

Brantôme, dans son style naïf et joli, dit que la mère de François Ier avait *la charnure belle et le cuir net.* »

Et il ajoute : « Elle avoit la jambe très-belle, ainsy que j'ay ouy dire aussy à aucunes de ses dames, et prenoit grand plaisir à la voir bien chausser et à en voir la chausse bien tirée et tendue. »

Comme on le voit, Louise de Savoie que l'on se figure, en lisant l'histoire, laide, renfrognée, à l'aspect féroce, n'était pas la moins *belle et honneste dame* de son époque.

Elle joignait à ses qualités de beauté physique un goût prononcé et intelligent pour la toilette.

Louise était fort coquette de parures.

Ce jour-là, elle portait une grande robe à grandes manches de toile d'argent fourrée de loup-cervier, et sur la tête un chapeau garni de grosses perles.

Ses grandes manches fourrées faisaient ressortir encore la petitesse et la blancheur de ses mains qu'elle avait extrêmement belles.

« Les poëtes ont loué jadis Aurore pour avoir de belles mains et de beaux doigts, — dit Brantôme, — mais je pense que la reyne régente l'eust effacée en tout cela. »

Louise dominait de la taille sa belle fille et la reine Marie.

La princesse Claude n'était pas belle et elle était fort peu coquette.

Derrière le dauphin, — la reine et les deux princesses, — s'avançaient le duc de Lorraine, — le cardinal d'Amboise, — le président Duprat, précédant le roi Antoine de Navarre et le prince de Bourbon.

Le roi Antoine avait le visage pâle et paraissait douloureusement ému. Le prince de Bourbon avait le sang au visage, l'œil flamboyant et l'expression d'un homme qui contient à grand'peine sa colère, et qui est prêt à éclater.

Le duc de Lorraine avait la tête haute, et il s'avançait gravement, portant dans toute sa personne l'empreinte d'une majestueuse fierté.

Le cardinal, drapé dans sa longue robe rouge, marchait, le regard voilé, le visage impassible.

Au moment où le dauphin atteignit les marches du trône, un personnage de haute taille, portant la robe rouge garnie d'hermine et brodée d'or de premier président de la Chambre quitta le cortège dont il faisait partie, se glissa dans la foule et gagna la salle des Cariatides.

Toute la cour se rangeant dans la salle du Trône et occupant tout le haut de la salle des Cariatides, le premier président avait passé inaperçu.

Il portait sous son bras un grand portefeuille de cuir rouge, orné des armes de France, et bourré d'énormes cahiers de papiers.

Comme il longeait les fenêtres, il passa devant le groupe des onze causeurs qui se tenaient isolés, toujours à la même place, sans même regarder ce qui se passait dans la salle du Trône.

En voyant le président, tous s'inclinèrent avec un sentiment de haute estime et une sorte de vénération.

Dandelot s'était avancé :

— Monsieur le président, — dit-il, — nous sommes vos humbles serviteurs.

Le président, qui était un homme de cinquante à cinquante-cinq ans, rendit le salut avec cette courtoisie empreinte de dignité qui est le propre de la magistrature.

— M. de La Palice me parlait de vous tout à l'heure, — répondit-il.

— Ah ! — reprit Dandelot, — si le maréchal vous parlait de moi tout à l'heure, il m'a longuement parlé de vous hier, car il vous aime en raison de l'estime qu'il ressent pour vous, monsieur le président, ce qui veut dire qu'il vous aime beaucoup.

Duprat s'inclina.

— Comment se fait-il, messieurs, — dit-il, — que vous demeuriez ici tandis que toute la cour est dans la salle du Trône.

— Nous faisons comme vous, monsieur le président, — dit en riant Tocqueville, — car en ce moment vous quittez la cour...

— Je vais travailler, monsieur.

— Oh ! point nous, alors !

— Mais vous allez aller saluer le Dauphin?

— Non monsieur ! — dit Dandelot.

— Comment?

— Nous demeurerons ici sans bouger !

— Mais pourquoi ?

— Parce'que pour saluer le Dauphin et la reine, il faut saluer les Lorrains, monsieur, puisque ces Lorrains, que Dieu confonde, sont sur les marches du trône et osent prendre le rang sur nos princes du sang !

« Nous sommes douze qui avons fait serment sur la Bible et sur nos épées nues de ne jamais nous incliner devant un Lorrain, devant ces hommes qui veulent faire agenouiller la France devant eux.

« De ces douze, nous sommes onze en ce moment.

« Celui qui manque a été assailli et blessé en Grève, le jour où on a failli brûler un condamné !

Duprat leva les yeux vers le ciel.

— Vous êtes le seul du Parlement qui ayez osé le défendre, ce martyr, monsieur Duprat, et quand on vous défendait de parler ainsi, vous ayez dit au cardinal d'Amboise : « Je sais mourir, mais non me déshonorer ! » Aussi, monsieur Duprat, êtes-vous de ceux que nous saluons avec honneur et respect, et si jamais vous ou les vôtres avez besoin de nous, nos épées sont à votre service, comme nos cœurs.

En ce moment, le prince de Bourbon arriva près des onze.

Il prit le bras de Duprat :

— Venez, monsieur le président, — dit-il, — il faut que je vous parle ! J'ai pu m'échapper pendant que les présentations avaient lieu, mais je veux profiter...

— Eh bien ! qu'y a-t-il ? — dit vivement le marquis de Tocqueville.

— Jean Pracontal ! Où est Pracontal ? Qu'on le trouve ! — cria Cocqueville qui traversait la salle en courant.

— Mais qu'y a-t-il ? — dit Dandelot en l'arrêtant au passage.

— Une jeune fille qui vient de s'évanouir !

— Qui ?

— La jolie enfant dont nous parlions tout à l'heure.

— Mademoiselle de Lespars.

— C'est cela ! Elle vient de tomber en pâmoison aux pieds de la reine, au moment où madame de Martigue s'avançait pour la présenter.

— Pauvre chère petite !

Cocqueville avait dit vrai, un grand mouvement avait lieu dans la salle du Trône.

Les femmes paraissaient très-affairées et très-empressées.

Les hommes se parlaient entre eux en chuchottant à voix basse.

Tout à coup, par la porte de la salle des Gardes s'élança rapidement un homme vêtu de noir.

— Ah ! — s'écria-t-on de tous côtés, — voici maître Pracontal !

Et la foule des courtisans s'écarta pour faire place.

Le célèbre praticien pénétra dans la salle du Trône.

— Mais comment cela s'est-il passé ? — demanda Dandelot qui retenait toujours le baron par le bras.

— Je vais vous le dire.

Tous entouraient Cocqueville.

— On venait de faire une première présentation, — commença-t-il, — quand on appela mademoiselle de Lespars.

« Je ne l'avais pas revue depuis le moment où le Dauphin était entré.

« Sans doute, elle n'avait pas entendu, car on fut obligé de la rappeler une seconde fois.

— Ah bah !

— Oui, mon cher. Il y avait là un personnage qui se donnait un grand mal, c'était maître Céranon !

— Le secrétaire du duc, celui qui doit épouser mademoiselle de Lespars.

— Nous nous regardions tous, — poursuivit Cocqueville, — tous plus étonnés les uns que les autres de cette étrange façon de faire attendre le Dauphin, quand enfin les rangs des dames s'entr'ouvrirent et madame de Martigue s'avança...

« Elle tenait mademoiselle Catherine par la main.

« M. le conseiller de Lespars, son père, s'avançait derrière elle.

« La pauvre jeune fille était plus pâle qu'un linceul !

— C'était l'émotion !

— Peut-être.

— Et que lui a dit la reine ?

— Elle n'a pas eu le temps de lui parler.

— Comment ?

— Mademoiselle de Lespars a fait trois pas et au moment de faire sa révérence, elle est tombée de toute sa hauteur.

— Et elle était évanouie ?

— Entièrement ! Elle avait absolument perdu connaissance.

— Pauvre jeune fille !

— Vous pensez à l'effet que cela a produit sur tout le monde. La reine Marie est descendue du trône pour la secourir !

— En vérité !

— Oui, et le conseiller de Lespars était tellement pâle que j'ai cru qu'il allait s'évanouir aussi. Ce fut alors que je m'élançai pour aller appeler le chirurgien Jean Pracontal.

L'émotion était générale.

Cet événement étrange, imprévu, avait produit une sensation des plus vives.

Cette jeune fille, présentée à la cour, nommée dame d'honneur de la reine et s'évanouissant au moment où Louise de Savoie allait l'accueillir, était devenue subitement le sujet de tous les commentaires et de toutes les suppositions les plus bizarres et les plus erronées.

— Qui est-ce ?
— Qu'y a-t-il ?
— Que dit la reine ?
— Que dit le Dauphin ?

Toutes ces interrogations se croisaient, se choquaient et personne n'y répondait.

Jean Pracontal s'était approché de la jeune fille et lui prodiguait ses soins. Céranon, l'œil sombre et le front plissé, attendait avec anxiété la fin de cette scène.

Tout cela s'était accompli avec une telle rapidité, qu'une partie des seigneurs de la cour ne savait pas précisément ce qui avait eu lieu.

— Oh ! regardez, Dandelot ! — dit Saincte-Marie. — Voici qu'on emporte la jeune fille.

Effectivement, deux valets, portant les couleurs royales, s'avançaient doucement, lentement, soutenant avec précaution sur un siége, servant de brancart, le corps inanimé de Catherine de Lespars.

Jean Pracontal marchait derrière eux, maintenant droite la tête pâle de la jolie jeune fille et l'empêchant de rouler sur le dossier du siége.

Le conseiller de Lespars, les traits bouleversés, les yeux pleins de larmes, les mains tremblantes, marchait à côté des porteurs, les regards rivés sur le visage de Catherine. Céranon précédait le petit cortége, paraissant le diriger.

La foule s'était écartée respectueusement.

Quelques dames suivaient, madame de Martigue la première.

Un profond silence régna un moment dans les salles.

Jean Pracontal, Catherine évanouie, Céranon, Lespars et les dames franchirent le seuil de la *Salle des Gardes* et disparurent.

Alors toutes les conversations reprirent à la fois comme par enchantement et un bourdonnement sourd régna dans les salons.

— Ah ! — dit Rabelais qui venait de se rapprocher des amis de Dandelot. — On va la transporter dans les appartements de la princesse Louise.

— Elle est donc malade ? — demanda Tocqueville.
— Il paraît.
— C'est l'émotion d'être présentée et d'être nommée dame de la reine !
— Cela ou autre chose !

Rabelais avait souri en répondant ces mots.

— Hein ? — fit Dandelot.
— Comment ? Que dis-tu ? Que sais-tu ? — demandèrent les autres.
— Je ne sais rien, — dit Rabelais, — je suppose...
— Que supposes-tu ?
— Que la jeune fille a ressenti soudainement une émotion violente, mais que cette émotion était développée par une autre cause que la présentation.
— Explique-toi !
— J'étais près d'elle quand elle s'est évanouie !
— C'est vrai, — dit Cocqueville, — c'est vous qui l'avez relevée le premier.
— Précisément, mais j'étais près d'elle encore avant ce moment-là.

« Quand le dauphin et les reines sont entrés dans la salle du Trône, mademoiselle de Lespars était debout, près de son père et à côté de madame de Martigues.

« Je ne sais pourquoi, je m'intéressais à cette jeune fille... mais je la regardai souvent...

— Ah ! ah ! — fit en riant Tocqueville.
— Ne préjuge pas ! L'amour, jusqu'ici, n'y est pour rien, je ne dis pas qu'il ne viendra pas, mais il n'est pas encore venu. Je la regardais donc avec attention et je la voyais un peu pâle et fort triste, mais rien n'indiquait une approche de pâmoison.

Il y avait une grande expression d'énergie sur sa physionomie.

Ses regards se levaient parfois et se portaient furtivement sur Céranon qui était sur le même rang qu'elle, mais à distance, avec les gentilshommes du duc de Lorraine.

— Et il la regardait aussi, lui ?
— Oui.
— Alors c'était un échange de tendres et amoureux regards.
— Pas précisément.
— En vérité ? — Ah mais ! ton histoire commence à devenir intéressante, Rabelais ! — Toi qui, assure-t-on, as l'habitude d'écrire sur des registres tout ce que tu vois, tu vas écrire cela je l'espère.
— Peut-être, mais laisse-moi achever. Je disais donc que les regards échangés n'étaient pas précisément tendres. Je pourrais ajouter que, d'un côté au moins, ils étaient flamboyants et chargés de colère.
— Ce côté-là était celui de mademoiselle de Lespars ?
— Justement.
— Elle n'avait pas l'air d'adorer le secrétaire du duc ?
— Elle avait plutôt l'air de le foudroyer !
— Ah ! ah ! je m'intéresse de plus en plus à cette enfant. Et le baron de Céranon, lui, quel regard avait-il ?
— Ce regard terne et désagréable que nous lui connaissons tous.
— Ensuite ?
— La présentation de madame de Larmignac, qui précédait, allait être achevée, et on allait appeler mademoiselle de Lespars.

« Je me retournai vers elle pour la regarder.

« Elle était debout, immobile et pensive. Je remarquai alors derrière elle, un personnage que je n'avais pas encore vu. C'était un gentilhomme tout vêtu de velours noir de la tête aux pieds.

— De velours noir ! — dit vivement Cocqueville en tressaillant.
— Oui.
— Après ? — dit le baron, qui depuis quelques instants paraissait être suspendu aux lèvres de Rabelais, et qui l'écoutait avec une attention extrême.
— Quel était ce gentilhomme ? — demanda Dandelot.
— Je ne sais ; je ne le connais pas. Je ne l'ai même jamais vu à la cour.
— Après ? après ? — dit Cocqueville.
— On appela mademoiselle de Lespars, — reprit Rabelais. — Elle fit un mouvement comme pour s'avancer. En ce moment l'homme au costume de velours noir se pencha vers elle et parut lui glisser rapidement deux mots dans l'oreille. Aussitôt je la vis pâlir, trembler et chanceler...
— Ah mon Dieu ! — fit Cocqueville. — Après ?
— Elle ne bougeait plus... On la rappela... Madame de Martigue lui prit la main et l'entraîna... Elle fit un effort... elle s'avança et elle tomba évanouie.

Rabelais s'arrêta.

— C'est tout ? — demanda Cocqueville.
— Oui.
— Et l'homme au costume de velours noir ?
— Ah ! je ne sais ce qu'il est devenu, mais je ne l'ai pas revu. Au moment où mademoiselle de Lespars était tombée, je m'étais élancé pour la secourir !
— Mais c'est fort étonnant tout cela ! — dit Dandelot.
— Il y a un mystère là-dessous ! — ajouta de Cocqueville.
— Quel est cet homme vêtu de velours noir ? — demanda Castelnau.
— Là est la question !

Cocqueville avait fait un pas en arrière, il réfléchissait :
— Quelle réponse porter à de Maillé ? — se disait-il.

Son embarras était grand.

Ses yeux erraient au hasard quand tout à coup il tressaillit :
— A... ! — fit-il.
— Quoi encore ? — demanda Dandelot.
— Le voilà !
— Qui !
— L'homme vêtu de velours noir !

— Où?
— Là! près de la porte de la salle du Trône... là-bas...
— Près du prince de Bourbon?
— Oui...
— Mais, — dit Rabelais, — le voilà qui parle à Son Altesse!
— C'est vrai!
— Quel peut être cet homme?
Cocqueville s'élança vivement vers la salle du Trône.
Il ne s'était pas trompé.

Au moment où le prince de Bourbon, qui venait de quitter le président, remontait vers la salle, un homme costumé de velours noir, portant à la main sa toque de velours noir garnie de plumes noires, s'était avancé doucement.

Cet homme avait une chevelure noire très-abondante, des sourcils noirs très-épais et une énorme barbe noire et touffue qui lui cachait tout le bas du visage.

Il avait le teint bistré, très-brun.

En arrivant près du prince, il s'était arrêté. Le prince de Bourbon n'avait paru nullement surpris.

Il reçut le salut du personnage, et il fixa sur lui un regard interrogateur.

Le gentilhomme dit quelques mots rapides à voix très-basse, puis il s'inclina de nouveau. Le prince passa sans répondre et sans se retourner.

Ce fut à ce moment que Cocqueville arriva.

Il se trouva face à face avec le mystérieux personnage.

Celui-ci, en voyant Cocqueville, marcha droit à lui.

Il lui prit le bras et il l'entraîna rapidement en lui parlant bas...

Puis il lui lâcha le bras, et il disparut dans les flots de la foule.

Cocqueville demeurait muet et immobile. Enfin, faisant un effort sur lui-même :

— Ah! voilà qui est fort! — dit-il.

— Qu'est-ce? — demanda Rabelais qui était venu rejoindre le baron.

Cocqueville, qui semblait tout abasourdi, ne répondit pas.

— Qui est-ce? — reprit Rabelais.

— Hein? — fit Cocqueville.

— Que diable! mon très-cher ami, je vous demande quel est ce personnage étonnant, tout de noir habillé.

— Ce personnage?

— Ah çà! est-ce que je vous parle hébreu? Vous n'avez pas l'air de me comprendre.

— Je ne sais pas ce que vous me demandez? — dit Cocqueville en se remettant.

— Pardieu! je vous demande quel est ce gentilhomme que nous désirons connaître?

— Je n'en sais rien!

— Vous ne le connaissez pas?

— Non!

— Mais il vous a pris le bras, il vous a entraîné, et il vous a parlé.

— Eh bien?

— Vous le connaissez?

— Je vous jure que non!

— Que vous a-t-il dit?

— Ce qu'il m'a dit? Que... je...

Cocqueville se frappa le front :

— Ah! il faut que je vous quitte! — dit-il.

Il marcha d'un pas précipité vers la salle des Gardes.

— Ah! — se dit Rabelais en le suivant des yeux, — mais il est fou!

Effectivement, Cocqueville avait quelque chose d'étrange dans ses allures.

Il avait l'air d'être sous l'influence de quelque émotion profonde.

Madame de Martigue rentrait alors. Tous les assistants l'interrogeaient du regard.

Elle traversa la salle des Cariatides, et elle entra dans la salle du Trône.

Elle s'approcha de la princesse Louise et de Marie d'Angleterre.

— Eh bien? — demanda vivement la jeune reine qui était encore très-émue.

— Que Votre Majesté se tranquillise, — répondit madame de Martigue. — Maître Pracontal affirme que cette pâmoison n'aura aucune suite sérieuse.

— Oh! que j'ai eu peur! — dit Marie en posant ses deux mains sur son cœur comme pour en contenir les battements.

— On l'a transportée dans mes appartements? — demanda la princesse Louise.

— Oui, madame. Je l'ai fait étendre sur un lit de repos. Maître Pracontal est demeuré près d'elle, mais il a fait sortir tout le monde, même son père!

— J'irai la voir! — dit la princesse.

La comtesse fit une profonde révérence et se recula lentement.

Puis elle salua encore, et reprit sa place dans les groupes.

Les présentations continuèrent.

XXX

La jeune fille

Les appartements de la princesse Louise étaient situés au second étage de ce corps du bâtiment de Louvre qui donne sur la Seine.

Ainsi que je l'ai dit plus haut, le Louvre était alors bien loin d'être ce qu'il est devenu.

Cette partie du bâtiment surtout qui faisait face à la rivière, n'étant pas alors complètement achevée, était dans un état bien peu digne de la princesse qui l'habitait.

L'aile du Louvre n'était même pas commencée, et des monceaux de pierres, de décombres, de gravois résultant des travaux faits, se faisant ou à faire, embarrassaient tout ce côté du fossé.

Les appartements de la princesse se composaient d'une série de pièces communiquant les unes avec les autres, et desservies par deux escaliers descendant l'un, le plus grand, sous la voûte du pavillon central, l'autre, le plus petit, dans la cour.

Celui-là était ce que depuis on a appelé un escalier dérobé.

La chambre dans laquelle on avait mis Catherine était la seconde.

Elle avoisinait le petit escalier, sur le palier duquel elle avait même une petite porte presque mystérieuse qui ne pouvait se voir du dehors.

L'entrée principale de la pièce était dans le grand vestibule des appartements de la reine.

C'était la chambre d'une dame de service.

Cette chambre était simplement, mais convenablement meublée.

Catherine était seule, étendue sur un lit de repos.

Elle avait la tête dans ses mains et elle paraissait en proie aux réflexions les plus sombres.

Jean Pracontal, après l'avoir fait revenir à elle, avait ordonné à tous ceux qui étaient là de se retirer, disant qu'il défendait absolument à la jeune fille de parler et d'entendre et qu'il voulait éviter toute émotion, même et surtout celle causée par la vue.

M. de Lespars rassuré sur l'état de sa fille, que le célèbre médecin affirmait être très peu grave, se retira avec Céranon.

Il fut convenu qu'une femme de service veillerait dans le vestibule, attentive au moindre appel.

— Dans deux heures, — avait dit Pracontal, au baron et à Céranon, — elle pourra supporter la litière.

Céranon n'avait pas dit un mot.

Il avait écouté le chirurgien du roi.

Son regard était demeuré rivé sur Catherine, tant qu'il avait été près d'elle.

Il n'avait pas insisté pour rester.

Seule avec Pracontal et revenue à elle-même, Catherine n'avait pu contenir ses larmes.

— Pleurez! — avait dit le docteur, heureux de ce débordement des larmes qui allait infailliblement calmer la crise nerveuse et en détruire le danger. — Pleurez!

Catherine avait sangloté.

Quand elle fut un peu plus calme, Maître Pracontal lui fit prendre une petite cuillerée d'une potion qu'il venait de préparer.

— Maintenant, — dit-il, — ne vous agitez pas; soyez calme. Je vais vous laisser seule. Si vous avez besoin de quelqu'un ou de quelque chose, vous appellerez.

Il regarda longuement la jeune fille; il lui sourit, puis il sortit.

Catherine était demeurée longtemps immobile.

Puis elle avait prié.

Agenouillée devant le lit de repos, les mains jointes et le front penché, elle avait imploré la miséricorde divine et les conseils de sa mère.

Elle se releva lentement les mains jointes, et elle se replaça sur le lit de repos :

— Oh! comme je l'aime! — murmura-t-elle. — Comme je l'aime! mon Dieu!

« Quel affreux malheur va peser sur moi!

« Oh! Seigneur! donnez-moi la force pour accomplir le sacrifice!

« Ma seule consolation sera le bonheur de mon excellent père!...

« Tu m'approuves, n'est-ce pas, maman? Tu me soutiendras pour lutter contre moi-même et contre cet amour! »

Des larmes envahirent encore le visage de la jeune fille.

— Oui! — reprit-elle avec plus d'énergie. — Je me sacrifierai!

« Oui! je deviendrai la femme de cet homme!

« Oui! je m'efforcerai d'oublier... d'effacer jusqu'au souvenir!...

Elle réfléchit :

— Mais... lui! — dit-elle en changeant de ton. — M'oubliera-t-il?

Elle demeura rêveuse.

Un doute jaloux torturait son cœur.

— Il m'oubliera! — dit-elle encore. — Il m'oubliera! Oh! mais alors, c'est qu'il ne m'aimera plus!... Oublier est-il possible?... Que fera-t-il?... Il cherchera à se distraire... Il...

Elle s'arrêta :

— Oh! — s'écria-t-elle en se renversant en arrière, — c'est affreux ce que je souffre!

Elle était très-pâle.

Elle demeura immobile et muette.

De poignantes pensées envahissaient son cerveau, et elle voyait comme dans un rêve, défiler devant elle des scènes qui lui déchiraient le cœur.

Catherine était jalouse, et c'était la première fois qu'elle subissait les angoisses de la jalousie.

Elle était là pantelante, éplorée, le visage baigné de larmes...

Elle avait les yeux fixés sur cette petite porte secrète, dont elle ignorait même l'existence...

Tout à coup, il lui sembla voir cette porte s'entr'ouvrir lentement, sans bruit, poussée par une main invisible...

Elle demeura anxieuse, les yeux grandement dilatés...

La porte était ouverte... Un jeune homme apparut sur le seuil. Ce jeune homme était très-pâle et paraissait se cramponner au chambranle pour ne pas tomber...

Un autre homme s'avança, le soutint, le poussa doucement en avant. Cet homme était vêtu d'un costume entièrement noir... Il attira à lui la porte et la referma.

Catherine se dressa et elle posa sa main sur sa bouche pour étouffer un cri.

Le jeune homme faisant un effort venait de s'élancer et tomber à ses pieds.

— Catherine! — murmura-t-il.

— Monsieur de Maillé! — répondit la jeune fille d'une voix brisée.

Leurs mains se rencontrèrent et s'étreignirent avec une tendresse infinie.

XXXI

Aymeric.

Les deux jeunes gens demeurèrent ainsi immobiles et silencieux, les mains dans les mains, dominés par une émotion qui arrêtait la parole sur leurs lèvres.

— Catherine! — reprit de Maillé d'une voix douce et tremblante. — Catherine!... oh! vous m'aimez, n'est-ce pas?

Et comme la jeune fille, la poitrine oppressée, ne pouvait répondre.

— Je vous aime! — dit-il avec un accent qui partait du cœur.

— Oh! — fit Catherine.

Elle se renversa en arrière : elle éclatait en sanglots.

— Catherine! — s'écria de Maillé auquel la douleur de la jeune fille rendait des forces. — Catherine! — Oh! vous ne me repousserez plus! Vous serez ma femme! Ce nom sans tache, que m'ont légué mes pères, vous le porterez, n'est-ce pas? Répondez!...

Catherine se pencha en avant et regardant fixement le jeune homme :

— Cette blessure que vous avez reçue! — dit-elle, — oh! comme vous étiez pâle!... J'ai bien prié pour vous!

— Cette blessure, — dit Aymeric avec passion. — Je la bénis puisqu'elle m'a rapproché de vous, puisqu'elle a été cause que votre pensée est venue à moi.

— Monsieur! ne parlez pas ainsi!

— Pourquoi?

— Parce que je ne puis vous entendre!

— Catherine!

— Taisez-vous!

— Non! non! vous m'écouterez!

— Monsieur de Maillé!

— Catherine! je vous en conjure!

— Si on entrait...

— Personne ne viendra!

— Mais...

— Je vous aime!

Catherine était en proie à un redoublement d'émotion.

— Taisez-vous! — dit-elle, d'une voix étouffée.

Aymeric se pencha vers elle.

— Je vous aime! — répéta-t-il.

Catherine cacha sa tête dans ses mains.

— Je ne puis vous entendre! — murmura-t-elle.

— Vous ne pouvez m'entendre, Catherine, quand je dis que je vous aime et que je veux être votre époux!

— Hélas! cela ne saurait être!

— Pourquoi?

— Je suis fiancée à un autre.

— Au baron de Céranon.

— Oui!

— Mais vous n'aimez pas cet homme!

Catherine fit un geste affirmatif.

— C'est vrai, — dit-elle avec une grande expression de franchise. — Je ne l'aime pas!

— Alors, pourquoi l'épouser.

— Il le faut.

— Catherine!

— Il le faut!

— Mon Dieu! Pourquoi vous sacrifier

— Ce sont des raisons de famille auxquelles je dois me sacrifier, monsieur.

— Mais lesquelles?

— Je ne puis vous le dire. Ne parlons pas de cela! Je souffre trop.

— Catherine! oh! vous m'aimez!

— Monsieur de Maillé!...

— Oui, vous m'aimez! Je l'ai deviné déjà à l'expression de vos regards.

« Je l'ai deviné alors que vous m'avez vu dans votre maison étendu sans mouvements. Alors que votre présence seule m'a rendu la vie qui fuyait, et que ma pensée tout entière s'est échappée de mes lèvres quand je vous ai contemplée, là, près de moi, comme un bon ange!...

— Monsieur!

— Oui! vous m'aimez, Catherine! Ne le niez pas!

« Vous m'aimez et vous haïssez cet homme qui veut vous contraindre à devenir sa femme!

« Et la preuve que vous le haïssez, c'est qu'il y a quelques instants, vous vous êtes évanouie à votre présentation à la

reine qui allait décider à tout jamais de votre sort.
— Oui! je me suis évanouie! — dit Catherine, — mais si vous saviez pourquoi!...
Elle étreignit sa tête dans ses mains crispées et son corps frissonna.
De Maillé la regardait avec une vive inquiétude.
— Pourquoi? — demanda-t-il.
Catherine tressaillit encore.
— Pourquoi? — répéta-t-il.
Elle garda le silence.
— Pourquoi? — s'écria-t-il une troisième fois en lui saisissant les mains.
— Oh! — dit Catherine. — C'était affreux! au moment même où on m'appelait pour m'approcher de la reine, j'entendis une voix murmurer à mes oreilles.
« Il se meurt! »
Et je pensais à vous, alors!
— Mon Dieu! — dit de Maillé en se courbant sur les petites mains qu'il couvrait de baisers.
Catherine fit un léger effort pour se dégager, mais elle ne put.
— Cette parole sinistre répondait à ma pensée, car je vous voyais pâle, ensanglanté, comme le jour où on vous apporta chez mon père. Ce qui se passa en moi je ne puis le dire. Mon sang se glaça dans mes veines et je tombai.
— Catherine!
Et Maillé, éperdu d'amour, demeurait à genoux devant la jeune fille.
— Je crus que je mourrais, — dit doucement Catherine.
— Vous! mourir parce que vous pensiez que j'étais mort!
— Monsieur de Maillé!
— Oh! mais c'est la vie que vous me rendez! Parlez... Catherine! Parlez encore! — mais d'abord ces mots : il se meurt, vous les aviez bien entendus?
— Oui.
— Ce n'était pas une illusion
— Non!
— Vous en êtes sûre?
— Parfaitement sûre. Je crois encore les entendre.
Et Catherine frissonna.
Maillé reprit :
— Qui vous avait dit ces mots?
— Je ne sais. Seulement, avant de tomber sans connaissance, j'avais instinctivement tourné la tête et il me sembla voir, à la place même que j'occupais quelques instants plus tôt, un homme vêtu de velours noir... Mais je ne pus distinguer...
— Un homme vêtu de velours noir! — s'écria de Maillé en tressaillant.
— Oui!
— Avec une toque noire
— Oui.
— Une plume noire?
— Peut-être!
— Une grande barbe noire, des cheveux noirs...
— Oui! oui! — dit Catherine comme si la mémoire lui revenait tout à coup, — je me souviens! Il était tout en noir!
Maillé se frappa le front.
— C'est étrange!
— Comment?
— Celui qui, tout à l'heure est venu me chercher en me disant que je pouvais vous voir, celui qui m'a conduit jusqu'ici, celui qui m'a ouvert cette porte et qui l'a refermée sur moi était aussi vêtu de velours noir!
Catherine joignit les mains :
— Qui était-ce? — demanda-t-elle.
— Je ne sais! — répondit Aymeric.
— Mais vous l'avez suivi...
— Il me disait que j'allais vous voir, Catherine! D'ailleurs... je me souviens maintenant... C'est le baron de Cocqueville qui m'a conduit auprès de cet homme...
— Où cela!
— Dans la cour du Louvre où il m'attendait...
— Et vous ne le connaissez pas?

— Encore une fois, non!
— Quel est cet homme?
— Je l'ignore.
— Pourquoi pouvait-il s'intéresser à nous?
— Je ne sais.
— Oh! — vous aviez raison, c'est étrange!
— Étrange peut-être, — reprit Aymeric avec passion. — Heureux, certainement, car je vous aime, Catherine, et cet homme m'a rapproché de vous!...
— Monsieur de Maillé...
— Oui! il m'a rapproché de vous et cet amour que je ressens...
— Ne peut être que fatal pour mademoiselle de Lespars! — dit une voix.
Catherine et le vicomte tressaillirent en se séparant brusquement.
La porte donnant sur le grand vestibule venait de s'ouvrir, et Céranon apparaissait sur le seuil.

XXXII

Le choix.

En apercevant le baron, — l'ami du président Duprat, — Aymeric et Catherine se dressèrent comme mus par un ressort.
Aymeric, les yeux pleins d'éclair, fit un mouvement, mais la jeune fille le retint.
S'avançant lentement avec une expression de dignité froide, et une majesté qui dominèrent les deux hommes, elle cloua du regard Aymeric à la même place, et elle enveloppa le baron dans la flamme de ses prunelles.
Ainsi, Catherine avait subi, en l'espace d'une seconde, une transformation complète.
Toute trace de souffrance physique et de douleur morale s'était absolument effacée.
— Monsieur! — dit-elle à Céranon. — Que venez-vous faire ici?
— Je vais vous le dire, mademoiselle! — répondit le baron en s'inclinant.
— Avant cela, veuillez me dire comment vous avez pu pénétrer près de moi, sans même me faire prévenir?
— Mademoiselle, — dit Céranon avec le même calme impassible, — je pourrais vous répondre que je suis venu m'informer de l'état dans lequel vous vous trouviez, et, après vous avoir fait transporter moi-même ici à la suite de votre évanouissement, cette réponse n'aurait rien que de très-naturel... mais je ne la ferai pas. Je vous dirai franchement et loyalement ce qui est!
Céranon regarda fixement mademoiselle de Lespars.
— Je suis venu ici, — dit-il en s'inclinant avec une politesse froide, — parce que je savais que monsieur le vicomte de Maillé y était.
— Monsieur! — dit Aymeric d'une voix frémissante si ma présence ici vous déplait...
— Je l'avoue! — dit Céranon.
— Alors...
Et sans achever sa phrase, de Maillé, avec un geste superbe et une attitude provocante, porta la main droite sur la poignée de son épée à pommeau d'argent.
— Mademoiselle de Lespars, — dit le baron, — n'est ni votre femme, ni la mienne. Elle n'est ni ma sœur, ni la vôtre! Avons-nous le droit de jouer son honneur à la pointe de nos épées?
— A-t-on besoin, monsieur, d'afficher le motif pour lequel on se bat?
— On sait que j'aime mademoiselle de Lespars.
— Vous!
Et Aymeric fit un geste de violente colère. Céranon demeurait impassible :
— Monsieur, — dit-il, — les heures sont précieuses et je crois qu'une explication claire et nette entre nous est d'absolue nécessité. Laissez-moi parler, monsieur. Laissez juger

Mais qui êtes-vous donc? (Page 59)

mademoiselle, et ensuite je serai à votre entière disposition, pour faire ce que vous jugerez convenable qu'il soit fait.

Les deux jeunes gens se regardèrent.

Aymeric avait les sourcils contractés et les lèvres pincées, Catherine avait repris toute sa dignité de femme.

Leurs regards en se rencontrant semblaient chercher à concerter une réponse.

Céranon ne leur laissa pas le temps de formuler une réflexion.

— Monsieur de Maillé, — dit-il, — vous aimez mademoiselle de Lespars, vous l'aimez de toute la puissance de votre âme et de votre cœur, soit!..

« Je ne nie pas ce sentiment que vous éprouvez, et c'est naturel.

« Je puis d'autant moins le nier, ce sentiment, que je l'éprouve, moi-même. Vous l'aimez... et je l'aime!

— Vous! — s'écria le vicomte. — Vous osez...

— Laissez-moi achever, monsieur, — vous aimez mademoiselle de Lespars, — je le répète, — cela est, et vous avez tout fait, vous faites tout et vous ferez tout pour faire triompher cet amour.

— Oui! — dit Aymeric.

— Je ne saurais vous blâmer, monsieur le vicomte, car ce que vous faites ne saurait être blâmable.

« Mais alors si je ne blâme pas votre amour, pourquoi blâmeriez-vous le mien!

« Soyez convaincu, monsieur de Maillé, que j'éprouve une peine fort vive en songeant qu'une même passion ressentie

LE SIRE DE LUSTUPIN. 8.

peut faire deux ennemis de deux hommes ayant l'un pour l'autre une mutuelle estime et si bien faits pour s'entendre.

Puis se tournant vers Catherine.

— Mademoiselle, — poursuivit-il, — je vous demande très-humblement pardon de continuer ainsi devant vous une explication que vous ne deviez pas entendre, mais cette explication sert, au moins, à prouver que M. de Maillé et moi avons su apprécier tout le trésor de votre alliance.

Céranon avait parlé avec une telle dignité, il s'était exprimé avec un tel sentiment de froide politesse, et il affectait une telle loyauté et une telle franchise, que Catherine et Aymeric sentirent tomber leur colère. Aymeric surtout comprit que cette dignité devait être sienne :

— Monsieur, — répondit-il ; — je comprends ce que vous venez de dire. Je n'ai qu'une chose à ajouter, une solution à proposer. Quand deux gentilshommes se trouvent en situation semblable...

— Ils n'ont qu'à se battre? — dit froidement le maître des requêtes.

— Oui.

— Monsieur de Maillé! — s'écria Catherine.

— Laissez-moi répondre, mademoiselle, — dit Céranon. — En principe M. le vicomte a raison, en fait il a tort.

« Si comme magistrat je blâme le duel, comme gentilhomme je l'approuve. Mais, dans tous les cas, le duel n'est admissible que lorsqu'il n'expose que la vie, l'honneur, le repos des adversaires qui se combattent.

Je me suis battu assez de fois, — moi-même, — dans ma première jeunesse pour être expert à cet égard.

Donc vous pouvez me croire.

S'il s'agissait d'une folie, d'une niaiserie, je me battrais sans hésiter.

Mais la situation est difficile.

D'une rencontre entre M. de Maillé et moi, il en pourrait ressortir quelque chose de fâcheux que nous devons absolument éviter.

Du moins, c'est mon avis.

— Comment? — dit Aymeric.

— Ou vous me tuerez, ou je vous tuerai, monsieur le vicomte.

— Sans doute.

— Si je vous tue, je n'ai plus de rival, et mon bonheur est assuré puisque j'ai la promesse formelle de M. de Lespars. Si vous me tuez, qu'arrivera-t-il?

— Comment? — dit Aymeric avec un peu d'embarras, car effectivement il ne savait comment répondre.

— Veuillez, monsieur, examiner attentivement la situation.

M. de Lespars est gentilhomme du duc de Lorraine. Sa position, sa fortune, sa tranquillité dépendent du duc, de mon seigneur.

Moi, tué par vous, le conseiller de Lespars consentirait-il à donner sa fille à celui qui aura tué le secrétaire du duc de Lorraine auquel il doit tout, à s'allier par le sang, vous dis-je, à un gentilhomme du prince de Bourbon, qui s'est déclaré ouvertement l'ennemi des princes Lorrains, à l'un des *Douze* enfin, car vous faites partie des *Douze*, monsieur de Maillé.

— Oui! — dit le vicomte.

— Vous l'avouez?

— Et je m'en fais gloire.

— Les *Douze*? — répéta Catherine en tressaillant.

— Exigeriez-vous, monsieur de Maillé, que pour répondre à votre amour, mademoiselle de Lespars fît le malheur de son père, qu'elle le contraignît, pour vous, à renoncer à ses places, à ses dignités, à ses honneurs? à le mettre enfin sous le coup terrible de la colère du duc de Lorraine et de celle de la princesse Louise?

Loyalement pouvez-vous faire cela?

Maintenant il est un autre moyen de réussite pour vous.

Abdiquez, — sans hésiter, — votre foi politique en faveur de votre cœur.

Quittez le service des Bourbons pour celui des Lorrains, et alors la partie entre nous sera égale.

— Osez-vous bien, — s'écria Aymeric.

Puis se calmant tout à coup :

— Monsieur le secrétaire du duc de Lorraine, — dit-il, — en me parlant comme vous le faites, vous me placez dans la situation la plus étrange où l'on puisse mettre un gentilhomme.

Céranon s'inclina.

— Je comprends la situation aussi bien que vous, — continua Aymeric, — mais je veux vous expliquer vos paroles afin qu'aucun doute ne soit permis. Suivant vous, l'assurance de mon bonheur devient l'assurance du malheur du père de celle que j'aime. Ou il faut que je me sacrifie et que je m'immole, ou il faut que j'agisse comme un lâche égoïste!

— Ce n'est pas à moi à répondre, monsieur de Maillé.

— Et à qui donc?

— A vous-même.

— Monsieur de Céranon, — reprit le vicomte, — vous êtes un homme singulièrement habile.

Vous m'avez parlé avec une apparence de franchise que je veux bien croire vraie au fond.

Je vais vous répondre, moi, avec une franchise qui, je vous le jure sur mon âme, sera sincère.

Écoutez-moi donc, monsieur, et à votre tour, — disposez-vous à me répondre car la discussion doit être aussi claire que sérieuse.

— Pardon, monsieur, — dit vivement Céranon, — mais en présence de mademoiselle il ne nous appartient ni à l'un ni à l'autre de trancher la question.

Elle seule doit être le souverain arbitre.

J'ai établi la situation, que mademoiselle décide...

— Mais cependant...

— Monsieur a raison! — dit Catherine d'une voix ferme et en se plaçant entre les deux interlocuteurs.

Céranon fit un pas en arrière :

— Mademoiselle, — dit-il, — M. votre père vous attend dans la salle des gardes.

Dois-je vous conduire près de lui?

Dois-je me retirer et le prier de monter près de vous.

Que votre réponse soit claire, je vous en conjure, afin qu'elle soit décisive!

Céranon appuya sur le dernier mot.

Catherine demeura un moment immobile et muette, les yeux baissés, la respiration pénible. Sans les voir, elle sentait peser, lourdement peser sur elle, les regards pénétrants de Céranon, comme elle sentait les caresses douces, des regards suppliants du vicomte.

Elle était anxieuse...

Elle devait horriblement souffrir.

Enfin, elle fit un effort, et s'efforçant de contenir ses larmes :

— Adieu! — dit-elle à de Maillé.

— Oh! — fit le vicomte avec un frémissement de rage sourde.

— Je suis libre!

— Catherine!

— Je suis libre! — dit Catherine. — Rappelez-vous, monsieur de Maillé, que je vous avais prévenu!

Et se tournant vers Céranon :

— Conduisez-moi près de mon père! — dit-elle d'une voix ferme.

Céranon avait ouvert la porte.

Le maître des requêtes avait entendu la réponse de la jeune fille sans sourciller.

Pas un éclat de joie victorieuse n'avait brillé dans son regard.

Catherine fit un pas en avant.

De Maillé se contint, puis il fit un mouvement comme pour s'élancer.

Catherine se retourna et le retint du geste et du regard :

— Il le faut! — dit-elle.

Elle franchit rapidement le seuil de la porte donnant sur le vestibule. Céranon la suivit lentement.

De Maillé, terrifié, indécis, haletant, ne sachant s'il allait pouvoir se contenir ou éclater, de Maillé demeura un moment comme frappé d'immobilité.

En voyant la porte prête à se refermer, il voulut se précipiter, mais un dernier geste de Catherine le cloua sur place.

La porte se referma.

Le vicomte leva les mains vers le ciel avec un geste de désespoir.

— Que faire? — dit-il.

XXXIII

L'homme noir.

Les traits contractés, les yeux injectés de sang, les lèvres décolorées, les sourcils contractés, le vicomte était au milieu de la chambre, en proie au plus violent sentiment de rage et de douleur.

Il joignit ses mains, et les doigts s'étreignirent mutuellement, faisant crier les articulations.

— Que faire? — répéta-t-il. — Que faire? Dois-je donc assister froidement au triomphe de cet homme? Dois-je laisser sacrifier Catherine? Et cependant... elle m'aime!

Il leva les yeux vers le ciel :

— Oui! elle m'aime! — répéta-t-il.

Le vicomte fit quelques pas dans la chambre.

On eut dit, en le voyant, que la force morale eût rendu subitement toute sa puissance à la force physique.

Lui qui, — quelques heures plus tôt, — pouvait se soutenir à peine, lui qui était pâle et défait, paraissait maintenant énergique et capable de tout entreprendre.

— Que faire? — répétait-il toujours. — Que faire? Oh! il faut prendre un parti!

Il était alors arrêté en face de la petite porte par laquelle il était entré.

Il demeura là, l'œil fixe et l'esprit tendu.

Tout à coup la petite porte s'ouvrit lentement, sans bruit, toute grande.

Un homme apparut sur le seuil.

Cet homme portait un costume de velours noir et il était noir de cheveux et de barbe, comme de vêtement.

De Maillé, en voyant cette apparition à laquelle il était loin de s'attendre, tressaillit violemment.

L'homme entra et referma la porte aussi doucement qu'il l'avait ouverte. Puis il s'avança.

De Maillé le regardait avec une attention profonde.

— Vous? — dit-il, — encore vous?
— Oui! — répondit l'homme.
— Mais qui êtes-vous donc?
— Quelqu'un qui sait ce qui se passe en vous et qui désire vous servir.
— Pourquoi?
— Vous le saurez, seulement vous ne le saurez que plus tard, quand l'heure aura sonné.

« Pour le présent il ne s'agit pas de moi, mais de vous.

« Depuis que mademoiselle de Lespars est partie avec Céranon, — (et il n'y a pas longtemps), — vous vous sentez le cœur serré, torturé, matyrisé par l'inquiétude et l'incertitude.

Et vous vous dites : que faire?

— Oui! — dit Aymeric, — oui! je me dis cela! Mais vous savez donc ce qui s'est passé?
— Oui.
— Vous avez entendu.
— Tout!
— Vous avez tout entendu? — s'écria Aymeric avec un geste de colère.
— Oui!
— Vous m'avez donc espionné?
— Le mot est dur. D'ailleurs il point mal la situation. Je vous ai écouté tous deux d'abord, et tous trois ensuite, pour être bien au courant des choses et pour pouvoir vous dire, le moment est venu, et quand vous criez : « Que faire? » ce qu'il faut que vous fassiez!
— Mais je veux savoir qui vous êtes!
— Vous le savez!
— Moi?
— Vous-même!
— Oh! — dit de Maillé avec éclat, — si vous avez l'intention de me mystifier, vous tombez mal!
— Dieu me garde, — et je l'en prends à témoin, — d'avoir cette intention dont vous parlez!
— Vous dites que je vous connais.
— Oui, nous nous sommes vus, nous avons déjà causé ensemble et...

L'homme prit les deux pointes de sa longue barbe et la souleva doucement.

La barbe postiche se détacha.

— Monsieur de Lustupin, — dit de Maillé.
— Lui-même, cher monsieur, lui-même! — répondit l'homme en laissant retomber sa barbe et en la remettant bien en place.
— Vous! — dit le vicomte avec un profond sentiment de stupéfaction. — Vous que j'ai vu tout à l'heure dans le Jeu de paume...
— Moi-même!
— Mais...
— Chut! parlons de vous!

Vous disiez : « que faire? »

Je vous répète que je vais vous l'apprendre, ce qu'il faut faire.
— Cependant...
— Pas un mot!
— Je ne puis vous écouter sans savoir.
— Vous saurez après
— Mais...
— Rien!
— Mais, — s'écria de Maillé avec impatience, — il faut que je sache pourquoi vous vous occupez ainsi de moi, — vous que je n'avais jamais vu, il y a huit jours!
— Parlons de vous et tout s'expliquera à la fois.
— Cependant.
— Aimez-vous mademoiselle de Lespars?
— Si je l'aime? — s'écria Aymeric.
— Alors laissez-moi vous dire ce qu'il faut que vous fassiez pour être heureux.
— Comment? — demanda le vicomte.

Lustupin se rapprocha de lui :
— Vous devez avoir confiance en moi, — dit-il, — bien que vous paraissiez vous défier, car enfin j'ai jusqu'ici, avouez-le, assez bien servi vos amours.

« Je vous ai porté blessé dans la maison de M. de Lespars.

« Quand vous êtes revenu à vous, je me suis placé entre vous et dame Barba, pour vous laisser le champ plus libre..

« Tout à l'heure vous vous damniez, et si je n'étais venu vous vous seriez adressé à tous les saints, pour trouver un moyen de voir, seul, mademoiselle de Lespars, ce moyen je vous l'ai procuré...
— Vous?
— J'ai tout fait pour cela! Pourquoi vous servirais-je ainsi, si je ne vous aimais pas?
— Mais pourquoi m'aimez-vous, monsieur, vous que je connais à peine?
— Vous le saurez plus tard je vous le dis une dernière fois. Seulement, comme vous n'êtes ni le duc de Lorraine, ni le grand chancelier, ni le connétable, vous devez avouer que si je vous sers, c'est bien pour vous-même et pour le plaisir de vous servir.
— Cela est vrai, monsieur, je ne puis rien pour vous.
— Eh bien! maintenant que la situation est tranchée, venez vous asseoir là, près de cette tapisserie et écoutez-moi, je vais vous dire ce qu'il faut que vous fassiez!

Le vicomte se laissa entraîner et il alla s'asseoir à l'endroit indiqué.

La chambre était tendue, suivant l'usage de l'époque, avec une grande tapisserie, l'ornant du plafond au plancher sans être entourée d'un encadrement.

— Cher monsieur de Maillé, — dit Lustupin, qui paraissait être absolument aussi à son aise dans cette chambre que s'il eût été chez lui, — mon cher monsieur de Maillé, vous savez, n'est-ce pas, que nous sommes ici dans les appartements de Son Altesse la princesse Louise de Savoie.
— Oui! — dit Aymeric, — je le sais.
— Eh bien! nous pouvons causer en toute sécurité alors, car à cette heure ces appartements sont absolument vides, je vous l'affirme!
— Mais, monsieur, qu'avez-vous à me dire? — demanda le vicomte avec impatience. — Parlez vite!
— J'ai tout entendu, vous dis-je, — reprit Lustupin, — donc je suis au courant de la situation aussi bien que vous, mieux que vous, même!

Établissons ce point de départ, et, que vous ayez en moi confiance ou non, répondez-moi bien nettement, bien franchement,

Vous aimez mademoiselle Catherine, je vous le demande une dernière fois!
— De tout mon amour, — dit de Maillé.
— Vous détestez Céranon.
— De toute ma haine!
— Donc, il ne faut pas que mademoiselle Catherine épouse maître Céranon.

Aymeric ferma ses poings avec un geste de colère.
— Non! — dit-il, — il ne le faut pas! Cela ne sera pas! Mais que faire?
— Il y a un moyen!
— Un moyen?
— Oui!
— Lequel?
— Quel est l'obstacle? N'est-ce pas la puissance des princes de Lorraine.

Que la puissance des Lorrains soit supprimée, et rien ne

s'oppose plus à votre union, c'est bien simple !

Lustupin avait prononcé cette phrase, avec un accent impossible à qualifier.

De Maillé le regarda fixement avec une expression d'étonnement et de doute.

Lustupin se redressa lentement, il supporta sans fatigue morale le regard scrutateur du jeune homme, et prenant une pose empreinte d'une dignité extrême :

— Monsieur de Maillé, — dit-il, — je vous jure sur mon honneur de gentilhomme, et sur ma foi de chrétien, que je vous parle sérieusement.

De Maillé tressaillit.

— En vérité ? — dit-il.

Le vicomte hésitait à répondre.

La puissance des Lorrains était telle, qu'on savait alors que jouer contr'eux c'était jouer sa vie.

Que les gentilshommes du prince de Bourbon se posassent en ennemis de cour des Lorrains, le duc le permettait, mais que ces ennemis de cour se fissent ennemis politiques, le président ne le permettait pas et chacun le savait, car le président Duprat c'était l'âme damnée de la princesse Louise et la princesse Louise de Savoie, la mère de François, le Dauphin de France, auquel la mort du roi allait donner la couronne, c'était la puissance royale même.

Donc par cette succession de pouvoirs, être l'ennemi du duc de Lorraine, l'ami de la princesse Louise, c'était être l'ennemi du trône.

Les gibets, les bûchers et les billots toujours debout, fonctionnaient souvent, prouvaient que ces princes étaient puissants et ne laissaient pas toucher à leur puissance.

Sans doute, Lustupin comprit ce qui se passait dans le cœur du vicomte.

— Si la princesse Louise et le prince de Lorraine n'avaient plus le pouvoir entre leurs mains, — dit-il, — si la fortune du conseiller de Lespars ne dépendait plus d'eux, mais des princes de Bourbon, par exemple, croyez-vous que l'influence de Céranon serait encore assez grande sur la volonté du conseiller pour lui faire sacrifier sa fille ?

De Maillé regarda fixement son interlocuteur qui, lui, paraissait résolu et décidé comme un homme ayant pris un parti violent dont rien ne saurait le faire départir.

— Monsieur de Lustupin, — dit le vicomte, — que voulez-vous donc dire ?

— Je veux dire, monsieur, que, d'une part, il me semble que le temps est venu de débarrasser la France du joug de ces princes étrangers qui occupent toutes les dignités et tous les emplois, qui veulent écraser nos princes du sang, qui traitent en rénégats tous ceux que le roi Louis XII a traités en amis, — qui remplissent les prisons d'innocents et qui alimentent sans cesse le feu des bûchers, sous prétexte de servir la cause de l'Angleterre et de l'Espagne, — mais en réalité pour se débarrasser facilement de ceux qu'ils redoutent.

« Je dis cela, monsieur, parce que cela est.

« D'une autre part j'ajoute, que si ce temps est venu pour tous, il est opportun pour vous de ne pas le laisser passer.

« Bref, je vous propose nettement, brutalement de servir vos deux intérêts : l'intérêt politique et l'intérêt privé.

« Veuillez me répondre comme je vous parle, sans hésiter!

« Acceptez-vous ? »

De Maillé réfléchit durant quelques instants, puis, continuant à regarder en face son compagnon :

— Je comprends parfaitement ce que vous me dites, — répondit-il, — mais je ne comprends pas pourquoi vous avez attendu jusqu'à ce jour pour me parler ainsi ?

— Voulez-vous que je sois franc ?

— Je vous en prie !

— Je vais l'être.

Le vicomte porta autour de lui un regard attentif :

— Vous êtes certain, — dit-il, — qu'aucune de nos paroles ne peut être entendue ?

Lustupin se leva.

Il alla ouvrir toute grande la porte du vestibule.

Il regarda au dehors et il écouta :

— Personne ! — dit-il, — et pas le moindre bruit !

Il s'effaça pour que de Maillé put sonder le vestibule du regard.

Ensuite il se dirigea vers la petite porte donnant sur l'escalier dérobé :

— Personne encore ! — dit-il en l'ouvrant et en la refermant. — De ce côté est l'appartement particulier de la princesse Louise.

Et baissant la voix :

— Cette muraille, à laquelle nous sommes adossés, — continua-t-il, — est celle du laboratoire de la princesse Louise, ce réduit secret dans lequel elle travaille souvent des nuits entières avec un alchimiste de renom, et où personne ne peut jamais entrer.

Donc, vous le comprenez ? nous sommes ici en sécurité complète, et c'est pourquoi j'y suis venu vous trouver, car, nulle part, dans tout Paris, il n'est un endroit dans lequel nous puissions mieux causer qu'ici.

— Alors, parlez, — monsieur ! — je vous écoute, — dit monsieur de Maillé après un silence.

— Je vous disais que j'allais être franc et je vais l'être.

« Vous me demandiez pourquoi j'avais attendu jusqu'à ce jour pour vous parler ainsi ? C'est parce que, jusqu'ici, l'occasion d'agir ne s'était pas présentée pour moi.

« Pour l'exécution d'un projet que je rêve depuis longtemps, il faut que je sois mis en relation avec Son Altesse le prince de Bourbon !

« A qui pouvais-je m'adresser ?

« Je ne connaissais aucun des gentilshommes attachés au service du prince. Et cependant il me fallait, pour faire remettre au prince ce que j'ai à lui remettre, une main qui pût, sans intermédiaire, se poser dans la sienne.

« Le hasard m'a bien servi.

« Notre rencontre a été pour moi un gage de réussite.

— Vous m'avez donc cherché ?

— Oui et non. Je ne vous avais pas cherché avant de vous avoir vu pour la première fois, à l'heure de l'exécution en Grèves. Je vous ai cherché ensuite.

— Après ?

— J'ai vu dans la double situation qui vous était faite par les événements, une garantie de réussite pour moi, et je me suis dit : je le servirai près de celle qu'il aime, il me servira près du prince de Bourbon ; puis nous servirons tous deux les Bourbons contre les Lorrains.

A cette heure les choses en sont là.

Tant que les Lorrains seront au pouvoir, Céranon sera puissant et votre amour malheureux.

Voulez-vous arriver au bonheur en servant Le Dauphin ?

— Mais, — dit Aymeric, — vous parlez de renverser les Lorrains comme d'une chose facile.

— Elle l'est !

— Cependant le duc est l'ami de la princesse Louise.

— Oui.

— Vous l'avouez ?

— J'avoue même qu'il est plus que l'ami.

— Eh bien ?

— Eh bien ! qu'est-ce que cela prouve ? La princesse Louise n'en est pas à son premier ami. Pourquoi en serait-elle à son dernier.

Aymeric regarda Lustupin.

— Ah ! ah ! — fit-il.

— Vous comprenez ?

— Continuez !

— On peut donc réussir

— Oui.

— Vous avez un moyen ?

— Oui.

— Et ce moyen ?

— Je le communiquerai au prince de Bourbon, dès que je le verrai.

De Maillé réfléchit encore.

Il était indécis, tourmenté, hésitant.

Il détestait les Lorrains, il adorait Catherine, il haïssait Céranon.

Certes, la chute des Lorrains eût été la réalisation de ses plus beaux rêves.

Elle eût servi et sa passion pour Catherine et sa foi politique, mais quel était cet homme en face duquel il se trouvait ?

Était-ce réellement un ennemi des Lorrains ?

Était-ce un espion du président ?

Lustupin suivait du regard, sur le front de de Maillé, toutes pensées qui germaient dans son cerveau.

Il les devinait, les comprenait et il attendait.

— L'heure s'avance ! — dit-il enfin ! — Que me répondez-vous ?

De Maillé se leva :

— Monsieur de Lustupin, — dit-il, — j'ai deux réponses à vous faire. En ce qui me concerne personnellement, je ferai tout ce qu'un homme peut faire pour anéantir les ennemis du roi, tout ce qu'un homme peut faire pour conquérir la femme qu'il aime.

Par l'effet d'un hasard étrange mon amour et ma foi politique suivent une même route et rencontrent devant eux un même obstacle.

Cet obstacle, j'emploierai toutes mes forces pour le renverser.

Voilà ma première réponse.

— Et la seconde ?

— En ce qui concerne le prince de Bourbon, je ne puis ni rien faire, ni rien dire sans avoir pris les ordres de Son Altesse.

Lustupin se leva à son tour :

— Ces ordres, prenez-les ! — dit-il.

— C'est ce que je ferai.

— Ce soir même !

— Peut-être... mais que dirai-je au prince ?

Lustupin ouvrit son pourpoint et prit, dans une poche secrète, deux paquets de papiers pliés et cachetés qu'il tendit au vicomte :

— Que Son Altesse prenne connaissance de ce que contiennent ces papiers ! — dit-il.

— Qu'est-ce que ces papiers ?

— Des lettres de la plus haute importance. Elles le mettront à même de savoir ce que je puis.

— Et, si Son Altesse désire connaître ce moyen de réussite que vous m'avez dit posséder ?

— Cette nuit, à une heure, je serai à l'hôtel de Bourbon, j'attendrai les ordres du prince.

— C'est bien ! — dit Aymeric.

Lustupin s'inclina.

Le vicomte regarda son interlocuteur ; puis se dirigea vers la porte du petit escalier :

— Dans tous les cas, — dit-il, — cette nuit je vous verrai n'est-ce pas ?

— Et vous trouverez en moi un ami fidèle ! — répondit Lustupin.

De Maillé serra précieusement les papiers dans son pourpoint, puis posant sa main sur le bouton de la serrure de la porte :

— Monsieur de Lustupin, — dit-il, — vous m'avez rendu de grands services, vous paraissez avoir pour moi une affection sincère, je suis reconnaissant envers vous et je suis tout disposé à devenir votre ami.

Mais, si ce que vous avez fait n'était qu'un leurre, s'il y avait une trahison dans tout cela, mon bras serait celui d'un vengeur implacable !

Lustupin alla à lui et prenant les mains du vicomte, il les étreignit énergiquement :

— Vous détestez Céranon, — dit-il d'une voix rauque, — mais moi je le hais ! Je le hais comme une victime innocente peut haïr son bourreau !

« Pour chaque torture infligée au baron de Céranon, au secrétaire du duc de Lorraine, je donnerais un lambeau de ma chair, et je vendrais au Diable ma vie éternelle pour avoir la faculté de me venger à ma guise !

« Oh ! si vous saviez ce qui se passe-là ! vous ne douteriez pas ! »

En parlant ainsi, Lustupin était effrayant à voir.

Ses prunelles lançaient des gerbes de flammes, ses narines se dilataient, ses lèvres se crispaient et un rictus de tigre flairant le sang éclairait lugubrement sa physionomie que cette barbe noire, touffue et épaisse rendait plus énergiquement sombre.

En parlant ainsi, cet homme ne pouvait mentir !

De Maillé le contempla un moment avec une stupeur douloureuse :

— Oh ! — dit-il, — vous avez donc bien souffert ?

— Plus que je ne puis jamais espérer faire souffrir ces Guises maudits, et c'est cette conviction de ne pas avoir, quoi que je fasse, dent pour dent, œil pour œil qui excite ma rage, car je ne me vengerai pas comme je voudrais me venger !

Puis se dominant et se calmant soudainement, avec une puissance qui indiquait l'énergie extraordinaire dont cet homme devait être doué :

— A ce soir, — dit-il, — partez ! Il est temps !

De Maillé rendit à la main de Lustupin, la pression que recevait la sienne, et il quitta la chambre en adressant un dernier regard à l'étrange personnage :

— Ce soir ! — dit-il.

La porte se referma.

XXXIV

Le laboratoire.

Demeuré seul, Lustupin écouta avec une attention profonde. On entendait le bruit des pas du vicomte retentissant sur les marches de l'escalier.

Ce bruit alla en diminuant et s'affaiblit au point de cesser de se faire entendre. Un grand silence régna...

Alors Lustupin alla vers la porte et d'une main rapide il poussa le verrou.

Puis il se dirigea vers l'autre porte qu'il verrouilla également.

Cela fait, il revint vers l'endroit où, quelques instants plus tôt, il avait causé longuement avec de Maillé.

Il dérangea sans bruit le fauteuil sur lequel le vicomte s'était assis.

Il se baissa et il détacha la tapisserie servant de tenture, en enlevant un bouton imperceptible placé au bas de la muraille et servant à maintenir la tenture à l'aide d'un ressort habilement fait.

La tapisserie détendue, il l'attira à lui, opérant ainsi un vide entre la tenture et la muraille, vide étroit et allant en diminuant, puisque la tapisserie tenait toujours par le haut.

Lustupin se baissa et se glissa dans ce vide.

Il disparut complètement sous la tapisserie, et il demeura le dos collé contre la muraille. Sa main gauche le long du corps, la droite paraissait chercher quelque chose...

Tout à coup un petit claquement se fit entendre, et Lustupin fit la bascule sur lui-même, avec la partie de la muraille sur laquelle il était appuyé.

Le mouvement fut opéré avec la rapidité de l'éclair. Lustupin s'était maintenu à l'aide de lanières attachées à la muraille et dans lesquelles il avait passé ses mains.

Lustupin était alors, sur ses pieds, dans un endroit profondément obscur.

Il étendit la main et il rencontra au bout de ses doigts un panneau de bois.

Il était enfermé dans une immense armoire, mais sans doute il était fort au courant de ce singulier genre de locomotion, car ses doigts trouvèrent, encore sans hésiter, la serrure et l'ouvrirent.

La lumière se fit. Lustupin franchit le seuil de la porte de l'armoire et entra dans une petite pièce, éclairée par une lucarne découpée dans les sculptures de la bordure du toit du palais du Louvre.

Cette pièce avait pour tout meuble, deux armoires, deux chaises et une glace, une table avec les ustensiles nécessaires pour la toilette.

Lustupin regarda rapidement autour de lui, puis revenant vers la porte de l'armoire qu'il avait laissée ouverte, il se baissa et prit dans le fond du meuble l'extrémité d'un fil de fer qui, passant par un trou pratiqué au pied de la muraille, gisait sur le plancher. Il tira ce fil avec un mouvement sec.

On entendit un léger claquement. C'était sans doute le bouton de la tapisserie auquel un ressort venait de le rattacher dans l'autre pièce.

Cela fait, il referma l'armoire, et allant vers la muraille du fond, celle qu'ornait la glace, il posa le doigt sur un petit ornement en cuivre ciselé, placé au bas de la bordure du cadre.

— Là! — dit-il, — les verrous sont ouverts. On peut entrer maintenant. Cette combinaison est pleine d'intelligence et évidemment je ne suis pas plus bête que ne l'était le Bayle de Barcelonnette.

En achevant ces mots, il se dirigea vers la seconde armoire : il l'ouvrit.

Cette armoire était pleine de vêtements, tous de coupes et de couleurs différentes.

Sur une planche du haut, il y avait trois rangées de grands cartons.

Dans le bas, des chaussures de toutes espèces.

Lustupin se plaça devant la glace et il enleva rapidement la barbe et la perruque noires qu'il portait.

Puis allant vers la table ; il trempa son visage dans une eau préparée et aussitôt la teinte bistrée ainsi que les rides disparurent.

Sa physionomie reparut dans tout l'éclat de sa beauté énergique.

Cela fait, il se dépouilla entièrement de son costume de velours noir et il revêtit un costume de drap vert foncé avec gilet, collet et bottes de daim gris.

Il prit encore dans l'armoire un feutre gris orné d'une plume verte et une grande épée à poignée de fer bruni qu'il s'attacha à la taille.

— Cordieu ! — dit-il en se regardant dans la glace, — je me sens mieux dans ce pourpoint que dans l'autre.

Ainsi costumé, Lustupin était réellement gracieux à contempler. On sentait la force, la vaillance, l'ardeur, la souplesse, dans l'ensemble de ce corps aux formes élégantes.

Ses fines moustaches brunes se dessinaient au-dessus de sa lèvre, et ses cheveux bouclés, que n'emprisonnait plus la perruque, se déroulaient sur ses épaules.

— Ah ! — dit-il, — et le manteau !

Il prit encore dans l'armoire un grand manteau, couleur de muraille, qu'il jeta sur une chaise.

Ensuite, ramassant les vêtements de velours noir, il les serra, ainsi que la barbe et la perruque qu'il replaça dans un carton.

Les armoires fermées, Lustupin se posa au milieu de la pièce, croisa ses bras sur sa poitrine et attendit.

Il demeura là, immobile, un assez long temps, puis un son aigu retentit comme celui d'un sifflet d'ivoire.

Aussitôt, Lustupin se dirigea vers la muraille que garnissait un grand panneau de bois sculpté.

Il s'arrêta,

Un second son aigu retentit

Lustupin attendit encore.

Un troisième son arriva accompagné d'une modulation prolongée.

Lustupin frappa dans ses mains.

Puis il s'avança vers le panneau.

Il posa son doigt sur une rosace, il appuya et la boiserie se séparant sans bruit, s'ouvrit comme une porte à deux battants.

Lustupin avait en face de lui l'âtre énorme d'une de ces gigantesques cheminées de marbre italien comme on en faisait seulement dans les palais.

L'âtre était vide : Lustupin le traversa et la porte mystérieuse se referma d'elle-même.

Boiserie d'un côté, fer de l'autre, elle servait à la fois d'ornement et de fond de cheminée.

La salle dans laquelle pénétrait Lustupin était énorme.

C'était une sorte de laboratoire d'alchimie, de cabinet d'astrologie, de muséum d'histoire naturelle qui avait l'aspect le plus bizarre.

A, de grandes tables chargées de cornues, de cylindres, de verreries. Sur d'autres des instruments de formes indescriptibles.

Partout un assemblage étrange, incohérent, d'objets d'un usage inconnu.

Près de la table du centre, et qu'éclairait en plein le jour pénétrant par trois grandes fenêtres donnant sur le jardin du Louvre que bordait la Seine, était une femme richement vêtue.

Cette femme portait un masque de velours noir sur le visage.

Elle était assise sur un siège de cuir très-élevé.

Elle avait la tête penchée et elle semblait examiner avec une attention profonde une liqueur noirâtre répandue sur une assiette formant les dessins les plus bizarres.

Çà et là, sur cette liqueur, on voyait des points brillants et diamantés.

Lustupin fit quelques pas et s'inclina profondément.

La femme releva la tête : il fut facile de voir alors que son masque était moins un ornement qu'une précaution.

Ce masque était garni de verres aux ouvertures pratiquées pour les yeux et fermant plus bas que la bouche, il permettait à la respiration de fonctionner à l'aide de deux petits tubes placés à droite et à gauche.

En apercevant Lustupin, elle se leva.

Elle prit sur la table une cloche de cristal et la plaça sur l'assiette contenant la liqueur, puis elle fit quelques pas et détacha son masque.

Le joli visage de Louise de Lorraine apparut à la lumière.

— Eh bien ? — dit-elle d'une voix douce et avec cet accent plein de charme qui est le propre des accents italiens.

— Votre Altesse a entendu ? — demanda Lustupin.

— Tout !

— Et que conclue Votre Altesse ?

— Que vous êtes un sorcier plus sorcier qu'aucun autre, monsieur Sambuc.

— Votre Altesse me flatte.

— Je dis vrai ! Ce dont vous m'aviez prévenue hier ne s'est-il pas accompli de point en point? Je suis réellement émerveillée de votre savoir !

Lustupin ou Martin Sambuc (car nous lui donnerons alternativement ces deux noms suivant les circonstances), Martin s'inclina devant la princesse.

— Vous m'aviez dit hier, — reprit Louise, — que mademoiselle de Lespars s'évanouirait au moment où elle me serait présentée. Vous m'aviez prévenue que je devais donner l'ordre de la faire transporter dans cette pièce...

Louise de Lorraine désigna de la main la partie des bâtiments dans laquelle devait effectivement se trouver la chambre où on avait conduit Catherine de Lespars.

— Ensuite, — continua la princesse, — vous m'aviez dit encore que la jeune fille serait laissée seule sur les ordres du docteur, que M. de Maillé viendrait près d'elle en passant par l'escalier secret, que Céranon les surprendrait, qu'il y aurait entre eux une conversation à la suite de laquelle vous en auriez une autre avec le vicomte. M'aviez-vous dit tout cela, monsieur Sambuc ?

— Oui, madame!

— Et tout cela s'est accompli de point en point.

— Il le fallait pour le succès de mon entreprise.

— Mais comment avez-vous fait?

— J'ai employé les moyens qui m'ont si puissamment servi depuis six mois, depuis le jour où Votre Altesse, dans sa bonté, m'a fait évader des prisons de Grenoble !

— Oui ! — dit Louise de Lorraine, — vous êtes un habile homme, monsieur Sambuc !

— Votre Altesse n'a pas de serviteur plus dévoué.

Louise se rapprocha de lui :

— De sorte, — dit-elle, — que tout marche..

— A merveille!

— Le prince de Bourbon...

— Sera, dans quelques jours, à la tête des mécontents.

— Que voudra-t-il faire?

— Ce que j'ai dit à Votre Altesse.

— Consentira-t-il ?

— Je m'en charge.
— Vous le connnaissez? Il vous connaît?
— Il ne me connaît pas.
— Vous lui avez cependant parlé il y a deux heures, dans la salle des Cariatides, je vous ai vu !
— Je lui ai parlé, mais il ne me connaît pas.
— Que lui avez-vous dit?
— Un mot qu'il n'a pu comprendre, mais qu'il comprendra dès qu'il aura lu les papiers que lui remettra de Maillé, et alors il sera frappé plus violemment.
— Et il fera ce que vous voudrez qu'il fasse?
— Oui, madame.
— Vous serez, vous, le chef du parti qui va chercher à abattre les Lorrains dont le commencement de puissance m'effraye au moment où mon fils va monter sur le trône.
— Oui, madame.
Louise enveloppa Sambuc de son regard de flammes.
— Ce chef, — dit-elle, — il faut que vous le soyez! Il le faut!
Elle fit un geste impérieux.
— Il le faut, — dit-elle, — et écoute, Martin! Mais souviens-toi qu'en recevant le dépôt de mes secrets, tu places ta vie entre mes mains!
— Elle y est depuis longtemps, madame!
— Oui, je te connais, je t'ai apprécié. Je cherchais un homme et je crois l'avoir trouvé. Mais en étant ce que tu es, ton jour n'est jamais sûr d'avoir un lendemain.
— Et qui est sûr de cela?
— Tu joues ta vie à chaque heure!
— Qu'importe? si je gagne!
— Il faut que tu sois le chef de ce parti des mécontents, — reprit Louise, — car ce parti sera puissant !
— Très-puissant même!
— Or, de deux choses l'une : ou il doit triompher, ou il doit succomber.
— Il triomphera!
— Peut-être. Dans l'un et l'autre cas, ton triomphe est assuré. Si tes plans réussissent, si tu abats les Lorrains, comme j'aurai été à même de suivre pas à pas le progrès de tes succès, je te récompenserai largement, royalement de ta fidélité. Si, au contraire, tu ne triomphes pas, comme je connaîtrai heure par heure ta situation périlleuse, je te promets de te sauver!
Martin secoua la tête :
— Si je succombe, je mourrai! — dit-il.
Louise le regarda.
— Peut-être! — dit-elle.
— Comment?
— Il y a d'étranges choses dans ta destinée.
— Votre Altesse a interrogé l'avenir?
— Oui! — dit Louise.
— Et que disait cet avenir?
— Tu veux le savoir?
— Oui! — dit Sambuc.
— Eh bien! consulte l'anneau magique, il te répondra lui-même.
Du geste, la reine-mère désigna une table ronde en bois de différentes couleurs, et sur laquelle étaient gravés tous les signes du zodiaque et une sorte de carte céleste.
Sur le bord de la table étaient plantées deux tiges de cuivre arrondies, se réunissant au-dessus du point central par deux grosses boules qui se touchaient en formaient ainsi un arceau. A ces deux boules était attaché un fil très-mince, qui tenait suspendu un gros anneau d'or, à bords plats et tout constellé de caractères magiques.
Martin Sambuc s'approcha de la table, qu'il regarda en connaisseur.
— Prends le vase! — dit Louise.
Martin prit sur un meuble un grand vase de cristal en forme de verre à pied. Sur ce vase étaient gravées toutes les constellations alors connues. Puis, autour du bord, il y avait toutes les lettres de l'alphabet, et entre chaque lettre un chiffre de un à vingt-quatre.
Martin examina attentivement ce récipient magique, puis il le présenta à Louise en le tenant par les deux mains.

Louise étendit la main gauche au-dessus du vase, murmura quelques paroles, et, se penchant, elle prit de la main droite une bouteille de verre, de forme carrée, qui contenait une eau très-blanche sur laquelle nageaient des feuilles d'or, et au fond de laquelle resplendissaient des pierres précieuses : diamants, rubis et saphirs.

Elle versa de cette eau dans le verre qu'elle remplit à demi; Martin alla placer le vase sur la table cabalistique sur le point central.

L'anneau magique, soulevé, fut alors suspendu au-dessus de l'eau du vase qu'il touchait presque. Sambuc avança la main droite, et, la posant à plat sur les deux boules des tiges de cuivre, il abaissa le pouce et l'index, entre lesquels il serra le fil conducteur de l'anneau d'or.

La princesse s'était placée en face de Martin, de l'autre côté de la table. Elle avait ouvert un grand in-folio qu'elle tenait devant elle. Sur la page qu'elle regardait attentivement étaient peints, en caractères énormes, une succession de lettres, formant, par leur réunion et leur disposition, ces mots bizarres :

Gejazel — Omouzyn — Albomatatos.

Trois fois de suite elle épela ces trois mots en posant son doigt sur chaque lettre au moment où elle la nommait.

— Ah! — dit Sambuc, — l'anneau marche!

Effectivement, la bague venait de se mettre lentement en mouvement, et cependant la main de Sambuc était demeurée absolument immobile.

— Interroge! — dit Louise.
— Réussirai-je? — dit Sambuc.

L'anneau continuait à se mouvoir avec une agitation de plus en plus vive. Il décrivit des cercles, puis tout à coup il heurta le verre qui rendit un son clair. Alors il fut renvoyé brusquement, en ligne droite, sur le bord opposé où il heurta aussi.

— M! — dit vivement Louise.
— E! — dit Sambuc.
— L! — reprit la reine.

C'était chacune des lettres gravées sur le cristal, et que l'anneau frappait, que la princesse et Martin nommaient.

L'anneau s'était ralenti dans son élan, et il s'était approché du vase sans le heurter. Louise avait recommencé sa lecture. A la troisième fois, l'anneau reprit son mouvement de rotation, et il alla toucher le verre.

— I! — dit Louise.
— II! — dit Sambuc.

L'anneau ne frappa plus : son mouvement s'était encore ralenti. Louise reprit sa lecture. A la troisième fois, l'anneau demeura immobile.

— La réponse est donnée! — dit la princesse.
— M-e-l-i-h! — dit Martin en rassemblant les lettres.
— *Melih!* — répéta Louise.
— Que veut dire ce mot?

La princesse prit une clef dans son escarcelle et alla ouvrir un grand bahut en chêne sculpté, garni d'énormes charnières et d'une serrure longue de près d'un pied.

Ce bahut contenait de gros livres richement reliés. Louise en prit un et, l'apportant, elle l'ouvrit. C'était une sorte de dictionnaire en parchemin, recouvert d'une écriture très-grande. Toute une page, celle de gauche, était écrite en caractères arabes.

— Regarde! — dit-elle à Martin.

Martin s'approcha. Louise avait le doigt placé sur le mot *melih*. A gauche, ce même mot était écrit en arabe, à droite, il y avait en caractères latins : *sit ita*.

— Qu'il soit ainsi! — dit la princesse.
— Alors, — reprit Martin, — l'anneau magique me dit que je réussirai?
— Il te répond qu'il sera fait ainsi que tu le désires!

Louise avait refermé le livre et l'avait replacé dans le bahut. Elle se retourna vers Sambuc :

— Le destin est pour nous! — dit-elle. Va donc! marche! agis!

— Quand vous reverrai-je, madame?

— Quand il faudra que tu me voies, le signal sera fait. Si tu as à me parler pour une affaire pressante, tu viendras par le petit escalier de la tourelle du jardin, et tu souffleras dans le sifflet d'ivoire.

Sambuc s'inclina : puis, traversant le laboratoire, il ouvrit une porte. Un petit escalier, montant droit comme une échelle, était devant lui. Il gravit lentement ces échelons et la porte se referma d'elle-même.

Il atteignit une sorte de grenier communiquant avec les combles du palais. Il s'engagea sous ces combles en homme connaissant parfaitement sa route.

L'endroit vers lequel il se dirigeait était celui où se dressaient les charpentes et les échafaudages que nécessitait la continuation des travaux entrepris depuis vingt ans.

C'était au-dessous de ces échafaudages, là où on devait bientôt commencer l'aile du Louvre s'avançant vers la Seine, que s'amoncelaient les immondices et les gravois formant une sorte de montagne qui bouchait le fossé.

XXXV
Le page.

Lorsque mademoiselle de Lespars avait quitté la pièce dans laquelle elle abandonnait, le désespoir dans l'âme, celui qu'elle aimait, pour suivre celui qu'elle n'aimait pas, mais auquel elle se sacrifiait, elle avait descendu d'un pas ferme les marches de l'escalier communiquant avec les étages inférieurs.

Maître Céranon l'avait suivie. Au moment où ils atteignaient le palier du premier étage, le secrétaire du duc de Lorraine s'approcha de la jeune fille à laquelle il n'avait pas dit un seul mot depuis l'instant où ils avaient quitté la pièce.

— Mademoiselle, — lui dit-il avec l'accent d'une extrême politesse et en la saluant comme s'il eût salué une reine, — toute la cour connaît votre indisposition... En vous voyant revenir on va s'occuper de vous et l'on peut trouver étrange que vous rentriez, seule, en ma compagnie... Voulez-vous me permettre d'aller prévenir monsieur votre père, afin qu'il vienne lui-même vous chercher, ou... ce qui serait peut-être préférable, voulez-vous que je prévienne madame de Martigue ? La comtesse se fera une véritable joie de venir auprès de vous et vous rentrerez avec elle...

Céranon attendit la réponse dans une attitude respectueuse.

Catherine hésitait. Elle paraissait embarrassée à propos de ce qu'elle devait faire, mais elle ne semblait nullement intimidée. Enfin, prenant une résolution :

— Veuillez prévenir madame de Martigue, — dit-elle. — Je vais l'attendre.

Céranon s'inclina en signe de promesse d'obéissance :

— Si je préviens madame de Martigue, — dit-il, — je crois qu'il serait inutile de prévenir M. de Lespars.

— Veuillez dire seulement à mon père que je suis complètement remise, — reprit Catherine, — mais ne lui dites pas que je l'attends, je vous prie. Je préfère voir, seule, madame de Martigue.

— Et, — reprit Céranon, — si Sa Majesté la reine Marie consent à recevoir le serment de fidélité que votre évanouissement seul a empêché de prêter...

— Demain, — dit Catherine, — j'espère être assez forte pour me présenter à Sa Majesté.

— A vos ordres, mademoiselle, je vais prévenir madame de Martigue, — dit Céranon, — mais alors vous plairait-il d'entrer dans ce salon qui communique avec la salle du Conseil ? A cette heure vous seriez absolument seule, et personne ne viendrait vous troubler.

— J'y consens, monsieur.

Céranon s'inclina une troisième fois en signe de remercîment, puis ouvrant une petite porte à côté de laquelle il se trouvait, il s'effaça respectueusement pour laisser Catherine passer devant lui.

La jeune fille passa, la démarche fière, l'attitude noble, une résolution énergique peinte sur le visage.

Le salon dans lequel elle venait de pénétrer était une pièce de moyenne grandeur. Catherine attira à elle un siège, et avec un véritable geste de grande dame, elle s'y installa en faisant bouffer les plis de sa robe.

Céranon la considéra un moment avec une expression admirative dans le regard, puis, il salua et sortit.

Sa physionomie s'illumina en traversant le vestibule :

— Ame puissante ! — se dit-il, — intelligence réelle ! énergie morale extraordinaire avec ces formes délicates et fines. Ah ! il y a une femme supérieure sous cette apparence de naïve jeune fille ! Si elle le veut, à nous deux nous pourrons faire de grandes choses si elle me comprend !

Céranon marchait lentement. Il franchit le seuil de la salle des Gardes :

— Je l'avais bien devinée ! — se dit-il.

Puis après un moment de réflexions :

— Il faut qu'elle me comprenne ! — reprit-il. — Qu'est-ce que cette amourette avec ce de Maillé ? Une niaiserie ! Il y a plus d'entêtement que de passion là dedans ! Ce qu'elle aime ce n'est pas le vicomte, ce sont les obstacles qui sont entre eux !

Il réfléchit encore et un pâle sourire éclaira sa physionomie.

— Il ne faut pas qu'elle cède en ayant l'air d'accomplir un sacrifice ! Pour une femme de cette intelligence, la position de martyre n'est pas à dédaigner ! On se place sur un piédestal imaginaire ! Il faut, non pas qu'elle m'aime, mais qu'elle me comprenne !... Mais pour l'impressionner il faudrait quelque chose d'étrange, de...

Céranon s'était arrêté. Il avait la tête penchée, le menton dans les mains, le regard vague... Tout à coup la physionomie s'illumina, la tête se redressa et un soupir de satisfaction expira sur les lèvres :

— Oui ! — se dit-il.

Et reprenant sa marche :

— Oh ! — reprit-il, — je tiens la fortune ! Je ne la lâcherai pas. Qui sait quelle place vide peut laisser cette lutte entre les Bourbons et les Lorrains.

Et son regard monta vers le ciel avec une expression d'ambition infinie. Il entra dans la salle des Cariatides encore encombrée de seigneurs et de dames. Evitant de passer près du groupe dans lequel était le conseiller de Lespars et que présidait Duprat, il se faufila rapidement et atteignit le tabouret sur lequel madame la comtesse de Martigue avait l'honneur d'être assise.

Il se pencha vers elle et il lui parla bas :

Madame de Martigue se retourna vivement.

— En vérité ? — dit-elle.

— Oui, madame ! — répondit le maître des requêtes.

Madame de Martigues s'était levée !

— Je vais près d'elle ! — dit-elle.

Et elle se faufila dans la foule, comme s'était faufilé Céranon. — Celui-ci traversa la salle du Trône, il s'engagea rapidement dans la galerie de gauche, et il gagna la partie du palais donnant au-dessus du jeu de paume.

Cette partie des bâtiments récemment réparés, avait été disposée, par ordre du roi Louis XII, pour les cabinets du secrétariat de la couronne. Tous les employés de cette administration, qui avait pour directeur général le président Duprat, étaient auparavant, avant d'être ceux du roi, des serviteurs de la princesse Louise.

Céranon, en sa qualité de secrétaire du duc, avait là une haute influence.

Dans le premier cabinet où il pénétra, il trouva deux secrétaires fort occupés à écrire le compte-rendu de la séance du grand conseil qui avait eu lieu ce jour-là.

En voyant Céranon, les deux hommes le saluèrent avec empressement et respect. Céranon leur adressa un signe affectueux, puis il se plaça à une table vide, et attirant à lui papier, plume et encre, il se mit à écrire rapidement.

Quand il eut achevé sa lettre, il la plia le plus étroitement possible, et il la cacheta. Alors appelant l'un des deux secrétaires qui s'approcha de lui :

— Monsieur Gilbert, — lui dit-il, — vous voyez bien ce papier que je vous remets ?

— Oui, messire ! — répondit le secrétaire en prenant la lettre.

— interroge ! dit Louise. (Page 65)

— Ce papier est de la dernière importance et en vous le confiant, je vous rends dépositaire d'un legs sacré.

Le secrétaire rougit d'émotion. Remettre alors entre les mains d'un homme un papier de la dernière importance, était dire à cet homme : « Ta tête est en jeu ! » Gilbert avait compris.

— Vous allez porter ce papier sur l'heure à M. le président Duprat, — poursuivit Céranon.

— Oui, messire.

— Là où il sera, vous le lui remettrez.

— Si M. le président était en conférence secrète ?

— Vous feriez dire que c'est de ma part.

— Si le cardinal était près du roi ?

— Vous agiriez de même. En quelque lieu qu'il soit vous trouverez le président et vous exécuterez mes ordres, un seul cas excepté.

— Lequel ?

— Celui où le président serait seul avec le duc de Lorraine.

— Et que ferais-je alors ?

— Vous attendriez, mais ce cas est peu probable. Le duc est en ce moment près du Dauphin et de la reine. Allez donc, Gilbert, et souvenez-vous que votre bonheur ou votre malheur sont peut-être entre vos mains.

Gilbert partit sur le dernier geste du secrétaire du duc. Céranon quitta alors les appartements du secrétariat de la couronne et, revenant sur ses pas, il reprit le chemin de la salle des Cariatides.

Quand il rentra dans cette salle, il aperçut Catherine qui venait d'y revenir en compagnie de madame de Martigue.

Beaucoup de dames et de seigneurs l'entouraient. Tous paraissaient lui témoigner la sympathie la plus vive. Un sourire de satisfaction glissa sur les lèvres du maître des requêtes.

En ce moment un page du roi s'avança, se pavanant, un poing sur la hanche, avec son élégant costume blanc et or. On s'écarta devant lui.

Le page salua Catherine et se redressant en levant fièrement la tête :

— Mademoiselle ! — dit-il, — Sa Majesté la reine Marie vous prie de vous rendre près d'elle.

Catherine se leva aussitôt avec un grand empressement. Madame de Martigue l'accompagna. Toutes deux suivirent le jeune page qui se dirigea, le poing sur la hanche, vers le salon particulier de la reine.

Cet incident devint instantanément le sujet de toutes les conversations.

— Quelle entrée en cour ! — disait avec admiration madame de la Brosse.

— Cette petite de Lespars, inconnue encore il y a deux heures, et dont le nom est dans toutes les bouches ! — ajouta madame de Parizot.

— Aussi, ma chère, c'est étrange, avouez-le, ce qui lui est arrivé dans la même journée ! — dit madame des Diguières en s'avançant.

— Dites donc, marquise, ce qui est arrivé à sa famille depuis un mois.

— C'est vrai !

— M. de Lespars, simple conseiller, nommé inquisiteur des eaux et forêts de la Lorraine !

LE SIRE DE LUSTUPIN. 9

— Sa fille nommée dame d'honneur de la reine.
— Présentée aujourd'hui, et s'évanouissant au moment de prêter serment.
— Elle l'eût fait exprès, — ma chère, — qu'elle n'eût pas mieux réussi!
— Et la princesse Louise qui s'occupe d'elle!
— Et la reine-Marie qui la secourt!
— Et qui maintenant la fait demander près d'elle!
— C'est merveilleux!
— C'est un magnifique début dans la vie!

Céranon entendait toutes ces choses. M. de Lespars était dans un état d'enchantement voisin de l'extase. N'ayant pas été appelé, il n'avait pas osé suivre sa fille près de la reine, mais il attendait immobile et muet le résultat de cette audience.

Le secrétaire Gilbert traversa la salle : en apercevant Céranon, il alla vers lui :
— Eh bien ? — demanda le maître des requêtes.
— Monsieur le président a la lettre! — répondit Gilbert.
— Bien! — il était seul?
— Oui, messire!

Gilbert continua sa marche. Céranon lança un regard victorieux autour de lui.
— Ah! — dit-il, — tout réussit! Tout réussira!

XXXVI
L'explication.

Quatre heures du soir venaient de sonner à l'horloge du palais et il faisait sombre déjà, car à cette époque de l'année les jours sont courts.

L'heure de la réception était passée, et quelques rares valets tenant en main des chevaux, quelques porteurs appuyés sur les bâtons d'une litière, quelques archers errant çà et là dans la rue des Fossés Saint-Germain-l'Auxerrois, indiquaient qu'un bien petit nombre de seigneurs était encore dans le palais du Louvre.

Quelques fenêtres commençaient à s'éclairer : c'étaient celles des cabinets dans lesquels travaillaient les employés du secrétariat.

De chaque côté de ce corps du bâtiment donnant en face le cloître Saint-Germain, il y avait une tourelle.

Celle qui reliait la façade de l'est à la façade donnant sur la Seine, était de grande importance de construction, et elle renfermait intérieurement de grands salons de formes rondes. Il y en avait un à chaque étage, éclairé par trois fenêtres.

Celui du second étage communiquait avec les appartements particuliers de la princesse Louise, et il s'ouvrait sur la salle des dames d'honneur.

Au moment où quatre heures sonnaient à l'horloge, la porte du salon de la tourelle s'ouvrit, et Catherine de Lespars entra, sortant de la salle des dames d'honneur.

Elle regarda autour d'elle, comme paraissant étonnée de ne voir personne, quand, sur le seuil de l'autre porte, apparut le baron de Céranon.

— Mademoiselle, — dit-il en s'avançant, — je quitte à l'instant M. le conseiller de Lespars qui m'a chargé de vous prier de l'attendre quelques minutes. Il est en ce moment dans les bureaux du secrétariat, occupé à faire enregistrer sur les registres du domaine de la couronne quelques articles relatifs aux forêts de la Lorraine.
— J'attendrai! — dit froidement Catherine.
— Vous me permettez de vous tenir compagnie? — demanda le secrétaire du duc de Lorraine en présentant un siège à Catherine.
— Comme il vous plaira, monsieur.
— Il me plaît beaucoup s'il ne vous déplaît pas un peu!

Catherine prit le fauteuil et s'y installa dans la pose d'une reine accordant une audience :
— Mademoiselle, — dit Céranon en se tenant debout devant la jeune fille, — j'ai une grâce à solliciter de vous?
— Laquelle, monsieur?
— Je n'ai jamais eu, jusqu'ici, l'honneur et le bonheur d'obtenir quelques instants d'entretien particulier. Et cependant, en présence de ce qui va avoir lieu, en face des événements qui se préparent, je crois qu'une conversation intime ne peut être que nécessaire entre nous. Est-ce votre avis?
— Cette conversation, — répondit Catherine, — me paraît également nécessaire.
— Alors, mademoiselle, vous plairait-il qu'en attendant ici le retour de M. votre père nous causions un peu.

Catherine fit un signe affirmatif.

Un moment de silence régna dans la pièce, puis Catherine releva doucement la tête, qu'elle tenait baissée :
— Monsieur de Céranon, — dit-elle d'une voix nette, — vous voulez que je sois votre femme, n'est-ce pas?
— Cette union projetée sera pour moi la réalisation de mon plus doux rêve, — répondit le baron de Céranon.
— Pourquoi?
— Parce que je vous aime!
— Monsieur!
— Oui! je vous aime, Catherine, — dit Céranon avec passion, — je vous aime de toute la force de mon âme et de mon cœur...

Catherine haussa dédaigneusement les épaules.
— Et moi! — dit-elle, — je ne vous aime pas.
— Pourquoi? — demanda Céranon.
— Je ne sais... mais je ne vous aime pas, — répondit Catherine du même ton froid et sérieux qu'elle avait pris. — Je ne vous aime pas, monsieur de Céranon, et je crois de ma dignité de vous parler avec cette franchise. Je vous épouserai parce qu'il *faut* que je vous épouse...

Catherine accentua avec insistance le mot : *il faut*, puis, continuant avec un peu d'altération dans la voix :
— Je vous épouserai, soit, mais je vous épouserai sans amour.

Céranon la regarda avec cette finesse de vue des hommes du palais :
— Est-ce une menace? — dit-il.
— Non, — répondit Catherine, — c'est une loyale expression de ce que je ressens.
— Me haïssez-vous donc?
— Pourquoi vous haïrais-je? Vous ne m'avez jamais fait de mal; vous ne m'avez fait même que du bien.
— Alors, si vous ne me haïssez pas, mademoiselle, l'espoir ne saurait s'effacer de mon cœur.

Catherine secoua la tête :
— N'espérez pas! — dit-elle. — Je le sens, je ne vous aimerai jamais.

XXXVII
L'explication (suite).

— Permettez-moi de chercher la cause de cette impossibilité pour mieux la combattre, — dit Céranon avec un empressement des plus galants. — Qu'est-ce qui vous déplaît le plus en moi, est-ce mon nom?
— Votre nom, monsieur, — répondit Catherine, — est celui d'une honorable famille qui, à tous égards, vaut, certes, celui que nous portons.
— Est-ce ma position qui n'est pas suivant votre goût?
— Votre position est magnifique, monsieur! bien supérieure à celle de mon père, et c'est précisément elle, la splendeur de cette triple position de maître des requêtes au Parlement de Paris, de secrétaire intime de Son Altesse le duc de Lorraine, de conseiller de robe courte au grand conseil du roi, qui me donne le courage de vous parler comme je le fais.
— De dire que vous ne m'aimez pas?
— Oui, monsieur.
— Préféreriez-vous, mademoiselle, que je fusse un homme d'épée?
— Je ne sais, monsieur, — répondit Catherine en hésitant un peu.
— Est-ce ma personne, alors, qui a le tort de vous déplaire?
— Monsieur de Céranon, — dit vivement Catherine, — laissez-moi être franche. Rien ne me déplaît en vous, mais je ne vous aime pas!

— Pourquoi?
— Parce que je ne vous aime pas... comme je crois qu'il faudrait vous aimer pour être heureuse du choix que vous avez daigné faire. Lorsque vous avez donné à mon père des preuves si grandes d'affection pour lui, et d'amitié serviable, j'ai ressenti pour vous un profond sentiment de reconnaissance..., et ce sentiment a duré... jusqu'à l'heure où vous avez fait comprendre à mon père qu'il ne pouvait me laisser libre de refuser votre main...
— Ah! vous vous rappelez?
— Tout!
De Céranon s'inclina :
— La mémoire est une belle chose! — dit-il.
Puis après un silence :
— Permettez-moi d'espérer que cet amour viendra, — reprit-il.
Catherine fit un geste négatif.
— Ainsi, vous ne m'aimerez jamais?
— Jamais, monsieur!
— De sorte que, selon vous, que devrais-je faire?
— Renoncer à cette union!
— C'est impossible!
— Pourquoi?
— Parce que je vous aime et que si vous dites ne pas m'aimer, j'ai l'espoir que l'avenir vous fera changer...
Catherine écrasa Céranon sous le poids de son regard dédaigneux.
— Oh! — poursuivit le maître des requêtes sans se déconcerter, — je ne parle pas par fatuité! Mademoiselle, je ferai tant pour vous entourer de bonheur, que j'espère, sinon en l'amour, du moins dans une affection sincère.
— Monsieur! — répondit Catherine, — il y a cinq jours je ne vous eusse pas parlé ainsi, mais depuis l'instant où je vous ai entendu menacer mon père du courroux du duc de Lorraine, j'ai absolument changé de manière de voir et par suite de manière d'être. Vous voulez m'épouser, soit! Mais du moins vous saurez qu'en acceptant votre main, je ne l'accepterai que par contrainte et forcée par amour pour mon père, et vous n'ignorerez point que je ne vous aime pas!
— Mais, pourquoi ne pas m'aimer?
— Parce que je ne vous aime pas!
— Vous n'avez pas d'autre motif à me donner?
— Pas d'autre... à vous donner.
— Mais, — dit Céranon, il en existe...
— Cela, monsieur, est un secret qui ne saurait devenir vôtre.
En faisant cette réponse assez claire dans son obscurité, Catherine soutint sans tressaillir le regard inquisiteur du maître des requêtes.
De Céranon sourit doucement!
— Vous ne m'aimez pas, — dit-il, — et vous dites que vous ne pourrez m'aimer parce que vous croyez, dans votre inexpérience, que...
— Je crois ce qu'il faut que je croie, monsieur! — interrompit brusquement Catherine.
— Alors, croyez à ce qui est : je vous aime
— Vous?
— Je vous aime, je vous le répète, de toute la force et de toute la puissance de mon âme et de mon cœur!
Catherine fit un geste écrasant.
— Dites donc, — s'écria-t-elle, — que vous m'aimez de toute la puissance de votre intérêt.
— Comment? — s'écria le maître des requêtes.
— Monsieur de Céranon! — reprit Catherine, — soyez certain que je ne suis pas votre dupe!
— Dupe! vous! Que voulez-vous donc dire?
— Je vais vous l'expliquer! D'ailleurs, ainsi que je vous l'ai dit, dans la situation où nous sommes tous deux, la franchise doit être sans limites :
« Monsieur de Céranon, je vous ai compris, — parfaitement compris, j'ai deviné ce qui se passait en vous et je sais ce que vous rêvez. Ce que vous aimez en moi, ce n'est pas moi, c'est la jeune fille pauvre que vous voulez enrichir! — L'affection que vous avez affichée pour mon père a été le prétexte aux donations que vous avez fait faire en sa faveur et qui toutes doivent revenir au gendre de M. de Lespars. Est-ce vrai, cela, monsieur?
— Quand cela serait, mademoiselle, quel reproche auriez-vous à m'adresser? Cette fortune que vous m'accusez de chercher à amasser, n'en profiterez-vous pas comme moi?
— Ce que je demande, monsieur, c'est que cette fortune qui n'appartient qu'à vous seul, vous la gardiez pour vous seul. Reprenez toutes ces donations que vous avez fait faire en faveur de mon père...
— Ce que vous me demandez là est impossible, mademoiselle!
— Pourquoi?
— Parce que je vous aime!
— Monsieur!
— Oui! je vous aime, je vous l'ai dit et je vous le répéterai jusqu'à l'heure où vous aime, Catherine, et cet amour a éveillé dans mon cœur la jalousie la plus violente! Je vous aime à mieux aimer vous voir mourir qu'appartenir à un autre! Si vous m'infligiez la torture de me repousser et d'épouser un autre homme, je vous rendrais, moi, torture pour torture! — Vous avez entendu ce que je disais à M. de Lespars?
— Taisez-vous! — dit Catherine. — Torturez-moi, mais ne torturez pas mon père!
— L'amour ne raisonne pas, et je vous aime!
— Monsieur! — s'écria Catherine.
Puis changeant de ton brusquement :
— Ainsi, — dit-elle, — les menaces que vous avez osé faire à mon père ne seraient pas vaines, et si je refusais de devenir votre femme, vous lui feriez supporter la colère du duc?
— Oui, car le duc de Lorraine a en moi toute confiance, car il ne peut rien faire sans moi et il fera tout ce que je voudrai qu'il fasse! Allons, Catherine, il faut vous résoudre et ne pas refuser plus longtemps de suivre la voie heureuse qui s'ouvre devant vous. Vous serez riche, puissante, honorée, fêtée, enviée, adorée. Que pouvez-vous désirez de plus?
— Epouser l'homme que j'aime, et non celui que je n'aime pas!
Céranon haussa les épaules :
— Il est inutile de discuter plus longtemps, — dit-il avec une affectation de froideur provoquante, — la situation est simple pour vous : d'un côté le bonheur, la richesse, les splendeurs; de l'autre la douleur, la pauvreté, l'abandon!
— Donc, — dit Catherine, — je serai votre femme?
— Oui! — dit-il d'une voix rauque et sonore, — vous serez ma femme!
Catherine frissonna :
— Votre femme! — reprit-elle.
— Oui.
— Vous me contraindrez?
— Oui.
— Oh! je vous croyais moins infâme!
— Je vous aime!
— Et moi je vous hais.
— Tu seras à moi!! — s'écria Céranon avec une rage folle.
— Misérable! — dit Catherine.
Céranon s'avança vers elle :
— Tu seras ma femme, — reprit-il. Je le veux! cela sera, et dussé-je employer la plus odieuse violence...
— Monsieur! — dit Catherine en se relevant à son tour, — prenez garde! Vous osez menacer une femme!
La jeune fille était demeurée les bras tendus, la tête rejetée en arrière, dans une attitude pleine de grandeur et de dignité.
La nuit, qui descendait rapidement, plongeait le salon dans une pénombre obscure.
Un silence profond régna...
— Menacer une femme! — répéta une voix vibrante. — Et qui donc aurait une pareille audace, ici, dans le palais du roi!
Et la silhouette d'un homme de haute taille se dessina dans la demi-teinte.

De Céranon fit un pas en arrière :
— Le duc de Lorraine! — murmura-t-il.

XXXVIII

Le protecteur.

— Le duc de Lorraine? — répéta Catherine en frémissant. Puis, se reculant, comme obéissant à une terreur instinctive :
— Oh! — dit-elle, — j'ai peur! Je suis perdue!
Le duc s'était avancé. Il enveloppa de Céranon dans son regard d'aigle, comme pour lui demander compte de ce qui venait d'avoir lieu et se retournant vers Catherine :
— Vous avez peur, mademoiselle? — dit-il. — Vous êtes perdue? Et pourquoi donc? pour quel motif ma présence vous fait-elle trembler ainsi? Je ne dois inspirer de la terreur qu'à mes ennemis, et jamais à ceux qui peuvent avoir besoin de mes secours. Vous êtes femme et je suis gentilhomme, donc, je dois vous pardonner! Encore une fois; pourquoi trembler?
Catherine ne répondit pas, — le duc se tourna vers Céranon :
— Que s'est-il donc passé, maître Céranon? — demanda-t-il.
— Rien, monseigneur, — répondit le secrétaire, — rien qui puisse intéresser Votre Altesse.
Le duc regarda Catherine, qui, muette et l'expression du visage attristée, ne faisait pas un mouvement.
— Mais qu'avez-vous, mademoiselle? — dit-il avec une grande douceur dans la voix. — Vous paraissez souffrir?
— Monseigneur! — balbutia Catherine.
— Parlez! ne craignez rien!
— Mon Dieu!... je...
— Qui êtes-vous?
— La fille du conseiller de Lespars!
— La fille de mon inquisiteur des eaux et forêts de Lorraine! — dit le duc, — mademoiselle de Lespars qui a été présentée aujourd'hui!... Eh oui! cette demi-obscurité qui règne dans cette salle m'a empêché de vous reconnaître. Vous êtes la fiancée de Céranon.
Et le duc s'était penché pour mieux voir le visage de Catherine.
— Mais, — continua-t-il, — vous êtes pâle, vos traits sont tirés, votre visage est fatigué — Vous avez l'air de souffrir !
— Monseigneur! — balbutia encore Catherine qui ne pouvait se remettre.
— Suis-je donc venu mal à propos, troubler une querelle d'amoureux?
Et le duc fit un pas en arrière en souriant.
Catherine s'élança vers lui :
— Monseigneur! — dit-elle en joignant les mains avec un geste de prière.
— Quoi donc? — demanda le duc.
Catherine se redressa, elle semblait être redevenue maîtresse d'elle-même. Elle semblait animée soudainement d'une résolution énergique.
— Monseigneur! — dit-elle en saisissant les mains du duc, et en s'agenouillant presque. — Vous êtes noble, vous êtes puissant, vous êtes fort! Protégez-moi !
— Vous protéger ! — dit le duc avec noblesse. — Et contre qui?
— Contre cet homme!
Avec un geste superbe, Catherine désigna Céranon.
— Contre cet homme, — reprit-elle, — cet homme qui me menace, cet homme qui a arraché à mon père la promesse de ma main, quand il sait que je le méprise, cet homme enfin, qui s'est placé sous l'égide de votre nom pour tendre un piège sous mes pas, et qui se sert de ce nom si noble et si pur pour me torturer et m'écraser!
Le duc leva les yeux sur Céranon.
— Que signifie cela? — dit-il.
Le secrétaire demeura impassible. Il avait écouté sans bouger, les bras croisés sur la poitrine. A l'interrogation du duc il ne répondit pas.
Catherine était en proie à une agitation extrême.
— Monseigneur! — dit-elle avec éclat, — je me jette à vos genoux, j'implore votre miséricorde, je me mets sous votre protection! Cet homme nous a menacés, moi et mon père, de votre colère!... Oui ! monseigneur, oui! Il nous a menacés en nous disant qu'il pouvait tout contre nous et que sans lui nous serions perdus!
— Qu'avez-vous donc fait? — demanda le duc avec étonnement.
— Mon père n'a rien fait, monseigneur, c'est moi seule qui suis coupable!
— Et de quoi donc?
— Oh! je vais vous le dire, car j'en appelle à votre clémence, à votre justice !
— Parlez !
Céranon continuait à se renfermer dans un mutisme absolu. Il ne cherchait pas à interrompre la jeune fille. Il écoutait tout ce qu'elle disait sans même qu'un muscle de son visage tressaillît.
Quant à Catherine, elle semblait d'instant en instant puiser dans la situation même une dose plus forte d'énergie.
— Mon crime, — reprit-elle avec véhémence, — c'est d'avoir permis un soir que l'on secourût un mourant. Cet homme est demeuré quelques instants seulement dans la salle basse de la maison. On a arrêté le sang qui coulait de ses blessures, puis il est parti... Quand cet homme est entré, j'ignorais, je vous le jure, qui il était... et c'était un gentilhomme du duc de Bourbon.
— Ah ! — fit le duc.
— Effrayée de ce que j'avais fait, — poursuivit Catherine, — non pour moi-même, mais pour mon père, je suppliai nos gens de ne rien dire à leur maître. Mon père a ignoré et ignore encore que sa maison a servi d'asile, durant un quart d'heure, à un de ceux qui sont considérés comme les ennemis de Votre Altesse. Depuis, cet homme n'a jamais franchi le seuil de notre demeure. Voilà la vérité, monseigneur, la vérité tout entière! J'en appelle à Dieu qui m'entend et à l'ombre de ma mère qui m'écoute!
— Et quel est cet homme que vous avez ainsi recueilli et soigné?
Catherine rougit en baissant la tête :
— Le vicomte de Maillé, monseigneur! — dit Céranon. — Un gentilhomme du prince de Bourbon, un des douze! et, comme lui dit mademoiselle, un des ennemis de Votre Altesse.
— Celui que j'aime! — dit Catherine avec un accent superbe.
Le duc fronça les sourcils :
— Vous, la fille du conseiller de Lespars, vous aimez un gentilhomme du prince de Bourbon, un de mes ennemis? — dit-il.
— Oui! je l'aime! — répondit Catherine, — je l'aime, mais je résisterai à cet amour que je ressens. Avant de me devoir à moi, je me dois à mon père qui se doit à vous, monseigneur! Sur mon salut éternel, je vous le jure! je saurai demeurer digne du dévoûment et de la reconnaissance que mon père éprouve pour Votre Altesse. Cet amour est la torture de mon cœur. Il sera mon malheur, mais jamais ma honte!
Catherine était bien belle en parlant ainsi! Elle était belle du reflet des grands sentiments de son âme. Ce qu'elle disait, il le pensait.
Le duc le comprit. Il la regarda avec une sorte d'admiration :
— Continuez! — reprit-il. — Qu'avez-vous encore à me dire? — J'écoute !
— Vous demander votre protection, monseigneur! et vous supplier de reprendre tous ces bienfaits dont vous avez comblé mon père !
— Vous refusez d'accepter ces dons? — dit le duc avec étonnement.
— Oui, si ces dons ne sont pas la récompense que mérite mon père, s'ils sont le prix de mon malheur!
Le duc n'était pas habitué à s'entendre parler ainsi. Son es-

prit essentiellement dominateur n'eût certes pas permis un tel langage dans la bouche d'un homme, mais sa grande âme fut touchée de cette expression exquise des sentiments d'une jeune fille.

Il s'approcha de Catherine, lui prit les mains et la regardant bien en face :

— Jurez-moi que votre père ne sait rien de tout cela ? — dit-il.

Catherine leva les yeux vers le ciel comme pour le prendre à témoin :

— Je le jure ! — dit-elle.

— Jurez-moi que vous n'accueillerez jamais celui que vous aimez, tant qu'il sera mon ennemi ?

— Je vous le jure, monseigneur !

— Bien ! — dit le duc. — J'ai foi en vous, mademoiselle.

Un léger craquement du plancher indiqua le pas lourd d'une personne qui entrait.

— Mon père ! — dit Catherine.

Et se penchant vers le duc :

— Par pitié ! par grâce ! — murmura-t-elle. — Qu'il ignore tout !

Des valets apportaient des candélabres chargés de cierges allumés. Le salon resplendit de lumière. M. de Lespars était près de sa fille. Céranon, les bras croisés, attendait à distance.

Le duc les enveloppa tous dans un regard.

— Monsieur de Lespars, — dit-il, au moment où le baron se redressait après un salut profond, monsieur de Lespars, en votre qualité de *souverain maître et inquisiteur général des eaux et forêts* de la Lorraine, vous devez être constamment à mes ordres. Pour rendre votre service plus doux, vous habiterez l'hôtel de Lorraine. Millet tiendra, dès demain, un appartement à votre disposition.

Le conseiller au Parlement ouvrit des yeux énormes. Cette nouvelle faveur, qui lui tombait des nues, le rendit muet. Instinctivement ses regards cherchèrent Céranon envers lequel il se croyait redevable d'une nouvelle dose de reconnaissance.

Le duc se tourna vers Céranon :

— Vous, — dit-il, — en votre qualité de secrétaire, vous avez la haute main sur la direction de ma maison. Vous, — baron, — me répondez sur votre tête de la sécurité et de la tranquillité de ceux qui sont mes serviteurs et mes hôtes, ne l'oubliez pas, — ne l'oubliez jamais !

Céranon, comme le baron, s'inclina sans répondre. Alors le duc revint vers Catherine qui, les mains jointes et les yeux humides, regardait le duc de Lorraine comme elle eût regardé une apparition surnaturelle.

— Mademoiselle de Lespars, — lui dit-il, — à partir de cette heure vous êtes entièrement libre d'agir suivant votre volonté. Vous n'avez rien à redouter pour vous ou votre père. Vous n'épouserez Céranon que le jour où vous viendrez vous-même me dire que vous consentez librement à cette union.

« Demain, vous prêterez serment entre les mains de la princesse Louise comme *demoiselle d'honneur*, et en cette qualité, vous aurez à l'hôtel de Lorraine, alors que vous ne serez pas de service à la cour, appartement particulier auprès de celui de la duchesse qui vous donnera rang dans sa maison.

« Cet appartement, vous l'occuperez dès ce soir.

Puis, après un silence :

— Vous vous êtes mise loyalement sous la protection du duc de Lorraine, — reprit-il. — Souvenez-vous, mademoiselle, que vous êtes là à l'abri du malheur, à l'abri du danger ! car chacun le sait : offenser ceux que je protège, c'est m'offenser moi-même !

— Ah ! dit Catherine en tombant à genoux devant le duc et en saisissant ses mains qu'elle couvrit de larmes. — Vous n'êtes pas un homme, monseigneur ! Vous êtes un ange de miséricorde !

Le duc la releva doucement, et la conduisant vers le conseiller qui était, lui aussi, en proie à l'émotion la plus violente :

— Prenez une des litières de suite de la duchesse, — dit-il.

— Mademoiselle n'est pas encore parfaitement remise.

— Ah ! monseigneur, — balbutia le conseiller. — Quand donc pourrai-je me faire tuer pour vous !

Le duc sourit et passa en faisant de la main signe à Céranon de le suivre.

XXXIX

La Culture du Temple.

Le duc de Lorraine venait de rentrer dans son hôtel à la lueur des torches et des flambeaux. Les portes se refermèrent et la cour demeura illuminée, tandis que les rues avoisinantes étaient plongées dans une obscurité brumeuse.

La rue de Lorraine surtout, plus étroite que les trois autres, était plus sombre. Le couvre-feu n'était pas encore sonné et Paris était désert. C'était à peine si, de loin en loin, on apercevait l'ombre de quelque piéton inquiet qui longeait les maisons et se hâtait de rejoindre sa demeure.

Le froid était toujours vif, et une forte gelée, condensant la brume, formait sur les pavés et sur la terre une couche de verglas plus unie qu'une glace.

Une des portes donnant sur la rue de Lorraine s'ouvrit et un homme, enveloppé dans les plis d'un grand manteau, s'aventura sur le pavé glissant. Cet homme longea le mur, puis il traversa la rue et, se retournant, il examina la façade des bâtiments de l'hôtel construits sur les jardins.

Ses yeux s'arrêtèrent sur une fenêtre éclairée du second étage. De temps à autre on voyait, se dessinant sur les rideaux, la silhouette d'une femme allant et venant à l'intérieur.

L'homme contempla longtemps cette silhouette, puis, pour la mieux voir, il écarta les plis de son manteau. Alors, la lueur de la lune qui se dégageait, éclaira le visage pâle du baron de Céranon.

— Catherine à l'hôtel de Lorraine ! — murmura-t-il avec des reflets joyeux dans le regard. — Qu'elle reçoive donc là encore les lettres que le vicomte de Maillé venait déposer chaque nuit sur sa fenêtre ! Qu'elle essaye donc de le revoir, de l'écouter, de lui parler ! Ah ! j'avais bien dit que la fortune ne m'échapperait pas des mains !

Puis, après un silence :

— Oh ! — reprit-il avec un éclat de joie sauvage, — que c'est beau de se servir ainsi des autres et de faire danser tous ces pantins, même les plus grands, quand, soi, on est petit ! Elle ne sera ma femme que lorsqu'elle vous demandera à l'être, monseigneur ! Eh bien ! soit, elle vous le demandera, mais jusque-là vous veillerez sur elle et jusque-là vous assurerez ma tranquillité et mon repos.

Il regardait le mur très élevé :

— Cette muraille est une barrière infranchissable entre elle et lui — dit-il. — Allons ! tout va bien ! très bien même ! Achevons l'œuvre.

Il, rejetant sur son épaule les plis de son manteau dans lequel il se drapa, Céranon continua sa marche.

Il atteignit l'angle formé par la rue de Lorraine et celle des Quatre-Fils-Aymon. Il s'arrêta et parut sonder du regard la rue des Audriettes et celle du Grand-Chantier.

— Rien ! — murmura-t-il.

Il écouta attentivement :

— Rien ! — répéta-t-il.

Il fit quelques pas en longeant le mur de la rue des Quatre-Fils-Aymon ; mur qui bordait le jardin de l'hôtel de Lorraine.

— Rien encore ! — dit-il en s'arrêtant. — Est-ce qu'il ne serait pas venu ?

Il traversa lentement la rue. Comme il traversait le ruisseau qui coulait au centre, un cri d'oiseau de nuit retentit dans la nuit. Céranon s'arrêta.

Un second cri retentit presqu'aussitôt, Céranon ne fit pas un mouvement. Alors, une ombre noire se détacha du pied de la muraille et un homme s'approcha :

— Ah! — dit le secrétaire du duc de Lorraine, — c'est toi, Évroin!

— Oui, maître! — répondit l'homme à voix basse. — Mais ne causons pas au milieu de la rue, si vous y consentez.

— Pourquoi?

— Parce qu'il m'a semblé tout à l'heure qu'un homme s'embusquait dans la rue des Audriettes et qu'il paraissait attendre.

— Quel homme?

— Je ne sais, mais je l'ai vu.

— Tu es donc ici depuis longtemps?

— Depuis une heure.

— Pourquoi n'es-tu pas venu plus tôt me rejoindre?

— Parce que je voulais être certain que c'était vous, et j'ai attendu.

Tout en parlant, les deux hommes avaient atteint la rue Vieille-du-Temple, et ils s'engageaient sous le branchage de gros arbres plantés là, dans un vaste terrain nommé la *Culture du Temple*, et qui s'étendait depuis l'hôtel de Lorraine jusqu'au boulevard d'enceinte. Céranon s'arrêta en s'abritant, ainsi que son compagnon, derrière un gros tronc d'arbre.

Après un silence.

— Tu as accompli mes ordres, Évroin? — demanda M. de Céranon.

— Oui, maître! — répondit Évroin.

— Tu l'as vu?

— Je l'ai vu!

— Quand?

— Ce soir.

— A quelle heure?

— A six heures.

— Où cela?

— Au cabaret des *Trois-Poissons*.

— Tu lui as parlé?

— Oui.

— Tu lui as dit?

— Ce qu'il fallait dire.

— Tu as fait le signe?

— Ainsi que cela était convenu.

— Et qu'a-t-il répondu?

— Qu'il viendrait.

— A quelle heure?

— Un quart d'heure après le couvre-feu!

— Ecoute!

Céranon avait posé la main sur l'épaule de son compagnon. Tous deux prêtèrent l'oreille. On entendit un son lointain de trompe qui venait jusqu'à eux, puis à ce son succéda le cri d'une voix claire qui psalmodiait dans la nuit noire des paroles monotones.

— Le couvre-feu! — dit Evroin.

— Alors il y est?

— Il doit y être!

— Conduis-moi!

Evroin fit un signe affirmatif, et les deux hommes, traversant la *Culture du Temple*, atteignirent l'entrée de la rue Pastourelle, dans laquelle ils s'enfoncèrent.

XL

La rue Marie-l'Egyptienne.

Dans la grande rue Montmartre, un peu au-dessus de la maison du cabaret des *Trois-Poissons*, s'ouvrait alors une rue qui avait pour nom la rue *Marie-l'Egyptienne*.

Tout le côté gauche de cette rue était bordé par la muraille du couvent des Augustins. Le côté droit ne consistait qu'en trois maisons, deux petites et une grande.

La grande se dressait entre les deux autres, et elle avait un toit aigu à pignon et un *avant-solier* qui lui donnaient l'aspect le plus vénérable.

A l'heure où le couvre-feu sonnait, les habitants de cette maison avaient sans doute éteint leurs feux depuis longtemps, car elle était plongée dans une obscurité complète. Elle se dressait comme une grosse masse noire, comme un vieux bâtiment abandonné.

Tout à coup, le bruit d'un pas vigoureusement accentué retentit sur le pavé, et un homme de grande taille et d'allure vive, tournant l'angle des deux rues, quitta la grande rue Montmartre pour s'engager dans celle de Marie-l'Egyptienne.

L'homme traînait au côté une grande flamberge de dimension plus que respectable qui lui battait les jambes.

Un chapeau à bord plat, rabattu sur les yeux, portait son ombre épaisse sur le haut et le milieu du visage.

En arrivant en face de la maison au pignon, l'homme s'arrêta devant la porte. Il fouilla dans sa poche, en tira une clef, et il introduisit cette clef dans la serrure.

La porte s'ouvrit; l'homme entra, la referma, et il se trouva alors dans une obscurité telle qu'il était matériellement impossible de distinguer à ses pieds. Il prit un briquet dans sa poche, battit la pierre, fit du feu, et alluma un de ces bouts de mèche enroulée dans la cire et que l'on nomme vulgairement *un rat*.

Le rat dûment enflammé, il gravit les marches d'un escalier tortueux. Il escalada le premier étage, puis le second, puis le troisième.

Il s'arrêta en face d'une porte, et il leva la main comme pour frapper, mais il s'arrêta.

Il se baissa et il appuya sa tête contre la porte, l'oreille attentive. Il demeura ainsi quelques instants.

— Il ne dort pas! — dit-il en se redressant.

Alors il frappa un petit coup sec. La porte s'ouvrit, il entra. La lumière du rat éclaira tout d'abord une petite pièce absolument dénuée de meubles.

Une autre porte était ouverte, l'homme en franchit le seuil et il pénétra dans une seconde pièce. Cette pièce, sans être richement meublée, l'était suffisamment. Un homme se promenait en long et en large dans cette pièce. Quand celui qui tenait le rat entra, il se retourna, et la lumière éclaira en plein le visage de Martin Sambuc.

— Ah! te voilà, mon brave Simon, — dit-il. — Tu as fini ta ronde?

— Oui, — répondit l'homme en plantant son rat sur une table.

— Tu reviens tard, ce soir!

— Oui, mais je craignais encore d'être revenu trop tôt, mon cher Lustupin.

— Pourquoi?

— En approchant de la maison, je ne voyais aucune lumière, et même en arrivant devant la porte du logement, je ne voyais rien. Si je ne vous avais pas entendu marcher...

— C'est qu'il ne fallait pas qu'il y eût de lumière dans cette maison avant le couvre-feu, et maintenant même il ne faut plus qu'il y en ait!

Et Lustupin s'approchant du *rat*, souffla la mèche.

— Là! — dit-il. — Nous causerons tout aussi bien dans l'obscurité. Voyons! prends un siège et faisons vite. Où as-tu été ce soir?

— Dans les carrières.

— Qu'as-tu vu?

— Les envoyés de La Rochelle, les envoyés de Nantes et ceux de Blois.

— Que disent-ils?

— Tout va bien. Les ennemis du prince de Lorraine constamment persécutés, contraints à paraître haïr le Dauphin et à aimer le roi d'Angleterre, sont prêts à se lever en masse pour combattre et pour assurer leur liberté politique.

— Et Lyon, Rouen, Amiens?

— N'ont pas encore envoyé.

— Il faut presser ces villes!

— J'en ai donné l'ordre.

— C'est bien!

Lustupin parut réfléchir, et un profond silence régna dans cette salle absolument obscure.

— Combien avons-nous d'hommes dans les carrières ? — demanda Lustupin.
— Trois cent dix ! — répondit Simon.
— Mais sans armes ?
— Hélas ! oui.
— Il faudrait armer ces hommes ! — dit Lustupin avec impatience. Mais comment faire pour les armer ?
Lustupin s'était arrêté, et il prêtait attentivement l'oreille.
— Qu'est-ce donc ? — dit Simon.
— Chut !
— Quoi ?...
— Rien ! Écoute !
Puis après un moment :
— Oui ! j'entends marcher, — reprit-il, — c'est lui !
Il se leva en reculant violemment son siège.
— Lui ! — répéta-t-il.
Il posa sa main sur sa poitrine.
— Oh ! — fit-il. — Que va me dire cet homme ? Que va-t-il se passer entre nous ?
Un miaulement aigu, prolongé, véritable miaulement de chat qui appelle sa compagne, retentit dans la rue.
— C'est lui ! — reprit Lustupin.
Et s'adressant à Simon :
— Va ! — dit-il. — Descends au premier étage avant que la porte ne soit ouverte.
Simon quitta vivement le petit logement et descendit rapidement l'escalier.
Un second miaulement, plus aigu, plus aigre, plus impatient que le premier, retentit dans la rue. La porte d'entrée s'ouvrit, et un bruit de pas monta jusqu'au palier du troisième étage, sur lequel attendait Sambuc, appuyé sur la large barre de bois formant rampe.
Deux hommes apparurent, éclairés par une lanterne que l'un d'eux venait d'allumer.
Ils montèrent...
Sambuc se recula, et faisant lentement quelques pas en arrière, il rentra dans le petit logement.
— Oh ! — murmura-t-il. — S'il est venu, c'est qu'il veut parler !... Que va-t-il m'apprendre ?
Les pas approchaient. Sambuc fronça les sourcils.
— Est-ce un ami ou un ennemi qui vient-là ? — se demanda-t-il en changeant de ton.
Et portant la main sur la garde de son épée :
— Par le Dieu vivant ! — ajouta-t-il. — Si c'est un ennemi, malheur à lui !
Le bruit des pas avait cessé. Ceux qui venaient de monter devaient être sur le palier.
Effectivement, ils étaient là tous deux, l'un tenant sa lanterne, l'autre regardant attentivement autour de lui. Ils paraissaient hésiter tous les deux en présence de cette obscurité profonde qui régnait.
Tout à coup cette obscurité se dissipa, et la lueur de cierges allumés resplendit dans la seconde pièce.
L'homme qui ne portait pas la lanterne fit signe à l'autre de demeurer sur le carré, puis il repoussa doucement la porte, il la ferma et il se dirigea vers la seconde pièce.
Sambuc était là, debout, au milieu de la salle, les bras croisés sur la poitrine.
L'homme entra et il s'arrêta, contemplant à son tour celui qui le contemplait. Cet échange de regards, d'examen pour ainsi dire, dura quelques secondes qui parurent de longs siècles.
Enfin Sambuc décroisa ses bras.
— Céranon ! — dit-il.
— Sambuc ! — répondit le nouveau venu.
Tous deux se regardèrent encore. Un nouveau silence régna. Sambuc fit deux pas en avant.
— Est-ce un ami qui vient à moi ? — demanda-t-il.
— Oui ! — repartit Céranon.
— Je le souhaite !
Et Sambuc tendit tout ouverte sa large main, dans laquelle Céranon plaça la sienne.

XLI

Les deux amis.

Les deux hommes étaient assis en face l'un de l'autre.
Il y eut un silence assez long.
Ni Céranon ni Sambuc ne paraissaient embarrassés de ce silence.
Tous deux étaient évidemment sous l'empire d'une préoccupation à laquelle la crainte était absolument étrangère.
Ces hommes, qui s'étaient traités en ennemis durant de si longues années, qui ignoraient à présent comment ils devaient se traiter, ces hommes savaient fort bien que, pour l'instant précis de leur rencontre, ils n'avaient rien à redouter l'un de l'autre, mais c'était moins le présent que l'avenir qui les faisait songer.
Martin Sambuc releva la tête.
Céranon était immobile : il attendait.
Le Bayle parut avoir pris soudainement un parti décisif :
— Monsieur le baron, — dit-il, — je crois qu'entre gens comme nous la franchise brutale est le meilleur moyen à adopter.
Céranon s'inclina :
— C'est mon avis ! — dit-il.
Martin Sambuc le regarda fixement.
— Donc, — reprit-il, — je vais être franc !
— Je vous écoute.
— Mais franc comme on ne saurait l'être plus.
— Parlez !
— Je ne vous demande pas l'engagement d'une même et égale franchise.
— Ah !
— Vous serez libre de me répondre.
— Je le pense, je l'espère !
— Comme il vous conviendra.
— J'en suis sûr.
— Donc, je commence !
— Commencez !
Martin Sambuc fit entendre un soupir profond ; puis, secouant doucement et tristement la tête, il reprit après un silence :
— Monsieur de Céranon, — vous souvient-il de l'année de grâce quatorze cent quatre-vingt-six ?
— Oui.
— Et du mariage de Sabine Demandols avec le Beau-Muguet ?
— Parfaitement.
— Et de la mort de Sabine ?
— J'ai assisté à son enterrement.
— Vous vous souvenez de tout ?
— De tout !
— Sans avoir rien oublié ?
— Rien absolument. D'ailleurs si j'avais oublié, votre récit, fait au château d'Auriac à Barcelonnette, — le jour du mariage de mademoiselle Isabelle d'Auriac avec le comte de Saint-Allos, — m'aurait remis sur la voie.
— Il y a longtemps de cela !
— Qu'importe !
— Ce récit est présent à votre mémoire ?
— Comme si vous l'acheviez.
— Vous vous rappelez alors où j'en suis resté ?
— Parfaitement.
— Dites-le moi.
Céranon réfléchit un moment :
— Vous en êtes resté, — dit-il, — au moment où Loys Demandols tombait dans la fosse creusée pour sa fille, à l'heure où chacun crut à une résurrection !
— Oui.
— Ce fut alors que je lus la lettre de monseigneur Des Allemans-Laval qui expliquait tout.
— Oui.
Le Bayle reprit :
— Sabine avait été enlevée par celui qui, — l'aimant et

étant aimé d'elle, — avait eu recours à un subterfuge pour l'arracher aux bras d'un infâme.

Céranon regarda Martin Sambuc :
— Celui-là, — dit-il, — c'était ?
— Moi ! — dit le Bayle.
— Et l'infâme ?
— Le comte de Saint-Allos.
— Et celui qui avait donné le narcotique ?
— Un savant !
— Adrian Jaoul ?
— Oui.

Céranon secoua la tête :
— Que pourrais-tu m'expliquer encore ? — dit-il, — je sais tout le reste.

Longtemps, tu as ignoré que le comte de Saint-Allos était le Beau-Muguet, que tu n'avais jamais vu.

En me rencontrant quelques années ensuite tu crus que le Beau-Muguet c'était moi.
— Je l'avoue.
— Le fils de M. d'Auriac, mieux informé que toi, sut, lui, que le véritable époux de Sabine avait été Saint-Allos.

« Raoul apprit cela le jour même où il apprit que sa sœur Isabelle allait épouser le comte.

« Il partit précipitamment pour Barcelonnette.

« Au moment où il allait arriver, il fut provoqué par un gentilhomme masqué.

« Il se battit...

« Il fut tué.

« Tu ne l'ignores pas ?
— J'ai assisté au duel.
— Et quand tu as reconnu dans le meurtrier Saint-Allos alors l'époux de mademoiselle Isabelle, tu n'as osé rien dire, et tu t'es laissé condamner et emprisonner, torturer même, sans dire ce que tu savais.
— J'aurais causé à mademoiselle Isabelle, ma noble maîtresse, le chagrin le plus violent, si j'eusse osé parler. Elle, la femme de l'assassin de son frère ! Et elle aimait le comte. Je me suis sacrifié.
— L'a-t-elle su ?
— Jamais.
— J'aurais pu le lui dire, mais je me suis tu.
— Vous avez bien fait.
— Maintenant, autre chose !
— Quoi ?
— Puisque nous en sommes aux explications claires et nettes sur le passé...
— Eh bien ?
— J'ai à demander un renseignement.
— Un renseignement ?
— Sérieux.
— Concernant ?
— L'histoire des *parisis !*

Martin Sambuc tressaillit violemment :
— Ah ! ah ! — reprit Céranon, — l'effet est toujours le même, il paraîtrait.
— Cette affaire des *parisis* intéresse le salut de mon âme, — dit Martin Sambuc.
— Ah ! ah !
— Je ne puis en parler !
— En vérité ?
— Sur ma foi de chrétien !
— Et si je te montrais un *parisis ?*
— Ne le faites pas !
— Pourquoi ?
— Je serais obligé de vous tuer !
— Et pourquoi cela ?
— Parce qu'à Barcelonnette, — jadis, — vous m'en avez donné, et que cette fois devenant la seconde, il faudrait que je vous frappasse sans hésitation, — sans pitié, — sans miséricorde !
— Sinon ?
— Rien de ce que j'entreprendrais ne réussirait.
— Comment ! Tu crois...
— Au destin !
— Et c'est le destin qui veut cela ?
— Oui.
— Alors, n'en parlons plus !
— Jamais !
— Jamais soit, mais si nous ne pouvons plus parler entre nous d'un genre de monnaie fort bien accueilli par tout le monde, parlons de Sabine...
— Sabine ! — répéta le Bayle en frémissant.
— Oui.
— Parler d'elle !
— Pourquoi pas ? Qu'est-elle devenue ?
— Elle est morte !
— Quand ?
— Peu de jours après le mariage du comte de Saint-Allos.
— Ah ! ah !
— Oui ! Elle est morte !
— Dans tes bras ?
— Non, — je ne l'ai pas vue mourir, — j'étais en prison ; — mais en sortant de prison, — j'allai à l'endroit même où elle rendit le dernier soupir, et invoquant son ombre, je fis entre les mains du fantôme le serment de vengeance.
— Est-ce là tout ce que tu avais à me dire ?
— Non !
— Quoi encore ?
— Ce qui concerne Claudine ma sœur, Engilbert Aussias et le comte Saint-Allos !
— Parle !
— Vous écoutez ?
— De mes deux oreilles.
— Quand le château d'Auriac a brûlé, ensevelissant sous ses ruines le cadavre du baron et celui de sa fille, vous étiez encore à Barcelonnette ?
— Non.
— Vous n'étiez pas à Barcelonnette ? — s'écria le Bayle.
— Non ! — répéta Céranon avec assurance.
— Jurez-le moi !
— Je le jure !
— De sorte que vous ne savez pas encore qui a mis le feu au château d'Auriac ?
— Non !
— Jurez-le encore !
— Je le jure !
— Très-bien !

Un silence régna dans la pièce.

Le Bayle reprit :
— Et Saint-Allos ?
— J'ignore où il était alors, — répondit Céranon. — Il a disparu après l'incendie !
— Vous ne l'avez pas revu ?
— Non.
— Saviez-vous qui il était alors ?
— Non.
— Vous l'ignoriez ?
— Oui.
— Il vous avait donc trompé ?
— Absolument !
— Jurez-le moi !
— Je le jure !
— Et Engilbert Aussias ?
— Il est mort.
— Depuis quand ?
— Depuis six ans. J'ai assisté à son enterrement.

Il y eut un nouveau silence.

Martin Sambuc paraissait respirer avec peine.

Il reprit :
— Et... Claudine ?... ma sœur ?...
— Elle est morte par suite, sans doute, d'un accident, — répondit froidement le baron de Céranon.
— Par suite d'un accident ?

Le Bayle appuyait sur les mots.

Son interlocuteur ne sourcilla pas :
— Oui, — dit-il simplement.

Défends-toi, dit-il, ou tu vas mourir. (Page 74).

— Comment ?
— Elle est tombée dans un précipice et le lendemain on a retrouvé son corps brisé.
— Vous jurez que cela est arrivé ?
— Je le jure !
Le Bayle s'était levé et parcourait la pièce avec une agitation extrême.
Revenant vers Céranon, devant lequel il s'arrêta :
— Jurez-moi, — reprit-il d'une voix rauque, — que vous m'avez répondu loyalement.
— Je vous jure, — répondit Céranon, — que je vous ai répondu comme je devais vous répondre.
— Ah ! — s'écria Martin Sambuc avec animation, — vous êtes un infâme et un lâche !
Céranon haussa les épaules.
— Insultes stupides et qui ne sauraient m'atteindre ! — dit-il avec un accent railleur.
Martin Sambuc était revenu sur lui.
— Tu viens de faire quatre faux serments ! — dit-il.
« Le premier à propos de l'incendie du château d'Aussias !
« Tu étais à Barcelonnette, — misérable damné, — puisque c'est toi qui as mis lâchement le feu au château. Je le sais !
« Le second, c'est quand tu jures que tu ignorais quel était le comte de Saint-Allos, ton complice !
« Tu le sais.
« Le troisième, c'est quand tu prétends que ma sœur est morte dans un abîme !

« Et le quatrième quand tu m'affirmes que tout ce que tu m'as appris était arrivé.
« Tu as fait quatre faux serments, — Céranon. — Tu seras donc quatre fois damné, car tu as insulté Dieu !
« Claudine n'est pas morte ainsi au fond d'un précipice.
« Tu l'as fait passer pour morte, le jour où tu la fis enlever, elle, et où tu fis noyer une pauvre fille de la vallée dont la présence te gênait.
« Cette jeune fille ressemblait un peu à Claudine.
« Tu as fait retirer de l'eau le cadavre dont tu avais rendu le visage méconnaissable.
« Tu osas le revêtir des vêtements appartenant à Claudine, et pour tous ce fut ma pauvre sœur qui avait péri dans l'abîme.
« Mais Claudine était enfermée étroitement et tu voulais assouvir, en la contraignant lâchement, ta lâche et fatale passion... quand elle-même s'est tuée pour échapper au plus horrible des déshonneurs.
« Est-ce vrai, tout cela ?
« Dis ! oses-tu nier ?
« Réponds ! »
En écoutant ces véhémentes paroles, Céranon était demeuré impassible.
Quand Martin Sambuc eut achevé, il le regarda froidement, et relevant lentement la tête :
— Après ? — dit-il.
Martin Sambuc fit un geste menaçant :
— Achève ! — poursuivit le baron. — Si tout ce que tu dis est vrai, tu dois avoir un plan tracé d'avance.

« Ce plan, suis-le!
« J'attends tes conclusions!
« Qu'as-tu encore à me dire?
— Ce que j'ai à te dire, — s'écria le Bayle qui paraissait ne se contenir qu'à grand'peine. — Écoute! Tu vas le savoir!
— J'écoute!
— Je connais le rôle infâme que tu as joué.
« Tu étais l'ami intime de Saint-Allos.
« C'est toi qui lui as conseillé d'épouser Sabine pour refaire sa fortune.
« C'est toi qui, — plus tard, — lui as fait donner la main de mademoiselle d'Auriac par le baron.
« C'est toi qui, — sachant que le sire Raoul n'ignorait rien, — as provoqué le duel.
« Quand tu as connu les projets de ton ami, c'est toi qui, — plus tard, — t'es encore associé à lui pour les mettre à exécution.
« C'est toi qui as incendié le château et fait mourir madame de Saint-Allos.
« Alors il a quitté la France, il a abandonné ce nom de Saint-Allos qui était celui d'une terre et il a entrepris cette carrière dans laquelle tu l'as suivi pas à pas, et qui vous a menés tous deux à la puissance.
« Beau-Muguet, — Saint-Allos, — et maintenant président Duprat en attendant qu'on dise : cardinal Duprat et premier ministre!
« Est-ce vrai, tout cela?
« Et ce n'est pas tout!
— Ensuite?
— Tu étais épris de Claudine, — ma sœur, — mais tu redoutais la colère d'Engilbert, car tu savais qu'il t'eût frappé impitoyablement.
« Le hasard me desservit.
« Je fus accusé, — tu me savais innocent, — tu m'as laissé condamner.
« J'étais écrasé : c'était un obstacle de moins pour toi.
— Assez! — dit Céranon en se levant, — j'ai cru que tu avais autre chose à m'apprendre.
« Du moment que tu n'as que des reproches à formuler, il est inutile d'aller plus loin.
« Écoute à ton tour :
« Je vais éclairer la situation.
« Tout ce que tu dis est vrai. — Tu vois que je suis parfaitement sincère.
« Maintenant, voici ce que je veux faire :
« Assurer la puissance de Duprat qui assure la mienne.
« Épouser mademoiselle de Lespars que j'aime.
« Me débarrasser du vicomte de Mailé.
« Si tu veux m'aider, je te ferai riche! »
Martin Sambuc paraissait être redevenu parfaitement maître de lui-même.
— Et si je ne veux pas? — dit-il.
— Tu feras une sottise.
— Pourquoi?
— Parce que je triompherai malgré toi, et que je t'écraserai.
Le Bayle se mit à rire.
— Mort-diable! — dit-il. — Tu oublies donc où tu es et avec qui tu es?
— Non!
— Alors, pourquoi crois-tu que tu vas sortir vivant d'ici?
En achevant ces mots, le Bayle se plaça devant la porte de la pièce.
Céranon ne bougea pas.
— Tu es armé, — dit Martin Sambuc. — Tu vas te défendre. Si tu me tues tu passeras.
Céranon haussa les épaules.
— Tu es fou! — dit-il.
— Pourquoi?
— Je ne me battrai pas!
— Alors, — je te tuerai, — sans remords et sans peine.
— Toi?

— Moi-même!
— Je t'en défie!
Et Céranon se croisa les bras sur la poitrine.
En ce moment, le bruit des cloches de Saint-Eustache ébranla les airs
— L'agonie du roi! — dit vivement Céranon en tressaillant.
— Le roi se meurt!
Et il s'élança vers la porte.
Martin Sambuc était devant lui, — l'épée nue à la main :
— Défends-toi, — dit-il, — ou tu vas mourir!
— Laisse-moi passer! — dit Céranon.
— Défends-toi.
— Non!
— Tu vas mourir!
— Alors, — s'écria Céranon, — ta sœur mourra dans d'infâmes tortures.
— Ma sœur! — vociféra le Bayle.
— Oui! Claudine qui est encore vivante, — qui est entre mes mains, — que je rendrai libre si tu me sers, et qui sera torturée si tu refuses de m'obéir!
Martin Sambuc était pâle comme un linceul.
Les cloches sonnaient le glas avec un écho lugubre, et aux cloches de Saint-Eustache se joignaient les cloches des autres paroisses.

XLII

Le roi est mort.

— Le bon roi Louis, père du peuple, est mort! — criaient les *clocheteurs des trépassés*.
Et, vêtus de deuil, ils parcouraient les rues de Paris en agitant leurs *campanes* (cloches pour les enterrements).
Onze heures et demie venaient de sonner, et cette nuit était celle du 1ᵉʳ janvier 1515.
— Le bon roi Louis, père du peuple, est mort! — répétaient les crieurs.
Et aux sons de leurs *campanes* répondaient ceux des cloches des églises.
Celles de Notre-Dame sonnaient le glas à toute volée
Paris était réveillé.
Toutes les fenêtres étaient éclairées.
Toutes les portes étaient ouvertes.
Partout on n'entendait que pleurs, cris, lamentations, expressions de chagrins et de douleurs.
« C'était, — disent les contemporains, — une désolation telle qu'on n'en avait vu jamais au trépassement d'aucun roi. »
Et ces regrets étaient mérités.
Jamais aucun roi de France, depuis saint Louis, n'avait témoigné au pauvre peuple une sympathie aussi efficace que celle que lui avait prodiguée Louis XII.
Tous les Parisiens étaient en prières.
Toutes les églises étaient pleines.
On s'agenouillait sur les voies et sur les places publiques, devant les maisons, devant les croix des carrefours.
La place de Grève surtout était envahie.
Devant la maison de Calboche, — le maître tanneur, — la réunion était nombreuse.
Les prières étaient interrompues par les regrets, les larmes, les expressions d'amour pour le roi défunt.
— Ah! — disait Perrine, — comme il était bon! le cher Sire!
— Et comme il était brave! — ajouta Calboche.
— Oh! oui! — dit André.
— Si brave, — ajouta Nicolas, — qu'à la bataille d'Agnadel, — comme les canons vénitiens tonnaient de son côté, on lui cria qu'il s'exposait trop, mais lui répondit :
« — Point! Point! — Je n'ai peur! Quiconque peur aura, que derrière moi se place! »
— Et comme il était économe!
— Comme il nous aimait!
— Et il y a des gentilshommes, — des amis des Lorrains, de la princesse Louise et du président Duprat, — dit Calboche, — qui l'accusaient d'avarice!

— C'est affreux !

Et vous savez bien aussi que lorsque les clercs de la Bazoche ont représenté comiquement le roi économe, dans leurs *farces* de la grande salle au Palais, il a dit en riant :

« J'aime mieux voir rire mes c..artisans de mes épargnes que voir pleurer mon peuple de mes dépenses ! »

— Il y a dix-sept ans qu'il est monté sur le trône de ses pères.

— Et comme nous avons été heureux !
— Et contents !
— Il avait le caractère si noble !
— Le jugement si sain.
— Il a institué tant de sages règlements pour l'administration de la justice et des finances, qu'il a bien mérité son nom de notre père !
— Quel malheur qu'il soit mort !
— Quelle douleur !
— Et dire que cette mort vient de ce qu'il a épousé la princesse d'Angleterre.
— Une ennemie !

Cette opinion, effectivement, que la mort prématurée du roi (il n'avait que cinquante-trois ans) provenait de son union avec une Anglaise était accréditée.

Si bien accréditée même, que Brantôme écrivait quelques années plus tard :

« Aussy, disoit on pour lors, quand il l'esposna, qu'il avait pris une jeune *guilledine* qui bien tost le mèneroit en paradis tout droit et plus tôt qu'il ne voudrait son grand chemin, ce quy fut vray, bien qu'il ne mourut qu'à cinquante-trois ans, vray âge encore de sa bonne et excellente force, mais il avait fort pâty en son temps. »

Et effet, et aux dires de tous ceux qui l'ont approché, ce mariage qui faisait la joie du roi l'avait poussé au tombeau.

« En prenant, à cinquante-trois ans, une femme qui en comptait seize, — disent la *Gestes de Bayard*, — une femme belle, vive et accoutumée à peu ou point de retenue, Louys voulust faire de *gentil compagnon* avec sa femme, et il ne se soutenait depuis longues années la santé du corps qu'en suivant un régime sévère.

« Mais il changea entièrement d'habitudes pour plaire à sa jeune et belle épouse.

« Elle était avide de bals, de tournois et de banquets.

« Où le roi avait coutume de disner à huit heures, il convenait présentement qu'il disnât à midi.

« Où le roi avait coutume de se coucher à six heures du soir, il couchait souvent à minuit et passé. »

Il n'écouta point ses médecins.

Il languit et dépérit rapidement.

A la fin de décembre, la dyssenterie l'avait pris et nul remède humain ne le pouvait sauver.

A onze heures et demie, il était mort.

Aussi tout Paris priait-il, pleurait-il, et gémissait-il.

Et un seul et même cri de douleur était dans toutes les bouches.

— Le roi est mort ! »

XLIII

Les funérailles.

De tous temps, les funérailles en France se sont célébrées avec pompe, même dans la première époque des Gaules.

Pour les *chefs*, on élevait un tertre qu'on appelait *tombelles* ou *Tumulus*, pour indiquer le lieu où étaient déposés leurs restes mortels.

Des armes de fer ou de pierre y étaient placées, et c'est en creusant les terrains recouverts par ces tombeaux, que l'on a retrouvé le plus grand nombre d'armes gauloises, de colliers, de vases, etc.

On immolait quelquefois un cheval et même des esclaves, aux funérailles des chefs gaulois.

Sous la domination romaine, les Gaulois enfermèrent des urnes cinéraires dans des sarcophages en pierre, qui étaient placés ordinairement le long des voies publiques.

Les Francs ne brûlaient pas les corps.

Ils ensevelissaient dans des étoffes précieuses les corps des personnages illustres, et plaçaient dans les tombeaux des armes, des pièces d'or et autres objets de prix.

Témoin le tombeau de Childéric 1er, découvert à Tournai en 1653.

Un fer de cheval et des débris de harnais firent supposer que le cheval avait été immolé sur le tombeau.

On y trouva des abeilles d'or de grandeur naturelle.

Un anneau d'or portait l'effigie d'un guerrier à longue barbe et à longue chevelure, avec une inscription :

Childéric-roi.

L'abbaye de Saint-Denis fondée par Dagobert devint le lieu de sépulture des rois de France.

C'était à Saint-Denis donc que l'on allait ensevelir le corps du feu roi Louis XII.

Le cérémonial de cette sépulture royale devait être scrupuleusement exécuté suivant les lois des anciens rituels.

La mort constatée, on avait procédé, durant la nuit même, à l'embaumement du corps.

Durant cette nuit, les ouvriers appelés en hâte dressaient un lit de parade dans la grande salle du Louvre.

Le roi était mort dans son hôtel des Tournelles, mais on avait transporté le corps au Louvre pour rendre la cérémonie plus imposante.

On revêtit le corps du roi d'un pourpoint, d'une tunique et dalmatique de drap d'or à fleurs de lis fourré d'hermines, fermés par-dessus l'épaule avec une large agrafe de perles.

Un sceptre fut placé dans la main droite du roi.

Une main de justice dans sa main gauche, avec des anneaux aux doigts, une couronne en tête, des chausses et des souliers semblables aux vêtements.

Ainsi costumé, le roi fut placé sur la litière de parade.

Un drap d'or couvrait cette litière, et en haut, vers la tête, étaient placés deux oreillers de velours vermeil ornés de perles.

Au pied de la litière deux lampes d'or, une croix, un bénitier et deux encensoirs d'or.

Au-dessus de la litière, un ciel de drap d'or soutenu par quatre lances.

Les officiers de la maison du roi devaient continuer à faire leur service comme si de rien n'était, et même on devait servir les repas devant le corps mort comme on l'avait fait devant le roi vivant.

De l'instant de la mort à celui de l'enterrement, — durant le temps de l'exposition du corps, — il y avait une sorte d'intérim dans les affaires et dans la royauté elle-même.

Tant que le roi mort était dans son palais, — le roi, son successeur, n'existait pas.

On avait crié et on criait : *le roi est mort !* mais on n'avait pas crié : *Vive le roi.*

L'exposition devait durer deux jours.

Tout Paris, — hommes, — femmes, — enfants, — vieillards, — venaient visiter le roi mort.

L'accès du palais était libre.

Le roi était mort le 31 décembre 1515, à onze heures et demie du soir.

Le 1er janvier 1515, à midi, — le corps était placé solennellement sur le lit de parade, dans la salle du trône, et le clergé entourait le lit, — procédant aux prières.

La famille royale avait ses places réservées près du lit.

Le *roi d'armes*, chef des hérauts, se tenait debout, au pied du lit, ayant à la main la bannière de France renversée.

Seigneurs, — bourgeois, — peuple défilaient lentement devant la litière.

A une heure, les *grands officiers de la couronne* défilèrent processionnellement.

Ce fut d'abord le *grand Sénéchal.*

Puis le *grand connétable.*

Puis le *grand maître de la maison du roi.*

Ensuite vinrent successivement, et par rang d'ordre, chacun accompagné de ses officiers :

Le *grand chambrier* ou *camérier*.
Le *grand chambellan*.
Le *grand écuyer*.
Le *grand maître de l'artillerie*.
Le *grand aumônier*.
Le *grand panetier*.
Le *grand bouteiller*.
Le *grand queux*.
Le *grand écuyer tranchant*.
Le *grand veneur*.
Le *grand fauconnier*.
Le *grand louvetier*.
Et enfin les *officiers de la bouche.*
Chacun des grands officiers rendait hommage en s'arrêtant devant le lit funéraire.
Après eux vinrent les officiers des grands ordres militaires, suivis de leurs chevaliers.
Puis s'avança le corps entier du Parlement.
Grands présidents, — présidents de chambre, — maître des requêtes, — conseillers aux enquêtes, — conseillers des comptes, — ceux de la chambre dorée, — avocats, — huissiers s'avançaient, chaque chambre séparée de l'autre par un espace vide.
Dans les rangs du cortége de la *Grand'Chambre*, marchait M. de Lespars.
Il paraissait fort ému.
Il s'agenouilla pieusement et dévotement devant le lit funèbre.
Puis il se releva, — fit le signe de la croix et suivit ses collègues.
Le cortége traversa ensuite *la salle des Cariatides* se dirigeant vers celles des Gardes.
Au moment où il passait devant les membres du grand Conseil, un conseiller de robe courte s'avança et salua M. de Lespars.
Celui-ci devint cramoisi, puis blême, puis vert, puis jaune.
Il paraissait fort embarrassé, et il balbutia quelques paroles qu'il fut impossible de comprendre.
Le conseiller de robe courte le salua de nouveau.
— Vous plairait-il que nous causions quelques instants? — ni dit-il.
M. de Lespars fit un effort sur lui-même :
— A votre disposition, cher maître, — répondit-il, — à votre entière disposition.
— Alors venez !
— Je vous suis.
Tous deux gagnèrent l'embrasure d'une fenêtre.
1. de Lespars parut s'être remis un peu :
— Tout d'abord, — mon cher monsieur de Céranon, — dit-il, — il faut que vous sachiez que je vous suis toujours profondément reconnaissant de ce que...
— Chut ! ne parlons pas de cela !
— Mais...
— N'en parlons pas !
— C'est que vous pourriez douter.
— Pourquoi ?
— Parce que Catherine... ma fille...
— Refuse de m'épouser.
— Je ne dis pas cela...
— Mais je le dis, moi !
— Cependant...
— Laissez-moi parler !
— J'écoute.
— Retenez bien ce que je vais vous dire, — mon cher monsieur de Lespars.
« Votre fille devait être ma femme.
« Elle y consentait...
« Un hasard l'a placée sous la protection immédiate du duc de Lorraine.
« Hier cette protection était puissante...
« Aujourd'hui elle ne signifie rien.
« Louis XII est mort, — François 1er va régner.
« Vous ignorez peut-être ce qui va arriver, — mais je suis instruit, moi.

« Je vous préviens que mon amour pour Catherine est toujours aussi grand, et que je veux qu'elle m'aime !
« Vous m'entendez : je le veux !
« Je la rendrai heureuse.
« Mais si elle refuse, malheur sur vous et sur elle !
« La protection du duc ne peut rien !
« Après demain, en revenant de Saint-Denis, il y aura conseil...
« A la suite de ce conseil, je vous verrai.
« Et tout sera décidé ! »
Puis, sans laisser le temps à Lespars de lui répondre, Céranon le salua du geste et le quitta brusquement.
Le conseiller demeura interdit...

XLIV

Saint-Denis

Dix heures du matin sonnaient, et dans toutes les églises les cloches sonnaient le glas avec un redoublement d'énergie lugubre.
Il y avait foule aux abords du Louvre.
Les galeries du royal palais regorgeaient de seigneurs en grand deuil, — d'hommes d'armes, — de varlets, — de pages.
Dans les rues communiquant avec l'entrée du pont-levis, — la foule s'écarta et un cortége d'hommes, vêtus de brun, s'avança lentement.
Ces hommes, c'étaient les *Hanouards*, ou porteurs de sel.
Ils étaient au nombre de vingt-quatre : c'était le chiffre fixé par la corporation des *jurés hanouards, porteurs de sel.*
Un des priviléges singuliers de cette corporation était d'avoir droit et mission de porter, à bras, le corps des rois de France morts, depuis le palais où ils avaient décédé jusqu'à la première croix de Saint-Denis.
Là, ils devaient remettre le corps aux mains des religieux de Saint-Denis.
Il est fait mention de l'ordonnance portant ce droit dans un acte signé du roi Jean, en date de 1350.
Lorsqu'en 1422, Charles VI était mort, il était tellement abandonné de tous, que personne n'assista à son enterrement.
Pas un prince du sang, — pas un gentilhomme n'accompagna le corps à Saint-Denis.
Les *Hanouards* accomplissaient leur mission.
Arrivés à la première croix, — ils trouvèrent les religieux, mais ceux-ci, outrés de ne voir aucun seigneur, déclarèrent qu'ils ne porteraient pas le corps.
La raison qu'ils donnèrent, fut que le corps de Charles VI était trop lourd.
On proposa à la corporation de le porter jusqu'à Saint-Denis.
Les *Hanouards* se consultèrent :
Ils dirent qu'ils consentaient, à la condition que ce droit de porter le roi défunt jusqu'à Saint-Denis leur serait désormais acquis.
Les religieux de Saint-Denis consentirent.
Acte fut dressé, et le droit garanti légalement.
Cet étrange usage fut aboli plus tard, — mais il dura de longs siècles.
L'origine du privilége des *Hanouards* a donné lieu à une foule d'hypothèses, car nulle part on ne trouve le motif expliqué de ce droit de porteur de roi mort.
La supposition la plus probable est celle qui attribue cet usage à ce que les corps des rois étaient tous embaumés, et que l'embaumement se faisait alors avec de grandes quantités de sel.
Quoi qu'il en soit, — les *Hanouards* avaient incontestablement ce droit, et ils en usaient rigoureusement.
Ce 2 janvier 1515, — la corporation se rendit donc au Louvre, — et elle procéda à la levée du corps royal.
Les cloches sonnaient avec une régularité qui augmentait la tristesse générale.
La foule attendait anxieuse.

Toutes les rues indiquées pour le parcours du cortége étaient envahies.
Les fenêtres étaient garnies de spectateurs.
Des tentures funèbres garnissaient les maisons.
Le nom du *Père du peuple* était dans toutes les bouches, et montait vers Dieu dans toutes les prières.
Selon l'usage, le pont-levis du Louvre était relevé.
Tout à coup il s'abaissa :
Il y eut un silence parmi la foule.
Les *vingt-quatre crieurs* de la ville de Paris s'avancèrent, marchant trois par trois.
Ils étaient en grand deuil, avec des houpelandes noires sur lesquelles étaient brodés, en argent, des ossements croisés et des crânes dénudés.
Ils tenaient leurs cloches dont ils sonnaient tous ensemble.
A chaque cinq minutes écoulés, — les cloches cessaient de résonner.
Les trois crieurs de tête criaient :
— Le roi est mort !
Les autres alors répondaient tous ensemble :
— Priez Dieu pour l'âme de très-haut, — très-puissant, — très-magnanime prince, Louis douzième, roi de France, — le *Père du peuple*, le roi bien-aimé de ses sujets !
Puis les cloches recommençaient à tinter lugubrement, tandis que les assistants criaient :
— Amen !
Derrière les crieurs de la ville s'avançait la compagnie des *cent gentilshommes*.
Puis une compagnie de *pleureurs*.
Ensuite *le clergé*.
Le *cardinal* officiant, assisté de son évêque, en grands costumes.
Les curés des paroisses de Paris.
Les aumôniers du palais.
Les chantres.
Au centre du groupe de religieux, — l'aumônier du roi portait la croix, voilée d'un crêpe noir.
Alors s'avançaient les *Hanouards*, douze portant le corps du roi enfermé dans un cercueil de plomb recouvert d'un drap funèbre aux armes de France.
Les douze autres marchaient à la suite afin de relayer les premiers.
Derrière le corps s'avançait le *cheval de bataille* du roi, — son noble *destrier*, — tout caparaçonné de noir et conduit par le *premier écuyer du roi*.
Venaient ensuite tous les *serviteurs particuliers* du roi, vêtus de deuil : portant les armoiries royales sur la poitrine et tenant à la main des cierges allumés.
Derrière les serviteurs, — venait, — seul, — le *roi d'armes* en grand costume, avec des crêpes le recouvrant.
Il portait, renversée, la bannière de France.
Ses hérauts le suivaient en grand deuil.
Après eux, les *princes* :
Le *duc de Bourbon*.
Le *duc de Lorraine*.
Tous les parents et alliés du roi, à l'exception du dauphin qui devait attendre, à Vincennes, le départ du roi mort de Paris, pour y entrer lui-même.
Venaient alors les *grands officiers de la couronne* qui suivaient les *hauts dignitaires du clergé*.
Puis : les *cours souveraines*.
Les *ambassadeurs étrangers*.
Le *Parlement*.
Les *conseillers du roi*.
La cour des aides.
L'Université.
Le corps entier des échevins de la ville ayant en tête son prévôt des marchands.
Enfin la prévôté de Paris.
Puis les gardes du roi fermaient la marche.
Sur le passage du convoi, — tous les curieux s'agenouillaient et les prières étaient prononcées à voix haute.
On arriva à Saint-Denis à deux heures et demie.
La chapelle était prête.

L'abbé de Saint-Denis attendait pour officier, ainsi que cela était son droit.
Le service funèbre terminé, — le *roi d'armes* donna à ses hérauts l'ordre d'appeler les officiers du roi.
Tous les *grands officiers* vinrent à tour de rôle, et en grande cérémonie, — suivant la coutume, — déposer sur la tombe royale les insignes de leurs dignités.
Le *grand maître* s'avança le dernier, et rompant son bâton de commandant, il le jeta sur la tombe.
Le *roi d'armes*, tenant toujours la bannière de France renversée, cria par trois fois :
— Le roi est mort !
A la troisième fois, il quitta la galerie souterraine.
Tout le cortège le suivit.
La galerie fut refermée.
Alors le glas funèbre s'arrêta.
Le *roi d'armes* se plaça au milieu du chœur, — en face de l'autel, et relevant la bannière qu'il fit flotter dans les airs :
— Vive le roi ! — cria-t-il.
— Vive le roi ! — répéta la foule.
La douleur était éteinte : la joie renaissait.
L'abbé vint officiellement inviter tous les seigneurs assistants à prendre leur part du repas des funérailles que l'abbaye avait coutume d'offrir à tous ceux qui avaient fait partie du cortége.

XLV

Vincennes.

Ce soir-là du 2 janvier 1515, — qui précéda le jour où le roi François 1er fit son entrée solennelle à Paris, — il y avait réunion imposante à Vincennes.
Dans la grande salle du château se tenaient réunis le duc de Lorraine, — le duc de Bourbon, — le président Duprat, — Gouffier de Boissy, — le comte de Vendôme, — Lautrec (le père de la comtesse de Châteaubriand), — Florimond Robertet, — La Palisse-Chabanne et Trivulce.
Tous se regardaient : aucun ne disait mot.
Un grand embarras et une expression de vive anxiété étaient sur tous les visages.
La salle était splendidement éclairée.
Au centre était une grande table chargée de papiers, de cires, de cachets, d'encriers et de plumes.
Trois fauteuils dont un, — celui du centre, — plus élevé que les deux autres, étaient devant la table.
Une porte à deux battants s'ouvrit.
Quatre pages apparurent :
— Son Altesse Royale, madame Louise ! — dit la voix sonore d'un huissier.
La princesse Louise entra dans la salle, — elle salua et elle attendit, — debout, — au haut de la table.
La porte s'était refermée : elle se rouvrit :
— La reine ! — dit la voix de l'huissier.
Claude, — la fille de Louis XII, — vêtue en grand deuil, entra, — les traits tirés, — le visage pâle, — les yeux rougis.
Un silence s'écoula, puis l'huissier cria :
— Le roi !
François 1er apparut sur le seuil.
Tous avaient tressailli.
Il y eut un moment d'émotion : puis toutes les voix crièrent :
— Vive le roi !
François salua, et offrant la main droite à sa mère et la main gauche à sa femme, — il les conduisit vers les trois sièges demeurés vacants.
Il prit celui du milieu.
Louise s'assit à droite.
Claude s'assit à gauche.
— Approchez, — messieurs, — et prenez place ! — dit le jeune roi aux seigneurs.
Tous obéirent.
L'attention était de plus en plus grande.

On devinait qu'il allait se passer quelque chose d'important.

On allait assister aux premiers actes de ce jeune roi, sur lequel la noblesse fondait les plus hautes espérances.

« ... Jamais n'avait été un roi de France, de qui la noblesse s'éjouit tant ! » — dit Bayard.

On attendait donc avec une anxiété des plus vives.

Céranon, — vêtu en conseiller de robe courte, — venait d'entrer, tenant sous le bras un grand portefeuille de cuir fauve.

Le roi se tourna vers lui, et lui fit signe de la main d'approcher.

— Les papiers sont-ils prêts ? — demanda François.
— Oui, Sire, — répondit Céranon.
— Donnez-les moi, monsieur le secrétaire.

XLVI

Le 2 janvier 1515.

Céranon ouvrit le portefeuil et présenta au roi une liasse de parchemins manuscrits, formant différents cahiers attachés avec des rubans de couleurs variées.

Tous portaient des grands cachets de cire aux armes de France.

François prit ces cahiers et les posa sur la table.

— Messieurs, — dit-il, — nous, François, premier du nom, roi de France, — avons décidé et décidons ce qui suit :

Il prit un premier cahier.

— Par ces présentes, — reprit-il, — nous conférons à notre très-noble et très-haute princesse Louise, — notre chère et honorée mère, — le titre de *duchesse d'Angoulême et d'Anjou*, l'associant aux prérogatives de notre royauté en lui accordant le droit de délivrer les prisonniers dans chaque ville où elle entrerait pour la première fois, et de créer dans chacune de ces villes, un maître de chaque métier.

Ce témoignage du puissant crédit que la mère du roi avait sur son fils n'étonna personne.

Tous s'inclinèrent.

Le roi prit un second cahier :

— La charge de connétable étant vacante depuis le duc Jean, mort en 1488, — nous conférons cette charge et donnons cette épée au duc Charles de Bourbon, notre fidèle sujet et notre bien-aimé cousin.

— Vive le roi ! — cria le duc avec un transport de joie qu'il ne put cacher.

Le duc de Lorraine était devenu très-pâle, et il lança à la princesse Louise un regard flamboyant, chargé de reproches et de menaces.

Cette nomination inattendue était un coup de foudre pour le prince lorrain, qui avait espéré prendre le pouvoir à l'avénement du jeune roi.

François prit un troisième cahier :

— Nous nommons notre sire de Boisy, — reprit-il, — grand maître de l'hôtel et notre sire Florimond Robutet, super-intendant des finances.

« Nous portons à quatre le nombre des maréchaux de France, et nous conférons ce quatrième bâton à notre brave et vaillant sire de La Palisse.

« Nous nommons le maréchal de Lautrec, gouverneur de notre province de Guyenne.

« Nous nommons le comte de Vendôme gouverneur de notre province de l'Ile de France.

« Et donnant le sceau royal à notre premier président du Parlement de Paris, Antoine Duprat, nous le chargeons, lui, notre grand chancelier, de l'exécution des présentes. »

En achevant ces mots, le roi se leva.

— Demain, — dit-il, — je ferai mon entrée solennelle à Paris.

Et se tournant vers le duc de Lorraine :

— Mon cousin, — lui dit-il, — je veux reconquérir le Milanais qui m'appartient, mais comme vous êtes au mieux avec mes ennemis les Suisses, et le roi d'Espagne qui refuse l'alliance de la France, — je vous engage à retourner dans vos Etats.

Le roi sortit suivi de la reine et de la princesse Louise.

Le prince lorrain regarda longuement Duprat, qui soutint parfaitement ce regard, — puis il quitta la salle.

— Louis XII avait raison, — murmura-t-il, — Ce gros garçon gâtera tout !

Un valet à la livrée de madame Louise s'approcha de Duprat :

— Son Altesse Royale demande monseigneur le grand chancelier ! — dit-il.

Duprat suivit le valet.

Il fut introduit dans un petit salon.

Louise de Savoie était assise :

— Duprat, — lui dit-elle, — vous voyez que j'ai suivi tous vos conseils ; j'ai en vous toute confiance : il faut surveiller le duc de Lorraine.

Duprat s'avança lentement :

— Les ordres sont donnés, — dit-il.

Louise le regarda :

— Ah ! — fit-elle !
— Je sais ce qu'il faut que je sache.
— Que savez-vous ?
— Demain, — je vous dirai tout

XLVII

Le cavalier.

Il y avait un quart d'heure à peine que le duc de Lorraine était rentré à son hôtel de Paradis, lorsqu'un cavalier arrivant au galop s'arrêta devant la porte de l'hôtel.

Il descendit de cheval et frappa.

On lui ouvrit.

Il entra et laissant son cheval aux mains d'un valet, — il traversa la cour rapidement.

En homme connaissant les lieux, — il entra dans les appartements et atteignit la porte du cabinet de travail du duc.

Un valet qui veillait, s'effaça pour le laisser passer.

Il entra.

Le duc de Lorraine paraissait être en proie à une colère violente.

Il allait, — venait, — gesticulait, — en homme furieux

En entendant ouvrir la porte, il se retourna.

Il poussa une exclamation sourde :

— Céranon ! — dit-il.
— Moi-même, monseigneur ! — répondit le conseiller de robe courte.
— Et que viens-tu faire ici ?
— Causer avec Votre Altesse.
— Toi ?
— Moi-même !
— Tu n'es plus rien ici ! — Tu n'es plus mon secrétaire : tu es secrétaire du roi.
— Je suis toujours votre humble serviteur.
— Toi !
— Oui, monseigneur.
— Tu m'apportes un ordre du roi, peut-être ?
— Je vous apporte des renseignements précieux.
— Lesquels ?
— Concernant le duc de Bourbon.
— Hein ?
— Votre ennemi.

Le duc de Lorraine croisa ses bras sur sa poitrine avec un mouvement superbe.

— Drôle ! — dit-il d'une voix rauque. — Duprat et toi, espérez-vous vous jouer de moi aussi longtemps ? Prenez garde ! je vous écraserai tous deux.

— Monseigneur, — répondit froidement Céranon. — en politique, il est une chose à laquelle il faut prendre garde.

— Quelle chose ?
— L'apparence.
— Que veux-tu dire ?
— Qu'il faut rarement croire à ce que l'on voit.
— Ensuite ?
— Que le meilleur moyen d'écraser son ennemi est de servir son ami.

— Hein?
— Et que le meilleur moyen de servir son ami est souvent de paraître être son ennemi.
Le duc se rapprocha de Céranon :
— Que veux-tu dire? — demanda-t-il.
Céranon sourit :
— Ce que je dis? — répondit-il.
— Viens-tu en ton nom seul?
— Non!
— Un autre t'envoie?
— Oui !
Le duc parcourut la salle.
Revenant vers Céranon :
— Les preuves de ce que tu dis, — demanda-t-il, — si non tu ne sortiras pas vivant de cet hôtel.
— Les preuves?
— Oui.
— Concernant le duc de Bourbon ?
— Oui.
— Je vais vous les donner.
— Parle !
Céranon regarda autour de lui et se rapprochant du duc de Lorraine :
— Monseigneur, — dit-il, — le duc de Bourbon, votre ennemi et l'ami trop intime de la princesse Louise, est à deux doigts de sa perte... et à deux petits doigts même.
— Comment?
— Le roi d'Angleterre a fait faire au duc de Bourbon des offres que le duc finira par accepter.
— Explique toi?
— Madame la duchesse de Bourbon est très-malade, — vous le savez, — et elle ne vivra pas longtemps.
— C'est possible!
— La princesse Louise est follement amoureuse du duc, et elle ne rêve rien moins que de l'épouser dès qu'il sera veuf.
— L'épouser ! mais elle a quinze ans au moins de plus que lui.
— Sans doute.
— Et le duc?
— Le duc n'aime pas la princesse. — Il s'en est servi pour devenir connétable, — mais jamais il ne l'épousera.
— Alors?
— La princesse est fort jalouse et la jalousie aidant, elle perdra le duc, — quoi qu'il arrive, — dans l'esprit du roi.
— Ensuite?
— Le duc poussé à bout acceptera les offres de Henri VIII.
— Et quelles sont ces offres?
— Devenir son allié et faire la guerre à la France.
— En vérité?
— Oui, monseigneur.
— Quel serait le résultat?
— Épouser la reine de Portugal, et avoir en dot la Provence et le Dauphiné, qui, joints au Bourbonnais et à l'Auvergne, seraient érigés en royaume indépendant.
— Et le reste de la France?
— Livré par moitié au roi d'Angleterre et à l'empereur d'Allemagne.
— On lui a proposé cela?
— Oui.
— Qui le sait?
— Duprat et moi.
— Et on a laissé le roi nommer cet homme connétable de France?
— Oui.
— Pourquoi?
— Pour qu'il se perde plus vite.
Le duc de Lorraine se frappa le front :
— Cela se peut! — dit-il.
— La perte du duc de Bourbon, — dit Céranon, — c'est le pouvoir remis entre vos mains. La haine de la princesse Louise sera terrible et implacable!
— Mais comment réussir?
— En poussant adroitement le duc à sa perte.
— Par quel moyen?

— Il y en a un infaillible.
— Lequel ?
Céranon sourit finement :
— Le roi est fort amoureux de la comtesse de Châteaubriand.
— Oui.
— Eh bien! — le duc l'aime aussi.
— Tu en es sûr?
— Parfaitement certain.
— Oh ! — s'il y a rivalité !
— Il y a !
Le duc regarda Céranon :
— Duprat sait-il que tu es ici ?
— Il le sait.
— Il t'a autorisé à parler ainsi?
— Oui.
— As tu autre chose à me dire
— Non.
— Alors, — écoute-moi !
Et après un assez long silence, durant lequel le duc parut profondément réfléchir :
— Demain matin, — dit-il, — j'aurai quitté Paris.
« Si toi et Duprat ne me trompez pas et me demeurez fidèles, — je récompenserai un jour largement vos services.
« Si, au contraire, — vous me trompez, — je me vengerai cruellement.
« Je vais tout préparer en Lorraine.
« Envoyez moi les preuves de ce que tu viens de me dire, et j'agirai auprès de Henri VIII et auprès de l'empereur.
« Ce qu'il faut, c'est un homme sûr, qui soit un lien entre nous.
— Cet homme existe.
— Qui cela?
— Lespars.
— Le conseiller au Parlement de Paris?
— Et en même temps le maître des Eaux et Forêts de votre duché de Lorraine. Rien ne paraîtra plus naturel que ses voyages à Nancy.
— C'est vrai.
— Seulement
— Quoi?
— Il faudrait être parfaitement certain de son attachement. Il y aurait un moyen.
— Lequel ?
— Monseigneur n'a pas oublié que je devais épouser Catherine de Lespars?
— Oui.
— Que ce mariage ait lieu, et nous serons assurés de la fidélité de mon beau-père. Ce mariage n'étonnera personne, puisqu'il a été annoncé officiellement.
— Sans doute! — dit le duc.
— Alors, monseigneur consent?
— Oui.
— Mais il faut que le mariage ait lieu.
— Quand?
— Cette nuit même.
— Cette nuit! — s'écria le duc.
— Monseigneur a une chapelle dans son hôtel : son aumônier est dans le pavillon voisin. M. de Lespars et sa fille logent dans l'hôtel. — Dans deux heures, le mariage peut être célébré.
— Mais...
— Monseigneur part demain matin... Nous ne pouvons attendre. D'ailleurs, on ne saurait agir trop vite.
— Pourquoi?
— Parce que M. de Lespars est maître des Eaux et Forêts de Lorraine, et que ce mariage, célébré plus tard, peut porter ombrage à ceux qui me savent attaché au roi. Ce mariage célébré cette nuit, quand demain le roi fait son entrée à Paris, quand les fêtes du sacre vont se préparer, passera inaperçu, et c'est ce qu'il faut.
— Peut-être.

— Alors ?...
— Je consens! — dit le duc.
— Je vais donner les ordres.
— Oui, et je vais faire appeler M. de Lesparn.

XLVIII

La lettre.

— Je vous jure que je tuerai cet homme!
— Non pas!
— Pourquoi?
— Je veux qu'il vive!
— Je le tuerai!
— Monsieur de Maillé, vous ne le tuerez pas!
— Monsieur de Lustupin, je vous jure qu'il ne mourra que de ma main!
— Ah! cela c'est possible! mais vous attendrez!
— Pas une seconde!
— Vous attendrez!
— Je vais le tuer sur l'heure!
— Encore une fois, vous ne passerez pas!
Et Lustupin se plaça résolûment devant de Maillé.
C'était dans la rue du Temple que se passait cette scène, et il était sept heures du matin.
Mais à cette époque de l'année il fait à peine jour, à cette heure matinale.
De Maillé s'efforça de repousser Lustupin.
— Monsieur, — dit-il, — laissez-moi tuer cet homme!
— Mais vous n'y songez pas! — s'écria Lustupin. — Vous n'êtes pas remis de votre blessure. Vous êtes faible, — épuisé, — sans force. — Il refusera de se battre avec vous, et s'il refuse, le frapperez-vous!
— Je veux qu'il meure!
— Vous ne l'assassinerez pas!
— Je le forcerai à se battre!
— Vous n'en aurez pas la force!
De Maillé ouvrit un papier froissé qu'il tenait dans sa main gauche.
— Mais, tenez! — s'écria-t-il, — lisez donc, et vous me direz ensuite si les forces peuvent me faire défaut.
Lustupin prit le papier et, à la lueur naissante du crépuscule, il lut ces quelques mots

« *Ne cherchez plus à me voir!*
« *Oubliez-moi!*
« *Ne m'aimez plus!*

« Cette nuit, — sur l'ordre de mon père, — j'ai épousé M. de
« Céranon.
« Adieu! »

— Et après cela, je n'aurai pas la force de tuer cet homme! — s'écria de Maillé.
— Il faut qu'il vive!
— Et pourquoi?
— Parce que j'ai besoin de sa vie durant quelques jours encore.
— Et que m'importe!
— Il m'importe, à moi!
— Je ne puis attendre!
Lustupin fit un geste, et saisissant les mains de Maillé:
— Vous voulez être vengé? — dit-il.
— Oh oui! je le veux! — s'écria le vicomte.
— Eh bien! vous le serez! Ah! cruellement, je vous le jure, mais il vous faut attendre!
— Je ne puis! je souffre trop!
— Il y en a qui ont souffert plus que vous, et qui ont attendu!
— C'est impossible!
— En voulez-vous les preuves?
Et, se jetant en arrière, Lustupin fit entendre un sifflet aigu.

Un homme, enveloppé dans les plis d'un grand manteau, apparut soudain.
— Engilbert! — dit Lustupin, — dis à M. de Maillé ce que le baron de Céranon t'a fait souffrir.
Un rugissement sourd retentit.
— J'étais marié à une femme que j'adorais et qui m'aimait, — dit l'homme au manteau, — j'étais riche, — j'étais heureux! — Céranon m'a ruiné, — il a arraché de mes bras celle que j'aimais, — il l'a torturée.
— Et vous ne vous êtes pas vengé? — s'écria de Maillé.
— Je ne savais rien, — mais depuis six mois je sais tout, et je poursuis ma vengeance!
— Qu'attendez-vous?
— Que l'heure vienne où cette vengeance soit digne du crime accompli.
— Et quand l'heure viendra-t-elle?
— Bientôt!
— Vicomte! — s'écria Lustupin, — laissez-moi arracher des mains de cet homme cette femme qu'il retient captive, et dont la vie répond de la sienne, — cette femme, qui est ma sœur, — et alors je vous jure que vous laverez vos douleurs dans le sang de l'infâme qui les aura causées!
— Je le jure aussi! — dit Engilbert.
— Que faire? — balbutia de Maillé qui pâlissait.
— Attendre, et vous guérir pour être fort!

XLIX

Vive le roi!

Il n'y avait qu'un cri dans toute la France, et ce cri, c'était :
— Vive le roi!
Celui-là, qu'acclamait le peuple de Paris, et qu'allaient saluer le peuple de la France et les peuples de l'Europe entière, c'était François d'Angoulême, François le dauphin, devenu François 1ᵉʳ.
C'était ce François, fils du comte Charles d'Angoulême et de Louise de Savoie, descendant de Louis d'Orléans, frère de Charles VI, et qui, né à Cognac en 1494 (le 12 septembre), avait alors vingt ans d'âge à peine, mais on comptait vingt-cinq au moins pour le développement de l'esprit et le développement du corps, l'éducation et les habitudes d'enfance et d'adolescence ayant surexcité en lui la nature.
C'était l'avénement d'un grand règne, c'était l'ouverture d'une grande époque, que ce début, dans la vie royale, d'un jeune prince paraissant être le type des générations nouvelles.
C'est qu'il y avait entre le nouveau roi et ses devanciers un contraste extraordinaire.
Parmi tous ces princes des âges précédents, l'économe et simple Louis XII, rangé, régulier, — une fois son feu de jeunesse jeté, — de mœurs bourgeoises, de bon sens et de bon cœur, — les affaires du dehors à part, — mais sans éclat d'esprit et de physionomie médiocre; — Charles VIII, de petite mine et de petit entendement, incapable de comprendre des pensées trop grandes pour sa faible tête; — puis, le sombre et ironique Louis XI, systématiquement trivial; — plus loin déjà, dans la brume du passé, les premiers Valois illettrés et fastueux, avec leur pompe féodale, contre laquelle réagit Louis XI — parmi tout ce monde divers, pas une figure à laquelle on puisse comparer le nouveau monarque, celui qui allait être le jeune roi de la Renaissance.
Il y avait dans cette éclatante apparition une combinaison unique de l'antiquité et de la chevalerie, pareille à la fusion de l'art du moyen âge et de l'art antique sur les monuments de ce temps.
C'est comme une fleur étrange et splendide qui ne se verra qu'une fois.
Ni avant, ni après on n'aura eu parmi nous l'idée d'une si élégante créature, non pas que cette élégance soit son domaine exclusif : les hommes élevés comme lui et de sa génération sont comme des figures détachées des toiles de Raphaël et du Titien, artistes et modèles réagissant les uns sur les autres, mais François semble le premier entre cette race olympienne.

Ce château flanqué de tourelles...

François avait deux ans lorsqu'il perdit son père, en 1496. Élevé par les soins de sa mère, qui l'adorait, il était allé, sur l'ordre du roi Louis XII, habiter le château d'Amboise avec elle, la princesse Louise, et sa sœur, Marguerite de Valois.

Le roi lui avait donné pour précepteur en chef le maréchal de Gié, qu'il avait nommé capitaine-commandant du château d'Amboise.

Ce fut en ce temps-là (en 1500) que le roi plaça auprès de François d'Angoulême, un jeune page, le sieur de Fleurange(1).

Fleurange, fils de Robert de La Marck, avait été envoyé à la cour de Louis XII.

Fleurange avait alors neuf ans.

Le roi l'accueillit bien, puis il lui dit :

— Mon fils, — soyez le bienvenu. Vous êtes trop jeune pour me servir, et pour ce, je vous envoie devers M. d'Angoulême, qui est à peu près de votre âge, bien que plus jeune, et je crois que vous tiendrez bon ménage.

— J'irai où il vous plaira me commander d'aller, — répondit Fleurange, — je suis assez vieil pour vous servir, mon roi, et aller à la guerre si bien vous le voulez.

— Non, mon ami, — répliqua le roi, — vous avez bon courage, et j'aurais peur que les jambes ne vous faillissent en chemin. Je vous promets que vous irez, et quand j'irai, vous manderai.

(1) Petitot a publié les Mémoires de Fleurange sous le nom de Jeune Adventureux.

Le maréchal de Gié reçut avec empressement le compagnon des jeux et des plaisirs du comte d'Angoulême, et le *Jeune Adventureux* ne tarda pas à être dans les bonnes grâces du beau prince.

François avait alors cinq ans et demi, mais il était fort avancé pour son âge.

C'était, — pour les deux enfants, — tous les jours divertissements nouveaux.

M. d'Angoulême et le *Jeune Adventureux* jouaient à l'*escaigne*, jeu récemment importé d'Italie, et qui se jouait, — disent les Mémoires du temps, — avec une balle pleine de vent et assez grosse.

C'était le ballon.

Mais ce n'était pas au ballon que s'appliquait le nom d'*escaigne*.

« L'*escaigne*, — dit Fleurange dans ses Mémoires, — l'escaigne, qu'on tient dans la main, est faict le devant en manière d'une petite escabelle, dont les deux petits pieds sont pleins de plomb, afin qu'elle soit plus pesante et qu'elle donne plus grand coup. »

M. d'Angoulême et le *Jeune Adventureux*, avec beaucoup d'autres jeunes gentilshommes, passaient le temps à tirer l'arc.

François acquit bientôt une réputation justement méritée dans l'art difficile de l'archer. Rarement il lui arrivait de manquer le but.

Il tirait de la serpentine avec des petites flèches, et il mettait dans le blanc, à grande distance, avec une régularité tellement merveilleuse, que ses amis en demeuraient absolument et complètement ébahis.

«Ledict sieur d'Angoulesme et ledict Jeune Adventureux las-
« chaient des *pants de retz*, et toute manière de harnois, pour
« prendre les cerfs et les grosses et méchantes bestes sauva-
« ges des bois. »

François, quoique bien jeune enfant, était d'une force cor-
porelle tellement grande qu'il jouait à la grosse boule contre
le jeune Adventureux, son aîné de quatre ans, et Brion, avec
lequel il y avait la même différence d'âge.

Or, ce jeu de la boule, « qui est un jeu d'Italie, non accous-
« tumé par de çà, qui est aussi grosse qu'un tonneau, plein
« de vent, et se joue avec un bracelet d'airain bien feultreux,
« avec des corroyes de cuir, et s'etend depuis le coude jus-
« ques au bout du poing, avec une poignée d'estain qui se
« tient dedans la main.

« Et est un jeu fort plaisant à ceux qui s'en sçavent aider,
« duquel ledict seigneur François d'Angoulême jouait mer-
« veilleusement bien plus qu'homme que j'ay veu de son
« temps; car il estait grand et faict pour le faire, car ce jeu
« demande grande adresse et bien grande et énorme puis-
« sance. »

François et ses amis s'amusaient encore à bâtir des petits
châteaux, des bastilles, et ils s'assaillaient tour à tour, — les
uns assiégés, — les autres assiégeants, — avec un tel entrain,
qu'il y en avait souvent de bien *battus* et bien *frottés*.

Les jeux prirent des proportions telles, qu'on se servit
d'épées et d'armes offensives et défensives, — armes courtoi-
ses, — il est vrai, — mais enfin tailladant assez proprement
pour qu'un jour que M. de Vendôme assistant à ce jeu, il s'en
alla tout affolé.

C'est au milieu de ces jeux que le comte d'Angoulême fut,
à l'âge de *six ans*, emporté par une hacquenée que le maréchal
de Gié, son gouverneur, lui avait donnée.

Voici comme la princesse Louise de Savoie raconte elle-
même cet accident dans son *Journal d'Amboise* :

« Le jour de la Conversion de saint Paul, le 25 janvier 1504,
« environ deux heures après midi, mon roi, mon seigneur,
« mon Cesar et mon fils, auprès d'Amboise, — dans la ga-
« rène, — près la maison de *Sauvage*, — fut emporté au tra-
« vers des champs par une hacquenée que lui avait donnée le
« maréchal de Gié; et fut le danger si grand, que ceux qui
« estaient présents l'estimèrent irréparable.

« Toutes fois Dieu, — protecteur des femmes veufves et déf-
« fenseur des orphelins, prévoyant les choses futures, ne me
« voulut abandonner, cognoissant que, si cas fortuit m'eust si
« soudainement privée de mon amour, j'eusse été trop in-
« fortunée. »

En grandissant, François reçut, dans ses moindres détails,
son instruction d'écuyer.

Lui et ses amis s'armèrent de pied en cap, et on se mit à
faire « joustes et tournois de toutes les sortes qu'on se pouvoit
« adviser bien.

« Ne feust qu'à jouster au vent, à la selle dessainglée ou à
« la nappe.

« Jamais prince n'eust plus de passe-temps qu'avait mon
« dict seigneur, et estre mieux endoctriné que madame sa
« mère l'a toujours nourry. »

A ces plaisirs, s'adjoignaient ceux de la grande chasse.

Un jour, il y avait fête au château d'Amboise et belle réunion de jolies dames.

François avait désir de les amuser.

On avait pris vivant un énorme sanglier, vieux solitaire,
aux défenses capables d'éventrer un bœuf.

François ordonna qu'on lâchât le sanglier dans la cour, pour
s'amuser à le faire chasser par les gros chiens.

La cour du château était carrée et avait deux galeries,
La galerie basse.
La galerie haute.

Quatre escaliers tournants étaient placés aux quatre angles.
Pour empêcher le sanglier de monter, on avait fermé les
entrées des escaliers avec de grands bahuts.

Les galeries étaient pleines de spectateurs et de spectatri-
ces.

Le prince s'était mis sur la galerie, entre le portail et les
chambres de la princesse Louise et de Marguerite de Valois.

François devisait avec les gentilshommes, attendant que
toutes les belles dames fussent parées et prêtes.

Le sanglier était seul dans la cour : les chiens n'étaient pas
encore lancés.

Tout à coup l'animal, que la vue des spectateurs rendait
furieux, aperçoit un passage près du bahut.

Il se précipite, — brise le bahut, — et pénètre dans l'escalier qu'il gravit.

Les spectateurs de la première galerie furent saisis de
frayeur.

« Ils se essaient de resculer, mais ils ne le peuvent, pour
« la presse qui y estoit si grande dans cette galerie.

« Les ungs se prindrent à monter sur l'acoudoüer des ga-
« leries et embrassoient les piliers, se tenant à califourchon
« pour se jeter dans la court, si besoing grand eust absolu-
« ment esté.

« Et ne se fault poinct esmerveiller si on y devait avoir
« peur, car ils n'avoient nuls bastons prospices à eulx deffen-
« dre d'une si cruelle beste, avecques ce que l'ung eust em-
« pesché l'aultre. »

Toutefois, le sanglier ne s'occupa pas d'eux.

Montant rapidement les degrés, il courut droit vers l'endroit
où se tenait le prince François d'Angoulême.

La porte de la chambre de la princesse Louise était ouverte :
rien n'était donc plus facile que se mettre à l'abri.

Mais François se mit à rire, et, ordonnant à tous ceux qui
étaient là, hommes et femmes, de se placer derrière lui, il
attendit.

— Je veux voir ce que le sanglier tentera contre moi! —
dit-il.

Les princesses étaient en proie à une frayeur extrême, et
plusieurs gentilshommes voulurent s'interposer, mais François
ordonna à chacun de ne pas bouger avec une autorité telle,
qu'on lui obéit passivement.

Le sanglier s'avançait lentement, mais furieux, la gueule
pleine d'écume, faisant craquer ses mâchoires avec des accom-
pagnements de grognements effroyables.

La place était libre.

François était seul, — à dix pas en avant de la foule, — en
face du sanglier.

François tira froidement son épée.

Le sanglier était à deux toises....

Il s'arrête, — puis il bondit, — il s'élance, — il se rue...

François le reçoit, l'épée tendue.

Le fer entre au défaut de l'épaule, pénètre profondément et
se brise...

Mais le sanglier tombe mort!

On pense si la joie et les exclamations furent grandes et
unanimes.

En 1506, Arthur Gouffier, sire de Boisy, avait remplacé le
maréchal de Gié, comme précepteur de François.

Arthur, qui avait longtemps guerroyé en Italie, y avait pris
le goût des lettres, et des sciences, et des arts.

Il s'efforça de faire partager ces goûts à son élève, et il
réussit.

L'amour de la culture intellectuelle était d'ailleurs, pour le
jeune prince, une tradition de famille qui remontait jusqu'à
son aïeule, la noble et gracieuse Valentine Visconti.

Son grand-oncle Charles d'Orléans avait été le plus élégant
poète du quinzième siècle.

Mais ce dont il tira son instruction surtout, ce fut de la
lecture des romans de chevalerie, à laquelle il s'acharnait avec
passion.

Dans ces romans, il cherchait des modèles, et ce fut à cette
source qu'il puisa ses notions sur les droits et sur les devoirs
de la royauté.

Il conçut l'idée d'un roi-chevalier, gracieux, magnifique
pour ses courtisans, galant pour les dames, terrible à ses
ennemis, se signalant par de grands coups d'épée à la manière des Rolands et des Amadis, sans connaissance ni soucis
de l'art de la guerre.

Au reste, tout en lui existait pour lui donner des idées.

François avait la majesté comme il avait l'élégance.

Sa force, son adresse, son intrépidité répondaient à sa taille de demi-Dieu ou de héros de la Table-Ronde.

Cette taille était très-élevée, car la belle armure qui est dans le musée du Louvre est celle d'un homme de près de six pieds.

Sa figure était belle, ses traits grands et doux, son œil rayonnant, son sourire plein de grâce, son esprit ingénieux, brillant, actif, curieux de tout, comprenant tout, prêt, comme le siècle lui-même, à toute nouveauté. Son imagination vive et colorée, son cœur plein d'élan, d'ouverture, de générosité primesautière, facile à l'émotion et à l'attendrissement, tout concourait à la séduction immense qu'il exerçait, et jusqu'à son précoce amour pour les femmes, faisaient croire à ses compagnons d'études et de plaisirs, et lui faisaient croire à lui-même, qu'une fois sur le trône il réaliserait tout son idéal chevaleresque.

François avait douze ans lorsqu'abandonnant Amboise (le 3 août 1508), il partit pour Paris afin d'être homme de cour.

Le 22 mai 1506, François avait été fiancé avec la princesse Claude, fille de Louis XII.

Nommé duc de Valois, le Dauphin fit ses premières armes à dix-huit ans, en Navarre, guidé par les conseils de La Palisse.

C'était en 1512.

En 1513, il avait commandé l'armée de Picardie, puis la paix était venue.

Le 18 mai 1514, son mariage avec la princesse Claude fut authentiquement célébré.

Le 1er janvier 1515, François 1er était proclamé roi de France.

A la tristesse succéda la joie.

Cet avénement au trône excitait d'immenses espérances parmi les Français toujours avides de nouveautés, et ennuyés d'ailleurs d'un roi vieux, avare, dont les vertus étaient sans éclat, et dont les défauts avaient quelque chose de mesquin et de triste.

La France semblait rajeunir avec son jeune et brillant successeur.

C'est à cette époque glorieuse de l'histoire que nous reprenons notre récit.

C'est à l'ouverture du règne de François 1er qu'a lieu le dénoûment de cette histoire.

L.

Les bords du Rhin.

Pressée à gauche par la rivière la Nahe, à droite par les eaux tumultueuses du fleuve, — Bingen, — la pittoresque ville, se développe en forme de triangle autour d'une église gothique, adossée à une citadelle romaine.

« Du côté de Mayence, — dit Victor Hugo, — rayonne, étin-
« celle et verdoie la fameuse plaine Paradis, qui ouvre le
« Rheingau.

« Du côté de Coblentz, les sombres montagnes de Leyen fron-
« cent le sourcil. »

Bingen, — qui appartenait alors à l'archevêque de Mayence et de Trèves, — est d'origine romaine.

Son pont sur la Nahe, — nommé encore aujourd'hui le pont de Drusus, — avait été bâti sur l'ancien pont romain que les Treviri avaient renversé en 70, par l'archevêque Willigis au dixième siècle, puis détruit et rebâti au quatorzième siècle.

En 1302, une colonie de marchands lombards d'Asti (en Piémont), était venue s'établir à Bingen, et avait contribué à la richesse de la ville.

En 1350, — elle avait résisté à l'empereur Albert.

En 1515, Bingen était toujours puissante.

Alors elle n'avait pas l'aspect d'ancienneté qu'elle a aujourd'hui, mais elle avait un cachet de ville forte.

Rien n'est plus charmant, plus pittoresque et en même temps plus sauvage que cette partie des bords du Rhin.

De Bingen à Coblentz, le Rhin est pris entre deux chaînes de montagnes.

De Mayence à Bingen, — il roule dans toute sa largeur, étalant ses eaux vertes, que rien ne limite et que parsèment des flots d'îles et d'îlots.

De Mayence à Bingen, — il coule de l'est à l'ouest.

A Bingen, il fait un coude brusque et s'élance vers le nord.

C'est ce coude, et la cause de ce coude, qui fait de Bingen l'une des villes les plus pittoresques de l'Allemagne.

C'est qu'en arrivant à Bingen, — le Rhin a rencontré une chaîne de hautes montagnes.

Alors il s'est frayé un passage, — se précipitant au milieu de ces rochers.

Se rétrécissant et s'approfondissant pour se donner plus de force, il s'est rué en avant, — léchant de ses vagues furieuses la base du Taunus et heurtant le pied du Hundsnick.

Alors il continue sa route, — tournant, contournant les montagnes, — roulant comme un immense torrent.

Bingen, — placé sur la rive gauche, — se dresse précisément à l'endroit où le Rhin, faisant un coude brusque, dessine, avec la chaîne du Taunus, un triangle dont elle est la tête.

La ville descend en amphithéâtre sur une colline.

Un grand château, — le *Klopp* — (aujourd'hui en ruines), le dominait alors.

C'était le château des maîtres souverains.

C'était dans ce château qu'en 1105, — les fils de l'empereur Henri IV enfermèrent leur malheureux père, contre lequel ils s'étaient indignement révoltés.

Ce château, — qui s'élevait sur la cime du Hundsnick, — sur la rive gauche, — avait pour vis-à-vis un autre castel féodal.

Ce castel se nommait *Ehrenfels*.

Tout hérissé de tourelles, il dominait les deux grands bras du fleuve.

Puis, comme un trait d'union entre ces deux châteaux et dans l'endroit le plus rétréci du fleuve, se dresse, au centre des eaux qui se ruent sur lui avec des flots d'écume, un bloc de quartz formant îlot.

Cet îlot était entouré d'un grand mur crénelé et n'avait qu'une seule porte.

Il n'était absolument abordable que par l'endroit où était pratiquée cette porte.

La muraille était au ras du rocher, et le rocher s'enfonçait à pic dans le Rhin.

Au milieu de l'îlot se dressait une tour, ronde, crénelée, bâtie sur le modèle des tours du moyen âge.

Ainsi placée, — la tour, — dans l'îlot, — était maîtresse du Rhin.

Elle s'élevait précisément au centre du coude, et derrière elle, — c'est-à-dire sur la rive nord, — il y avait un banc de brisants tellement aigus qu'un bateau ne pouvait y passer.

Cette digue rocheuse, se prolongeant vers le nord, était telle, qu'il avait fallu creuser un canal artificiel, — par lequel passent aujourd'hui les bateaux à vapeur, — et qui se nomme le *Bingenloch* (trou de Bingen).

C'est dans cette partie de l'Allemagne que nous prions le lecteur de nous suivre.

Nous sommes sur la rive gauche du Rhin dans cette magnifique forêt de *Niederwald*, — appelée la *forêt intérieure*.

Il est dix heures du matin.

LI

Le Rhin.

« Le Rhin réunit tout, — a dit Victor Hugo, — Le Rhin est rapide comme le Rhône, — large comme la Loire, — encaissé comme la Meuse, — tortueux comme la Seine, — limpide et vert comme la Saône, — historique comme le Tibre, — royal comme le Danube, — mystérieux comme le Nil, — pailleté d'or comme un fleuve d'Amérique, — couvert de fables et de fantômes comme un fleuve d'Asie. »

Les poètes allemands appellent souvent le Rhin, le *père Rhin* ou le *roi Rhin*.

« Doit-on s'étonner, — se demande un écrivain allemand, — qu'on désigne sous de pareils noms un fleuve qui rappelle tant de victoires et de défaites des Romains et des barbares, tant d'exploits chevaleresques dans les temps féodaux, tant de conciles ecclésiastiques, tant de guerres et de négociations de paix dans les temps modernes, tant de couronnements de ces empereurs dont la dépouille mortelle repose à son côté, tant de rois fameux et tant d'illustres capitaines. »

L'histoire — même succincte du Rhin, — remplirait plus d'un volume, — car c'est l'histoire d'une partie de l'Europe, — l'histoire des grands règnes.

Charlemagne, — Louis XIV, — Napoléon ont trempé dans le Rhin leurs pieds victorieux, — éclaboussant l'Europe entière.

Mais si le Rhin est beau depuis sa source jusqu'à son embouchure, — si durant ces 1,300 kilomètre de navigation il est majestueux, — puissant, — terrible, — il n'est véritablement essentiellement pittoresque que d'OEstrich à Coblentz.

Mais dans cette partie de son cours, — le fleuve a un caractère qui n'appartient qu'à lui.

D'OEstrich à Coblentz, — le Rhin coule entre des montagnes d'une hauteur à peu près égale, et toutes couronnées de vieux castels qui se succèdent, sans la moindre interruption, le long des deux rives.

Il n'existe pas une seule montagne privée de son antique manoir.

Aujourd'hui ces châteaux, ces schloss sont devenus ruines, et le temps écoulé a consacré leur grandeur.

Aujourd'hui ce sont les restes des demeures de grands seigneurs.

Jadis, — alors qu'ils étaient dans leur splendeur, — ces châteaux princiers, — étaient tout simplement des repaires de ces seigneurs chefs de bandits, qui avaient pour unique occupation de détrousser les passants ou de leur faire payer un tribut.

Au moyen âge on ne comptait pas moins de *trente-deux péages* différents de Bingen à Coblentz.

On pense si la navigation et les voyages revenaient chers!

Si cher même que Rodolphe de Halsburg, — au treizième siècle, entreprit la guerre contre les seigneurs du Rhin et détruisit plusieurs châteaux pour diminuer les droits de péage.

Encore ne réussit-il que bien peu.

Pour affranchir le pays, — il ne fallut rien moins — longtemps plus tard, — que la ligue complète des villes du Rhin qui s'associèrent ensemble et organisèrent une puissance redoutable.

Elles parvinrent ainsi à mettre un terme aux exactions et aux vols des possesseurs des grands châteaux.

La Tour maudite n'était pas et n'est pas encore le seul monument construit au milieu du fleuve et le dominant.

Il y a encore la *Pfalz* ou le *Pfalzgrabenstein* (ce qui traduit littéralement veut dire *rocher du trou palatin*).

Cette expression, — au reste, — justifie parfaitement le lieu qu'elle qualifie et est justifiée par lui.

Quand après avoir quitté Bingen, — on descend le fleuve, — et qu'on a passé entre *Falkenburg*, *Sonneck*, *Lorch* et *Bacharak*, on atteint un endroit où le fleuve est encore extrêmement resserré aujourd'hui, — mais c'était bien davantage autrefois.

Après *Bacharah*, — le Rhin s'engouffrait dans un entonnoir de rochers avec un flot d'écume et des bruits sourds dignes de l'Océan.

Ce mauvais passage était appelé le *Wilde Gefœhrt*.

(Il a été élargi et creusé par les travaux successifs des ingénieurs français et prussiens).

Au *Wilde Gefœhrt*, — le fleuve se jette à droite, décrivant une courbe à l'extrémité de laquelle est la ville de *Caub*.

En face de cette ville se dresse, — au centre du Rhin, — un gros îlot rocheux.

C'est le *Pfalzgrabenstein*.

Sur cet îlot l'empereur Louis-le-Bavarois avait fait construire un château au quatorzième siècle (vers la fin du siècle).

Ce château flanqué de tourelles, avec ses grandes tours, — ses clochetons, — ses murailles, — ses portes basses à fleur d'eau est une véritable citadelle aquatique.

Commandant absolument le fleuve, — à droite et à gauche, — il était pourvu d'une garnison qui faisait payer droit de passage à tous les bateaux, — barques et nacelles, tous et toutes, même les embarcations, allant seulement de *Bacharach* à *Caub* et de *Caub* à *Bacharach*.

C'était dans ce château palatin que les princesses palatines étaient tenues — dès qu'elles étaient enceintes, — d'aller s'enfermer pour y faire leurs couches.

Cette singulière coutume avait pour origine une vieille légende conservée encore religieusement pour les habitants du duché de Nassau.

Du temps que Conrad-le-Juste était comte palatin, — il avait une fille fort belle nommée Emmelinde, — suivant les uns, — et Isabeau, suivant les autres.

Conrad, — qui était de première noblesse, — voulait que sa fille ne prît époux que des mains de l'empereur.

Il s'était rendu auprès de Sa Majesté Henri VI, dit le *Sévère*, — fils et successeur de Frédéric Barberousse.

L'empereur lui promit de marier Isabeau.

Conrad, — fier de la promesse reçue, — revint dans ses domaines du palatinat.

Il enferma sa fille dans le *Pfalzgrabenstein*, afin, — suivant l'expression de la légende, — de la *conserver intacte à l'époux que devait lui imposer l'empereur d'Allemagne*.

Mais Isabeau avait une passion dans le cœur.

Elle aimait Henri de Brunswick.

Celui-ci, — passionnément épris lui-même, — parvint à triompher de tous les obstacles, et il s'introduisit dans le *Pfalzgrabenstein*.

Isabeau écouta son amant, et après quelques mois, — elle fut enceinte.

Elle avoua tout à son père.

Celui-ci, — pour sauver l'honneur de sa fille, — consentit au mariage, mais il voulut qu'à l'avenir toutes les princesses palatines donnassent le jour à leurs héritiers dans ce château bâti au milieu du Rhin.

Ce qui raccommoda Conrad avec sa fille et son gendre fut un miracle.

Les eaux du Rhin, — disent la légende, — étaient devenues tout à coup mauvaises, et tous ceux qui en buvaient étaient atteints d'une maladie terrible qui les emportait.

Conrad déclara que sa fille ne boirait pas d'autre eau que celle qu'elle pouvait se procurer dans le *Pfalzgrabenstein*, — interdisant absolument les communications entre le château et les rives.

Isabeau était alors sur le point d'accoucher.

Henri de Brunswick ordonna que l'on creusât la terre au centre de l'îlot.

L'eau jaillit, et cette eau n'était pas celle du Rhin. (Ce puits existe encore, et on le montre comme une curiosité, — car, effectivement, son eau n'est pas la même que l'eau du Rhin.)

Ce miracle convainquit Conrad, qui fit bénir l'union de sa fille avec Henri de Brunswick.

En 1515, — il y avait plus de cent ans que s'était accompli ce miracle, — mais la légende était dans toutes les bouches.

Et maintenant revenons à Bingen, — l'ancienne ville romaine, — revenons au *Rüdesheimschloss*, que, dans son admirable livre, — *le Rhin*, — Victor Hugo décrit si pittoresquement dans son état actuel, revenons à Rudesheim-Brœmser, — l'ancienne demeure du père de la *belle Giselle*.

« L'admirable manoir que ce donjon carré !

« Des caves romaines, — des murailles romaines, une salle des chevaliers dont la table est éclairée d'une lampe fleuronnée pareille à celle du tombeau de Charlemagne, — des vitraux de la Renaissance, — des lanternes de fer du treizième siècle accrochées au mur, — d'étroits escaliers à vis, — des oubliettes dont l'abîme effraye, — des urnes sépulcrales rangées dans une espèce d'ossuaire, — tout un ensemble de choses noires et terribles, — au sommet duquel s'épanouit une énorme touffe de verdure et de fleurs, — d'où l'on contemple les magnificences du Rhin.

« Il y a des allées dans ce monstrueux bouquet et l'on s'y promène.

« De loin c'est une couronne, — de près c'est un jardin. »

A l'époque où remonte ce récit, — le *Rüdesheimschloss* était dans toute sa poétique beauté, — dans toute sa force, — dans toute sa vigueur.

Rudesheim, — Ehrenfels, — Bingen, — sont les trois points du triangle formé par le coude rapide du Rhin.

Bingen est la tête, — le sommet, — Ehrenfels et Rudesheim les deux points extrêmes de la base.

La Tour maudite était au centre.

LII

Catherine.

On était en juillet, — la chaleur était forte, — le soleil radieux.

Un homme jeune encore et une jeune femme suivaient, — au pas de leurs chevaux, — la route de Creuznach à Bingen.

Le jeune homme était beau cavalier et richement vêtu.

La jeune femme était ravissante de grâce et d'élégance.

Tous deux causaient en échangeant de doux regards et de plus doux sourires.

— Eh bien, Catherine, — es-tu heureuse? — disait le cavalier.

— Autant, — Aymeric, — qu'on peut l'être sur la terre! — répondit la jeune femme.

— Tu m'aimes?

— De toute mon âme!

— Et moi, je t'adore à donner ma vie éternelle pour te voir toujours aussi souriante.

— Oh! le beau pays, Aymeric, que celui que nous visitons.

— Et que nous visiterons souvent, — Catherine, — puisque le duc de Lorraine nous enverra tous les ans auprès de son cousin, le comte de Hesse.

— Et mon père viendra nous rejoindre à Mayence?

— Oui, — nous reviendrons ensemble à Paris.

— Oh! que ce sera bon! Comme la vie est belle quand on est heureux! Hélas! qui m'eût dit il y a deux ans que nous serions tous deux sur cette route?

— Il y a deux ans! — dit Aymeric avec un soupir.

Puis, après un silence :

— Ne parlons plus de cela, Catherine, — reprit-il, — car je n'ai qu'un regret!

— Lequel?

— C'est que ce misérable, qui voulait faire ton malheur, ne soit pas mort de ma main.

— Aymeric!

— J'aurais voulu le frapper.

— Celui qui l'a tué, Aymeric, avait aussi droit de vengeance, car il avait cruellement souffert.

— Oui!.. Pauvre Engilbert! Il est retourné à Barcelonnette?

— Oui, avec Claudine.

— Et ce M. de Lustupin?

— Hélas! Catherine, je n'ai plus entendu parler de lui depuis deux ans.

— Qu'est-il devenu?

— On l'ignore.

— Je l'ai cherché partout, — car c'était un ami véritable, celui-là, — et je n'ai pu le rencontrer, ni avoir de ses nouvelles.

Ils venaient d'atteindre le sommet d'un coteau, et le magnifique paysage du Rhin se déroulait sous leurs yeux.

— Ah! — dit Catherine avec admiration, — que c'est beau!

— Oui, — dit Aymeric, — c'est beau!

— Je voudrais connaître les noms de ces châteaux.

— Eh bien! c'est facile! Voilà un habitant du pays qui passe. Je vais l'appeler! hé! mon ami?

Un paysan s'approcha.

— Vous connaissez ce pays?

— Oh oui! monsieur, — répondit le paysan.

— Comment vous appelez-vous?

— Wilhem.

— Eh bien! — Wilhem, donnez-nous des renseignements sur ce que nous voyons.

— A vos ordres.

— Quelle est cette petite ville, — là, — au-dessous de nous?

— C'est *Bingen*.

— Ah! Et ce château, là, en face?

— C'est *Ehrenfels*.

— Et cet autre?

— C'est *Rudesheim*.

— On dirait qu'il est en ruines! — dit Catherine.

— Oui, — madame, — il est abandonné.

— A qui est-il?

— A personne.

— A qui était-il?

— A l'évêque de Mayence, — celui que Dieu a puni quand il voulait nous faire tous souffrir.

— Comment?

— Il avait pris tous les blés du pays pour nous faire mourir de faim.

— En vérité?

— Oui, madame!

— Et comment se nommait cet évêque qui entendait si mal ses devoirs?

— Hatto.

— Et il est mort?

— Oui.

— Quand cela?

— Il y a deux ans.

— Dans ce château?

— Non, — dans cette tour.

— Cette tour noire et toute démantelée qui se dresse au milieu du Rhin?

— Oui.

— C'est là qu'il est mort?

— C'est là qu'il a été puni. Il avait enfermé tous les grains dans cette tour pour nous faire mourir de faim, — mais la nuit où il avait placé le dernier sac, Dieu l'a frappé. Il y eut un orage affreux! Le Rhin s'est soulevé, — la terre a tremblé et elle a fait tomber une partie de la tour, — le tonnerre a brûlé ce qui était resté debout.

— Oh! mon Dieu!

— Mais ce n'est pas tout!

— Quoi donc?

— Les rats du pays et des villes voisines se sont réunis attirés par l'odeur du blé. — Ils ont traversé le Rhin et en une nuit ils ont tout dévoré, même le cadavre de l'évêque.

— Sainte vierge! — dit Catherine en se signant, — c'est vrai?

— Si vrai, madame, que depuis ce jour, — et il y a deux ans de cela, — on n'appelle plus la tour que la Tour aux Rats.

— Et il n'est rien resté de ce que contenait cette tour? — demanda Aymeric.

— Rien qu'un petit sac de cuir que j'ai trouvé après que les rats ont eu tout mangé.

— Et que contenait ce sac?

— Eh! un parisis et un papier avec des signes.

— Et qu'avez-vous fait de ce sac?

— Je l'ai toujours.

— Vous l'avez, — dit Catherine, — pourrais-je le voir?

— Oh! c'est facile! Le voici.

Le paysan tira de sa poche un petit sac de cuir qu'il présenta à Catherine.

Elle le prit et l'ouvrit.

— Voilà le parisis, — dit-elle.

— Et le papier? — ajouta Aymeric.

Il le prit et l'ouvrit.

— Oh! — fit-il en pâlissant.

— Quoi donc? — demanda Catherine.

— Cette lettre est de Lustupin.

— Du sire de Lustupin!

— Vois la signature, — *Martin Sambuc le Bayle*, tupin.

— C'est vrai.

— Et que dit-il dans sa lettre?

— Écoute!

Aymeric se mit à lire :

« Que celui qui trouvera ce sac contenant un parisis et ce papier, — s'il est bon chrétien, — porte le sac et le parisis sur l'autel de la Vierge, et qu'il prie quatre jours sur ce sac et sur ce parisis, en disant :

« Mon Dieu ! ayez pitié de Sabine Demandols. »

— Il y a cela ?
— Oui.
— Oh ! j'accomplirai ce vœu !

Et se tournant vers Wilhem, Catherine lui jeta un sac contenant de l'or.

— Prends le mien en échange du tien, — dit-elle.
— Catherine, — dit Aymeric, — il se fait tard. Descendons à la ville, et puisque Lustupin est mort dans cet endroit, nous irons prier pour lui en nous agenouillant sur les ruines de la Tour aux Rats ! (1)

(1) Voir *la Tour aux Rats*, du même auteur ; brochure grand in-4°, illustrée. — Prix : 1 fr. 20. — Degorce-Cadot, éditeur, Paris.

Paris. — Typ. Collombon et Brûlé, rue de l'Abbaye, 22.

EXTRAIT DU CATALOGUE DE LA LIBRAIRIE DEGORCE-CADOT, 70 bis, rue Bonaparte, à Paris.

BIBLIOTHÈQUE DE BONS ROMANS ILLUSTRÉS
Format grand in-4°

N. B. — Les mêmes ouvrages peuvent être demandés PAR SÉRIES SÉPARÉES A 60 C. L'UNE

AIMARD (GUSTAVE).
	fr. c.
Le Fils du Soleil, 2 séries	1 20
Une Poignée de Coquins, 3 séries	1 80
Le Loup Garou, 3 séries	1 80

ANCELOT (MADAME V.).
Laure, 2 séries	1 20
La Fille d'une joueuse, 2 séries	1 20

ANONYME.
Mémoires secrets du duc de Roquelaure, 8 séries.	
1re et 2e séries brochées ensemble	
3e et 4e — — —	
5e et 6e — — —	4 80
7e et 8e — — —	

BAUCHERY (ROLAND).
Les Bohémiens de Paris, 3 séries	1 80

BERNARDIN DE SAINT-PIERRE.
Paul et Virginie, 1 série	» 60
La Chaumière indienne, 1 série	» 60

BERTHET (ÉLIE).
Mademoiselle de la Fougeraie, 1 série	» 60
L'Oiseau du désert, 2 séries	1 20
Paul Duvert, 1 série	» 60
L'Incendiaire, 1 série	» 60
Le Val d'Audorre, 1 série	» 60
M. de Blangy et les Rupert, 1 série	» 60
Les Chauffeurs, 3 séries	1 80
Le Château de Montbrun, 2 séries	1 20
La Directrice des postes, 2 séries	1 20
La Folle des Pyrénées, 2 séries	1 20
L'Assassin du percepteur, 2 séries	1 20
Le Braconnier, 2 séries	1 20
La Félonie, 2 séries	1 20
La Mésalliance, 2 séries	1 20
La Faillite, 2 séries	1 20

BILLAUDEL (ERNEST).
Un Mariage légendaire, 1 série	» 60
La Femme fatale, 1 série	» 60
Les Vengeurs de Lorraine, 2 séries	1 20
Miral, 2 séries	1 20

BLANQUET (ALBERT).
Le Parc aux Cerfs, 2 séries	1 20
Un Sérail royal, 3 séries	1 80

BOULABERT ET PHILIPPE ROLLA.
La Franc-Maçonnerie des Voleurs	1 80

BOISGOBEY (F. DU).
L'Empoisonneur, 3 séries	1 80
La Tête de mort, 3 séries	1 80
La Toile d'araignée, 3 séries	1 80
La Bande rouge, 3 séries	1 80
Un Drame sur la Seine, 2 séries	1 20
La Muette qui parle, 2 séries	1 20

BOULABERT (JULES).
La Femme bandit, 6 séries	3 60
Le Fils du supplicié, 3 séries	1 80
La Fille du pilote, 5 séries	3 »
Les Catacombes sous la Terreur, 3 séries	1 80
Les Amants de la baronne, 3 séries	1 80
Luxure et Chasteté, 2 séries	1 20

CAPENDU (ERNEST).
Mademoiselle la Ruine, 3 séries	1 80
Le Pré Catelan, 2 séries	1 20
Capitaine Lachesnaye, 3 séries	1 80
Les Grottes d'Etretal, 3 séries	1 80
Surcouf, 1 série	» 60
La Mère l'Etape, 3 séries	1 80
La Tour aux Rats, 2 séries	1 20
Le Sire de Lustupin, 2 séries	1 20

CAUVAIN (JULES).
Le Voleur de diadème	1 80

CHARDALL.
Le Bâtard du roi, 2 séries	1 20
Les Jarretières de Mme de Pompadour, 2 séries	1 20
Trois Amours d'Anne d'Autriche, 2 séries	1 20
Capitaine Dix, 2 séries	1 20
Les Vautours de Paris, 3 séries	1 80

CHATEAUBRIAND.
	fr. c.
Les Natchez, 4 séries	2 40
Atala, 1 série	» 60
René, le dernier des Abencérages, 1 série	» 60
Les Martyrs, 3 séries	1 80
Itinéraire de Paris à Jérusalem, 3 séries	1 80

DESLYS (CHARLES).
Le Canal Saint-Martin, 3 séries	1 80
Les Compagnons de minuit, 2 séries	1 20
La Marchande de plaisirs, 1 série	» 60
L'Aveugle de Bagnolet, 1 série	» 60
Le Mesnil-au-Bois, 1 série	» 60

DOMINIQUE (A.).
Les Évadés de Cayenne, 2 séries	1 20
La Pupille du Forçat, 3 séries	1 80

DULAURE.
Les Deux Invasions (1814-1815), avec préface de Jules Claretie, 4 doubles séries à 1 20	4 60
Le Crime d'Avignon, 1 série	» 60
Les Fleurs du Midi, 1 série	» 60
Les Jumeaux de la Réole, 2 séries	1 20
L'Assassinat de Rodez (Affaire Fualdès), 1 série	» 60

DUPLESSIS (PAUL).
Les Boucaniers, 5 séries	3 »
Mauvevert l'Aventurier, 2 séries	1 20
Les deux Rivales, 2 séries	1 20
Les Étapes d'un volontaire, 5 séries	3 »
Le Batteur d'estrade, 5 séries	3 »
Les Marmons, 4 séries	2 40

FABRE D'OLIVET.
Le Chien de Jean de Nivelle, 2 séries	1 20

FÉRÉ (OCTAVE).
La Bergère d'Ivry, 3 séries	1 80

FOUDRAS (MARQUIS DE).
La Comtesse Alvinzi, 2 séries	1 20
Madeleine pécheresse, 2 séries	1 20
Madeleine repentante, 2 séries	1 20
Madeleine relevée, 2 séries	1 20

GONDRECOURT (A. DE).
Les Péchés Mignons, 4 séries	2 40
Les Jaloux, 3 séries	1 80
Mademoiselle de Cardonne, 2 séries	1 20
Le Chevalier de Pampelonne, 3 séries	1 80
Le dernier des Kerven, 3 séries	1 80
Régicide par Amour, 1 série	» 60
Les Cachots de la Bastille, 3 séries	1 80
Une Vengeance de Femme, 2 séries	1 20
Madame de Trèbes, 2 séries	1 20
Pierre Leborgne, 1 série	» 60

CAMILLE GROS.
Les Camisards, 2 séries	1 20

KOCK (PAUL DE).
L'Amant de la Lune (en théâtre), 1 série	0 60

KOCK (HENRY DE).
La Fille à son père, 1 série	» 60
Le Démon de l'Alcôve, 1 série	» 60
Les Baisers maudits, 1 série	» 60
La Tigresse, 2 séries	1 20
L'Amant de Lucette, 1 série	» 60
Le Médecin des Voleurs, 4 séries	2 40
Ni Fille, ni Femme, ni Veuve, 1 série	» 60
Les Trois Larronnes, 3 séries	1 80
L'Auberge des Treize Pendus, 3 séries	1 80
Les Mystères du village, 2 séries	1 20
L'Heure du Berger, 1 série	0 60

LABOURIEUX.
L'Ouvrier Gentilhomme, 2 séries	1 20

LANDELLE (GUSTAVE DE LA).
Les Géants de la mer, 4 séries	2 40
Reine du Bord, 3 séries	1 80
Une Haine à bord, 2 séries	1 20
Les Iles de glace, 3 séries	1 80

LAVERGNE (ALEXANDRE DE).
	fr. c.
Le Lieutenant Robert, 2 séries	1 20
Épouse ou Mère, 2 séries	1 20

MAIMBOURG (LE P.).
Les Croisades, 4 doubles séries à 1 fr. 20	4 80

MÉRY.
Un Carnaval à Paris, 2 séries	1 20

MEUNIER (ALEXIS).
Le Comte de Soissons, 2 séries	1 20

MONTÉPIN (XAVIER DE).
Les Viveurs de Province, 4 séries	2 40
Le Loup Noir, 1 série	» 60
Les Amours d'un fou, 2 séries	1 20
Les Chevaliers du lansquenet, 7 séries	» 60
La Sirène, 1 série	» 60
L'Amour d'une pêcheresse, 1 série	» 60
Un Gentilhomme de grand chemin, 3 séries	1 80
Confession d'un bohême, 3 séries	1 80
Le Vicomte Raphaël, 2 séries	1 20
La Fatalité, 1 série	» 60
Les Oiseaux de nuit, 3 séries	1 80

NOIR (LOUIS).
Le Coupeur de têtes, 4 séries	2 40
Le Lion du Soudan, 4 séries	2 40
Jean qui tue, 4 séries	2 40
Jean Chacal, 2 séries	1 20
Le Roi des Jungles, 3 séries	1 80
La Tombe ouverte, 2 séries	1 20
La Folle de Quiberon, 3 séries	1 80
Grands jours de l'armée d'Afrique, 3 séries	1 80
Campagnes de Crimée, 12 séries à 50 c.	6 »
Campagnes d'Italie, 6 séries à 50 c.	3 »
Le Corsaire aux cheveux d'or, 3 séries	1 80

PERCEVAL (VICTOR).
Blanche, 1 série	» 60
La plus Laide des Sept, 2 séries	1 20
Régina, 2 séries	1 20
Béatrix, 1 série	0 60
Un Excentrique, 1 série	0 60

PERRIN (MAXIMILIEN).
Les Mémoires d'une Lorette, 2 séries	1 20
Le Bambocheur, 2 séries	1 20

PRÉVOST (L'ABBÉ).
Manon Lescaut, 1 série	» 60

ROLLA (UN OFFICIER D'ÉTAT-MAJOR).
Crimes et Folies en l'année terrible, 2 doubles séries à 1 fr. 20	2 40

RIEUX (JULES DE).
Ces Messieurs et ces Dames, 2 séries	1 20

ROUQUETTE.
Ce que coûtent les Femmes	1 20

ROUQUETTE ET FOURGEAUD.
Les Drames de l'amour, 2 séries	1 20

ROUQUETTE ET MORET.
Le Médecin des femmes, 3 séries	1 80

VADALLE (DE).
L'Homicide d'Auteuil, 3 séries	1 80

VIDOCQ.
Les Vrais Mystères de Paris, 4 séries	2 40

VOLTAIRE.
Candide, 1 série	» 60

Le Catalogue général des Collections Degorce-Cadot est envoyé franco.

EN VENTE A LA MÊME LIBRAIRIE

ROMANS DE PIGAULT-LEBRUN

L'HOMME A PROJETS

5 CENTIMES. — ETRANGER ET PAR POSTE : 1 FR.

PARIS
ADOT, LIBRAIRE-ÉDITEUR, 9, RUE DE VERNEUIL
TOUS LES LIBRAIRES DE FRANCE ET DE L'ÉTRANGER